Kathrin Asper
Fenster im Alltag

W

Kathrin Asper

Fenster im Alltag

Psychologisches Skizzenbuch

Walter-Verlag
Solothurn und Düsseldorf

Die Deutsche Bibliothek – CIP-Einheitsaufnahme

Asper, Kathrin:
Fenster im Alltag : psychologisches Skizzenbuch / Kathrin
Asper. – Solothurn ; Düsseldorf : Walter, 1994
ISBN 3-530-02371-X

© Walter-Verlag AG, 1994
Satz: Jung Satzcentrum GmbH, Lahnau
Druck und Einband: Offizin Andersen Nexö, Leipzig
Printed in Germany
ISBN 3-530-02371-X

Inhalt

Vorwort

Die Texte teilen mit, was ich da und dort gefunden habe, mir Freude gemacht, etwas erhellt und Einsicht gegeben hat. Das sind meine «Fenster im Alltag», da ging mir etwas auf, leuchtete mir etwas ein, fand ein Gedanke zum Bild, eine Stimmung ihr Symbol – und da war Freude.

Es handelt sich um psychologische Skizzen, die von meinem Beruf als Psychotherapeutin, meiner Liebe zum Seelischen geprägt sind. Psychologie ist eng an den Menschen gebunden, der sie ausübt, sie therapeutisch einsetzt. Die Skizzen möchten, wie jene aus dem Tagebuch *Schritte im Labyrinth*, zur leider immer noch wenig beschriebenen subjektiven Erlebniswelt im Bereich der Psychologie beitragen. Zentral war stets die Frage: Was macht meinen persönlichen Selbst- und Weltbezug als Psychologin aus, wie sieht der Teil meiner Welt aus, in der ich staunend, fragend und nachdenkend unterwegs bin?

Die Perspektive der einzelnen Texte richtet sich auf allegorische Bilder, sprachsymbolische Ausdrücke und Symbole persönlicher und allgemeingültiger Art, die befragt und reflektiert werden. Dabei werden die Bilder und Symbole nicht isoliert betrachtet, auch erfolgt keine stoffgeschichtlich vollständige Bedeutungsanalyse. Es ging mir um die Frage, in welcher Weise Bilder und Symbole in meine persönliche Welt, wie ich sie im Alltag und auf Reisen erfahre, eingebunden und untereinander verbunden sind.

In der psychotherapeutischen Arbeit ist es mir ein Anliegen, den Menschen, die mit mir arbeiten, Bilder und Symbole nicht einfach aufgrund von Lexikonwissen und Symbolkenntnissen zu übergeben, sondern den seelischen Raum zu eröffnen, der ihnen erlaubt, die ihnen zugehörigen Bilder und Symbole selber finden zu können. Es ist mir, anders ausgedrückt, wichtig, die affektive Beziehung zu Bildern und Symbolen zu vermitteln und der rein kognitiven Übernahme entgegenzuwirken. Bilder und Symbole sind keine Münzen, die von Hand zu Hand gehen; um sich zu entfalten, benötigen sie es, in unsere Stimmungen und Gefühle eingebettet zu werden.

So wie Skizzen einen flüchtigen Moment festhalten, formulieren die Texte Augenblicke des Nachdenkens, und ich verzichte ganz bewußt auf eine vollständige und abschließende Behandlung von Themen. Hier interessiert der Alltag, das Kleine und das Unfertige in ihrem Eingebundensein in meine persönliche Erlebniswelt. Der eigentliche Wort, so empfinde ich es, liegt nicht immer in Beantwortung von Fragen, sondern darin, von ihnen auf den Weg geschickt zu werden. Dieses Buch will nicht belehren, sondern möchte als Angebot zum Gespräch verstanden werden.

Allen Analysandinnen und Analysanden, die mir erlaubt haben, eine Vignette aus ihrer Analyse zu gebrauchen, möchte ich an dieser Stelle herzlich danken. Selbstverständlich wurden die persönlichen Angaben so verändert, daß die Personen nicht mehr zu erkennen sind.

Danken möchte ich meiner Lektorin Marianne Schiess, die das Manuskript liebevoll und sachkundig betreut und für den Druck vorbereitet hat.

Schließlich gilt mein Dank dem Walter-Verlag, dessen Verantwortliche es mir ermöglichen, in diesem Buch wie bereits in *Schritte im Labyrinth* subjektiv geprägte Texte über mein Arbeitsbereich zu veröffentlichen. Damit wird ein Beitrag geleistet, der bewußt auf eine übergreifende Thematik verzichtet, vielmehr versucht, so nahe wie möglich an der Situation und ihrem Erlebnisgehalt zu bleiben.

Ich meine, daß überall dort, wo Mitteilungen den affektiven Gehalt einbeziehen wollen, sie situativ und persönlich eingebunden sind. Dieser Anteil kommt, wie ich glaube, in den Publikationen zur Psychologie zu kurz. Man kann sich fragen, weshalb dies so sei, wenn ein wichtiges psychotherapeutisches Anliegen doch unbestritten darin besteht, den Menschen Raum zu geben, ihr persönliches Erleben ernst nehmen zu lernen. Dieses Buch möchte mit seinem Titel *Fenster im Alltag* dazu beitragen, andere zu ermuntern, das Fenster zu ihrer eigenen Erlebniswelt zu öffnen.

Meilen, im April 1994   Kathrin Asper

Hinweise zur Lektüre

Mann und Frau unterscheide ich in den Bezeichnungen dort, wo es sinnvoll ist, indes verzichte ich auf weibliche Spezifizierungen immer dann, wenn beide, Mann und Frau, gemeint sind.
In der Zeit meines Schreibens am Skizzenbuch haben mich gewisse Themen begleitet und an verschiedenen Stellen ihren Niederschlag gefunden. *Querverweise* (>) verbinden eine Auswahl von Texten, die in einem inneren Zusammenhang stehen.
Am Schluß des Buches befindet sich ein *Themen- und Personenregister.* Es umfaßt die wichtigsten Themen und verzeichnet die Personen, auf deren Leben und/oder Werk eingegangen wurde. Es handelt sich also nicht um ein Sach- und Personenregister im üblichen Sinne, in dem sämtliche im Text vorkommenden Begriffe und Personen verzeichnet sind.

Es wird oft vergessen, daß ein Symbol nicht allein Bild, sondern auch Erlebnis ist. Überliefert wird das Bild, das Erlebnis indessen will immer wieder neu gefunden werden, denn zu seiner Entfaltung bedarf das Bild des Menschen, der sich anrufen, bewegen, anrühren läßt. Dieses «Gefühl des Erlebnisses», von dem Jung in *Symbole der Wandlung* (§ 345) spricht, ist die Geburtsstätte des Bildes, das, um lebendig zu bleiben, je und je auf die Erlebnisfähigkeit des Menschen angewiesen ist.

Kann man nach Studium eines Symbollexikons zum Thema Baum beispielsweise die verschiedenen Bedeutungen aufzählen, so ist lediglich die Stoffgeschichte rezipiert, denn um zu einem Symbol zu erwachen, ist das Bild, in diesem Fall der Baum, auf das gefühlte Erleben eines Menschen angewiesen. Das Erlebnis eines Baumes ist indessen kein Kontinuum, nur in gewissen Momenten erlebe ich den Baum als über sich hinausweisend, als Symbol. Zu anderen Zeiten gehe ich achtlos an ihm vorbei. Nehme ich ihn als Symbol wahr, bin ich innerlich für seine Bedeutung offen, gestimmt auf eine Wirklichkeit hin, die über die Dinge hinausweist.

In Symbolstimmung beginnen die Dinge zu sprechen und deuten auf etwas hin. Anderseits sucht sich die Stimmung ihre Bilder, und goldene Herbstblätter können zum Sinnbild der Lebensfülle auf dem Hintergrund der Vergänglichkeit werden. Ein Spaziergang im Herbst bleibt indessen stumm und bland, wenn ich nicht in Stimmung bin und mich von den Dingen nicht finden lasse.

Bin ich gestimmt, fühle ich mich innerlich weich, «flüssig» und offen, da und dort wird mir dann die äußere Wirklichkeit zum Abbild einer tieferen Wirklichkeit, blitzt diese gewissermaßen hier und dort auf. In dieser Stimmung fühle ich mich bewegt, lebendig, und ein Dialog zwischen mir und der Welt beginnt.

Die Doppelheit des Symbols mache ich mir bisweilen durch ein Treibholz deutlich. Seine wunderliche Form und die ausgewaschene, seiden glänzende Oberfläche machen bald mehr aus ihm, und ich sehe in dem alten Holz einen Fisch. Das Holz hat eine Vorder- und eine Rückseite, die eine belasse ich, so wie sie ist, die andere male ich an. So verhält es sich mit dem Symbol, das auf der einen Seite Bild, auf der anderen Gefühl ist.

Symbole sind recht eigentlich Behältnisse, die wir erst emotional auffüllen müssen, damit sie zu sprechen beginnen. Über die Zeitläufe hinweg werden kollektiv bedeutsame Symbole in ihrer Bildseite tradiert. Es bedarf aber immer wieder neu des individuellen Erlebnisses, damit das Bild sich zum Symbol entfaltet. Die Symbolgeschichte kann das Gefühl, die Erlebnisse nicht weitergeben, sie vermag nur die Bilder zu tradieren.

In einem Gedicht Eichendorffs heißt es: «Schläft ein Lied in allen Dingen» (S. 103). Das Lied schläft in den Dingen und beginnt in uns zu singen, es löst Symbolstimmung in uns aus. Das Lied ist aber auch in uns und bildet die Voraussetzung dafür, daß uns ein Ding etwas bedeutet und zum Symbol wird.

Man darf indes nicht nur an gute Stimmungen und schöne Bilder denken, die zusammen das Symbol ausmachen. Das «Lied» ist bisweilen auch das «alte Lied» von Leid, Not, Angst und Pein. Auch dafür brauchen wir Bilder. Gelingt es, sie zu finden, oder stellen sie sich ein, so kann man mit schwierigen und dunklen Erlebnissen etwas besser umgehen.

Sophie Scholl und ihr Bruder Hans, die Hauptträger des Widerstands unter dem Namen «Weiße Rose» gegen das Hitlerregime, wurden am 22. Februar 1943 auf dem Schafott in München-Stadelheim hingerichtet. Der letzte Traum Sophie Scholls ist überliefert und durch die Schwester, Inge Aicher-Scholl, in ihrem erschütternden Buch *Die Weiße Rose* publiziert:

«Als Sophie Scholl nach ihrer letzten Nacht aufgeweckt wird, erzählt sie, noch auf ihrem Lager sitzend, ihren Traum: ‹Ich trug an einem sonnigen Tag ein Kind in langem weißen Kleid zur Taufe. Der Weg zur Kirche führt einen steilen Weg hinan. Aber fest und sicher trug ich das Kind in meinen Armen. Da plötzlich war vor mir eine Gletscherspalte. Ich hatte gerade noch soviel Zeit, das Kind sicher auf der anderen Seite niederzulegen – dann stürzte ich in die Tiefe.›»
Sophie soll auch gleich eine Deutung des Traumes gegeben haben:
«Das Kind ist unsere Idee. Sie wird sich trotz aller Hindernisse durchsetzen. Wir dürfen Wegbereiter sein, müssen aber zuvor für sie sterben» (Inge Scholl, S. 60).

Der Traum macht betroffen; er schildert eine Seelenlandschaft, die Sophies Anliegen und Schicksal in erschütternder Weise bildhaft darstellt. Eine Einheit von Leben und Traum, wie sie in dieser Dichte selten wahrgenommen werden kann, wird mitgeteilt. Traum und Wirklichkeit sind – mit einem Unterschied von Stunden nur – deckungsgleich, das Innen und Außen beinahe kongruent. Der Traum, das darf aus Sophie Scholls eigener, spontaner Deutung geschlossen werden, hat für Sophie angesichts ihrer bevorstehenden Ermordung die Funktion einer Brücke zwischen Leben und Tod gehabt. Eine Brücke des Vertrauens, das Rechte getan zu haben, könnte man sie nennen. Oder vielleicht paßt Augustinus (354–430) hierher, den Sophie Scholl oft las, der sagte: «Singe und wandere, Gott steht am Ende der Straße.»

(Man darf indes aus diesem Traumbeispiel niemals den Schluß ziehen, ein Sturz in eine Gletscherspalte bedeute Tod. Daß dieser Traum dem Tod Sophies vorausging, macht ihn erst im nachhinein zu einem Todesankündiger. Der Traum hätte sich im Leben auch anders ausformen können, in einem plötzlichen Stimmungsabfall, in einer Verwicklung in schwierige Situationen z. B.).

In ihrem Tagebuch vermerkt Sophie am 9. 8. 1942 einen Traum, der über ihren Bruder aussagt:

«Ich ging spazieren mit Hans und Schurik. Ich ging in der Mitte und hatte mich bei beiden eingehakt. Halb ging ich im Schritt, halb hüpfte ich und ließ mich, von den beiden in die Höhe gehalten, ein Stück schwebend mitziehen. Da fing Hans an: ‹Ich weiß einen ganz einfachen Beweis für die Existenz und das Wirken Gottes auch in der Gegenwart. Die Menschen müssen doch soviel Luft haben zum Atmen, und mit der Zeit müßte doch der ganze Himmel verschmutzt sein von dem verbrauchten Atem der Menschen. Aber, um dem Menschen diese Nahrung für ihr Blut nicht ausgehen zu lassen, haucht Gott von Zeit zu Zeit einen Mund voll seines Atems in unsere Welt, und der durchsetzt die ganze verbrauchte Luft und erneuert sie. So macht er das›: Und da hob Hans sein Gesicht in den trüben, trüben Himmel. Er holte tief Atem und stieß die ganze Luft in seinem Mund heraus. Die Säule seines hervorströmenden Atems war strahlend blau, sie wurde groß und größer und ging weit bis in den Himmel hinein, verdrängte die schmutzigen Wolken, und da war vor und über und um uns der reinste blaueste Himmel. Das war schön» (Hans und Sophie Scholl, S. 264).

Während Sophies Traum den inneren Auftrag im Symbol des Kindes ausdrückt, faßt ihn Hans' Traum ins Bild des reinigenden Atems, Gottes Odem. Es ist eine alte und weltweit verbreitete Vorstellung, daß Gott bei der Menschwerdung den von ihm geschaffenen Wesen syeinen göttlichen Odem einhauchte. In Sophies Traum nimmt das Göttliche die Gestalt des Kindes an, eine ebenso weitbekannte Symbolisierung des Göttlichen. Was mich betrifft, begreife ich diese beiden Träume als Ausdrück archety-

pischer Kräfte, die sich nicht allein bildhaft in den Träumen nie-
derschlugen, sondern auch die wenigen, aber intensiven Jahre
der geschwisterlichen Hingabe für die gute Sache prägten, in denen die beiden beharrlich das Kleine, Alltägliche taten, ohne
schützende Organisation, sich dem Naheliegenden verpflichteten
in einer Zeit, in der nur zuviel von den großen, hehren Dingen
gesprochen wurde.

Weiter denke ich mir aus, daß in Hans und Sophie das menschliche Thema der Freiheit die Führung der Persönlichkeit über-
nahm und sie diesem nachlebten in einer selbstverständlichen
und bedingungslosen Ausrichtung auf Gott hin im Sinne Augustinus', der sagte:

> «Du hast uns geschaffen hin zu Dir, und unruhig ist unser Herz, bis es
> Ruhe findet in Dir»,

ein Satz, der Sophie viel bedeutete, wie ihr Tagebuch bezeugt
(Inge Scholl, S. 30).

Als ich jüngst in Leipzig war, fiel mir in der Nikolaikirche ein ro-
manisches Kreuz auf, das vorne links im Chor an der Wand hing.
Es handelt sich dabei um das Kruzifix aus Niedergräfenhain und
soll das älteste Kunstwerk in der Stadt Leipzig sein; es weist auf
die romanische Entstehungszeit der Kirche hin. In seiner schlichten romanischen Art schien es nicht zur spätgotischen Ausgestal-
tung des Kircheninneren zu passen. Das Kreuz zeigt den Korpus
des Gekreuzigten, am unteren Kreuzende findet sich eine Darstellung der Maria als «Mater dolorosa». Dieses Kreuz wurde
1902 angekauft, jedoch erst 1989 in die Kirche aufgehängt. Das
sei, wie mir die Kirchendienerin sagte, von besonderer Bedeutung, denn in diesem Jahr begann der Keim des Aufstands, der
zur Öffnung des Ostens führte, in der Nikolaikirche.

Ich stand lange vor dem in seiner Formgebung schlichten, in den
Farben aber intensiv bunten Kreuz. Die christliche Botschaft, das
wurde mir in diesem stillen Moment einmal mehr deutlich, ist
recht eigentlich eine Botschaft des Leidens. Der Gekreuzigte und
seine Mutter mit den fünf in ihre Brust gestoßenen Schwertern –

beide am selben Kreuz – schienen mir dies an jenem Morgen besonders deutlich nahebringen zu wollen.

Als ich später die Kirche verließ, lenkten mich meine Schritte direkt auf ein rotes Backsteinhaus hin, an dem in großen, schwarzen Lettern «Geschwister-Scholl-Haus» stand. Nicht etwa, daß die Geschwister hier geboren wurden (sie stammten aus einem Städtchen im Kochertal, zogen 1932 nach Ulm und studierten in München), nein, das nicht. Das Gebäude, so ließ ich mir sagen, sei früher zu Versammlungszwecken benutzt worden, und die Bezeichnung zur Ehre von Hans und Sophie Scholl sei wohl einfach stehengeblieben.

Wie so vieles hier, denke ich im Weitergehen, wie die Zeit auch, die nun, ein paar Jahre nach der Wende, nicht schnell genug eilen kann, Neues hereinholt, Geschäft um Geschäft einquartiert, bauen, restaurieren, abreißen läßt. Atemlos geht die neue Zeit hier um, verwirrt die Menschen und ängstigt sie mit allem, was sie rastlos herbeischleppt. Die Zeit, so meint man zu vernehmen, sagt auch hier schon: schneller, besser, größer, raunt unablässig etwas von bequemer und schöner. Sie will es schaffen und schafft es wohl nicht so schnell, ihre stehengebliebene Schwester zu überholen und den schwarzen Brandmauern, den noch vom Krieg her unbewohnten und baufälligen Häusern, die über und über mit Einschüssen bedeckt sind und deren zerbrochene Fenster wie dunkle, leere Augen starren, den Fortschritt voranzustellen.

Und doch, das im Jahr der Wende hervorgeholte Kreuz, die Kirche selber als Ort geheimer, umstürzlerischer Versammlungen und das Geschwister-Scholl-Haus, sie alle drei passen zusammen, dürfen nicht vergessen werden, das, wofür sie stehen, soll bleiben, unverändert, als Werte und Hoffnungsträger. Vor ihnen halten die geschäftige Zeit und ihre träge Schwester immer mal wieder inne. Und die Seele selber erinnert sich ihrer in Zeiten der Not und Bedrängnis und führt Menschen wie Hans und Sophie Scholl dazu, sich ihnen hinzugeben, zu opfern, damit sie leben, damit Leid und Not die Hoffnung aus der Dunkelheit locken.

3

Wir stiegen einen engen Pfad durch ein Wäldchen hinan, einem Wegweiser zur Sankt-Lorenz-Kapelle folgend.

Bald schon lichteten sich die Bäume, und am oberen Rand einer breit und sanft abfallenden Wiese stand die Kapelle und verwandelte die herbstlich braune Wiese, über die der Wind der Höhe strich, in einen Raum der Geborgenheit. Klein und hübsch stand sie da vor uns, mit gelb getünchten Mauern, etwas weiter unten eine Bank zum Ruhen und Rasten mit freiem Blick weit herum ins Tal und auf die Berge. Dann spähten wir durch die kleinen Fenster ins Innere der Kapelle, gingen auf dem Plattenweg um sie herum, und beim Portal, dem gegenüber dichtes Gebüsch wuchs, blickten wir etwas genauer hin und bemerkten zu unserem Schrecken, daß hart hinter dem Gebüsch, kaum einen Schritt vom Portal entfernt, der Abgrund sich auftat: Eine glatte Felswand fiel senkrecht hinunter, und unser Blick kam erst wieder zur Ruhe auf dem frisch gepflügten Acker in die Tiefe. Ein Fehltritt, und man stürzte, wäre abgestürzt – tot. «Einen Zaun sollte man hier anbringen!» sagten wir zueinander.

In der Gegend gibt es viele Kapellen, hier führte auch ein römischer Pfad über die Alpen, und da ist die einst gefürchtete Via Mala, eine tiefe Schlucht, welche die damaligen Menschen nur unter Anrufung göttlichen Beistands betraten. Da befindet sich auch die Hauptkirche des Tales, die Sankt-Martins-Kirche in Zillis mit ihrer berühmten Bilderdecke aus dem 12. Jahrhundert. In ihr schöpften die Menschen Mut vor dem Abstieg in die gefährliche Schlucht, dankten sie Gott dafür, heil hindurchgekommen zu sein.

In Bayern bauten einige Bewohner eines Dorfes buchstäblich über Nacht eine vierzig Tonnen schwere und vier Meter hohe Kapelle, genau dort, wo in Bälde ein riesiger Müllberg sich auftürmen wird, die Rohstoffdeponie für die im Bau befindliche Müllverbrennungsanlage Augsburg. Es ist eine Protestkapelle, ihr soll eine Protestallee folgen; alle Gegner sind aufgefordert, dem Feldweg entlang einen Baum, einen Mahnbaum, zu pflanzen (*Die Zeit*, Nr. 33, 29. Mai 1992).

Die zerstörerische, bedrohliche Natur veranlaßt die Seele, an Gott zu denken. Die Landschaft, die der Mensch zerstört, bedarf unserer Fürbitte. Die zerrissene Seele braucht das Gebet.

4

Gemäß einer mykenischen Inschrift aus Knossos wurde «der Herrin des Labyrinths eine Amphore voll Honig» dargebracht (Kern, S. 17). Welche Herrin – Göttin? – gemeint ist, ist unbekannt. Trotzdem, es ist eine schöne Vorstellung, daß im Zentrum des Labyrinths eine Frauengestalt sitzt.

Die um ein Zentrum angelegten, kreisenden Wege und Umwege zur Mitte entsprechen der Eigenart des weiblichen Prinzips (nicht geschlechtsspezifisch zu verstehen!). Kreisend, umkreisend, bald ferner, bald näher der Mitte verläuft weibliches Denken, gestaltet sich die weibliche Beschäftigung mit Menschen, Dingen, der Welt, sei dies nun innen oder außen. Ich wollte eben «Auseinandersetzung» schreiben, fand dann aber «Beschäftigung» besser. Auseinandersetzung beschreibt nach meinem Verständnis einen männlichen Zugang. Man setzt sich aus-einander, was heißt: Das bin ich – das bist du, hier ist das Subjekt, dort das Objekt. Diese Art bedeutet immer Abgrenzung, Analyse, Klarheit, Sachlichkeit.

Die weibliche Weise tendiert auf Verbindung, Beziehung, das Gleiche, Ähnliche und bedeutet: Das bin ich, und das an dir ist mir ähnlich. Das bist du, und das an mir ist dir ähnlich.

Beschäftigen wir uns mit der Seele, so ist der weibliche Umgang zunächst oft günstiger als der männliche Zugriff. Etwas wird umkreist, von verschiedener Seite besehen, wobei Nähe und Distanz wechseln, Assoziationen sind damit verbunden, das staunende «Ah, das gehört auch noch dazu!». Daraus ergibt sich allmählich ein Bild: «Ah, so ist das also!» Es wird gleichsam etwas aus dem Dunkel ans Licht gehoben. Was, ist zunächst unbekannt, und staunend wird es durch den geduldigen, meditativen Umgang sichtbar, erweist sich als evident, weil plötzlich all die Umgänge, damit meine ich Gedanken, Empfindungen, Beobachtungen und

Gefühle, Intuitionen auch und tastendes In-die-Hand-Nehmen, etwas Geahntes sichtbar machen, ans Licht heben. Nun sieht man, ist bewußt geworden, etwas Erlösendes, Befreiendes geschah, man befindet sich im Licht, im Bereich der Klarheit, dem weiten Feld, das vom männlichen Prinzip verwaltet werden darf.

Jetzt kann man sich auseinandersetzen, Entscheidungen fällen, darf wollen und nicht wollen, sich lossagen oder davon lösen, nun kann auch verändert, umgebaut, erweitert oder vielleicht abgerissen werden. Auf labyrinthischen Wegen befinden wir uns im Dunkel, suchen wir tasend, langsam und geduldig; haben wir gefunden und ans Licht gehoben, werden Geduld und Langsamkeit durch Klarheit, Schnelligkeit und Zielgerichtetheit abgelöst.

Die Vorstellung der Göttin im Zentrum des Labyrinths ist wohltuend, ihr müssen wir verbunden bleiben, wenn es um die labyrinthischen Wege in der Analyse geht. Diese Wege sind den meisten heutigen Menschen unbekannt, und es erfordert nicht selten ein Opfer eindimensionaler Ratio, sich auf sie einzulassen.

Honig wird ihr dargebracht. Was kann das bedeuten? Honig ist ihr gemäß, Honig hat sie offenbar gern. Was brauchen wir, um uns des labyrinthischen, weiblichen Umgangs mit uns und anderen zu versichern? Honig ist eine Götterspeise, Honig ist göttlichen Ursprungs und fällt als Tau und Regen vom Himmel, Honig ist schließlich ein Opfer an die Gottheiten und im angesprochenen Zusammenhang wohl als ein Opfer an die Göttin zu verstehen. Auf einen einfachen Nenner gebracht und psychologisch verstanden, müssen wir unser Bestes geben, um uns mit den Qualitäten der weiblichen Gottheit zu verbinden. Dieses ihr gemäße Beste ist der oben beschriebene langsame, geduldige Umgang mit den Dingen.

Eine Analysandin geriet immer dann, wenn sie einen unbekannten Ort aufsuchten mußte und sich zu einer bestimmten Zeit dort einzufinden hatte, in Panik. Wissend darum, fuhr sie jeweils früh los, um genügend Zeit zu haben, mit Hilfe der Straßenkarte am

Ziel anzukommen. Diese Panik beschrieb sie mir als Verlust innerer Sicherheit als Getriebensein, Hetze, Zweifel an ihren Wahrnehmungen und Desorientierung. In sie verwoben war auch eine unbestimmte Angst, jemandem nicht zu genügen, war Furcht vor Strafe, Verachtung, Demütigung.

Im Gespräch über diesen starken und zerstörerisch erlebten Komplex ergab sich, daß ihr von ihren Eltern oft Aufgaben gestellt wurden, die sie als kleines Mädchen überforderten. Sie bekam auch keine Hilfe und mußte zum Beispiel Botengänge für das elterliche Geschäft ganz allein erledigen. Dabei verirrte sie sich oft, verspätete sich, wurde von dem einen oder anderen Kunden hart angeschnauzt, kam zu spät und erst noch schweren Herzens und in Angst nach Hause, wo sie gerade nochmals gerügt wurde und niemand sie tröstete, keiner von ihrem Mißgeschick hören wollte.

Das waren Momente emotionaler Verlassenheit, die sie regelmäßig als nur eigenes Versagen einordnete. Ich fragte sie, was denn in einem solchen Panikanfall, in dem sie jeweils weinend und erschöpft im Auto sitze, geschehen müsse. Nun, meinte sie, da müßte jemand seinen Arm um mich legen und sagen, das werde schon in Ordnung kommen. In dieser tröstenden Geste drückt sich das weibliche Prinzip aus, klingt eine Erinnerung an die Göttin im Labyrinth an. In ihrer Suche nach der richtigen Adresse fühlte sich meine Analysandin desorientiert, in einem Irrgarten, ausweglos. Eine solch tröstende Gebärde hätte das verängstigte Kind von damals beruhigt, hätte ihr wohl auch in den gegenwärtigen Panikanfällen geholfen. Doch gerade das war ihr in diesen Situationen nicht mehr möglich, sie konnte sich selber nicht aufmuntern mit Gedanken wie etwa: Es wird ja wohl werden, und die Adresse finde ich schon. Statt dessen ging in ihr ein Hagel von Selbstanschuldigungen nieder, der ihre Verwirrung nur noch steigerte. Ein strenger innerer Richter stand dann jeweils auf und machte sie noch gänzlich «fertig».

In der anschließenden Beschäftigung mit dem «imaginalen Feld» (siehe Begriffserklärungen), wofür sie Lehm wählte, entstand unter ihren Händen eine runde Form mit einem Loch in der Mitte. Unter meinen formte sich ein langer Strang, der am Ende zu einem Knäuel aufgewunden war. Ich hatte den Faden der Ariadne geformt. Ariadne gab Perseus einen Fadenknäuel, damit er wieder aus dem Labyrinth herausfinde. Es braucht das weibliche Prinzip in der Desorientierung und die Geduld, dem Faden nachzugeben (was wir in der biographischen Suche taten) und am Faden zu bleiben. Der «Faden» hatte meine Analysandin über die Panik hinaus zur einzig wirksamen Haltung geführt, nämlich zur tröstenden Geste, die sie in der Phantasie, jemand lege seinen Arm um sie, ausgedrückt hatte. In ihrer Lehmplastik mit dem Loch in der Mitte gestaltete sie, wie uns schien, absichtslos das «Loch», in das sie in den Panikattacken jeweils fiel. Indessen hatte sich unter ihren Händen auch eine symbolische heilsame Form entwickelt, nämlich eine elegant geformte Brücke über den Abgrund hinweg. So wirkten ihre Vorstellung, jemand lege seinen Arm tröstend um sie, mein Faden und ihre Brücke über den Abgrund zusammen und drückten den Impuls des Unbewußten aus, diesen trostlosen, angsterfüllten Momenten etwas Heilsames zur Seite zu stellen.

5

Frau W. brachte mir oft Blumen, jedoch keine einfach und schnell gekauften. Jeder der vielen Sträuße war sorgfältig zusammengestellt; meist waren es Saisonblumen mit Grünzeug, Efeu zum Beispiel, liebevoll ausgewählt und die Stiele mit einem Band zusammengehalten. Auch seltene Zweige waren verarbeitet worden, Ungewöhnliches auch, Vogelfedern, kleine und große. Es waren hübsche Bouquets, an denen ich mich freute, die einen Platz in der Praxis fanden und bisweilen noch bis zur nächsten Sitzung frisch waren. Ich habe die Blumen angenommen und mich gefreut.

Eines Tages kam Frau W. nicht wie so oft mit einem Blumenstrauß zur Stunde. Ärgerlich bemerkte sie, noch bevor sie sich setzte, sie wolle mir nichts stets einen Blumenstrauß bringen müssen. Daraus ergab sich, daß sie wie unter einem Zwang gewesen war, mir Blumen zu bringen. Sie habe das plötzlich klar bewußt gemerkt und wolle das Blumenbinden nun unterbrechen, um anschauen zu können, was sich da abspiele. Hinter dem liebevollen Blumenbinden und Bringen sei bei ihr der Wunsch gestanden, daß ich sehen könne, zu welch schönen Blumensträußen sie fähig sei.

An dieser Stelle muß ich nun von einem zentralen Komplex von Frau W. erzählen. Schon in den ersten Stunden der zwei Jahre zuvor begonnenen Analyse wurde deutlich, daß sie sich dumm vorkam, als «Totsch», wie man schweizerdeutsch sagt. Wir nannten diesen Komplex fortan an den «Totsch»-Komplex, und es gab immer wieder Anlässe, davon zu sprechen und seine feinen Verästelungen in ihrem Seelenleben auszumachen. Er hing aufs engste mit ihrem Erleben an ihrer Mutter zusammen, der sie in ihrer lebhaften Art nie etwas recht zu machen schien. Sie war Vaters Tochter und eine kumpelhafte Schwester für ihre fünf Brüder.

Die ältere Schwester, die Älteste in der Geschwisterreihe, mußte schon sehr früh der Mutter zur Seite stehen, war Mutter Nummer zwei und versah diese Stelle durch Identifikation mit der Mutter bestens. Die andere Schwester war die jüngste von allen Geschwistern und hatte, von da her gesehen, von allem Anfang an eine besondere Stellung als Nesthäkchen inne.

Frau W. erinnerte sich, daß die Mutter sie oft wegscheuchte, wenn sie etwas im Haushalt nicht richtig an die Hand nahm, dabei brauchte sie den bildhaften Ausdruck: «Gang mer us dr Heiteri» (geh mir aus dem Licht), begleitet von einer abweisenden Handbewegung. Der «Totsch»-Komplex verband sich mit der Schlüsselerinnerung «Gang mer us dr Heiteri», einer Ausdrucksweise, deren wir uns fortan beide bei der Bearbeitung dieses bestimmten Minderwertigkeitsgefühls bedienten.

Blumenbinden und Blumenschenken hatten also nebst dem bewußten Gedanken, Freude zu bereiten, auch die unbewußte Funktion gehabt, an mir zu erfahren, daß sie schöne Sträuße binden könne und ich sie nicht weiter wegweisen würde. So weit – so gut. Kurze Zeit später zeigte sich noch eine weitere, bislang unbewußte Bedeutung des Blumenstraußes: Ihr Blumenstrauß, der jeweils einige Tage, oft bis zur nächsten Stunde in der Praxis stand, sei für sie in der «Heiteri» (Licht) gewesen, habe ihr das Gefühl vermittelt, bei mir aufgehoben zu sein – er stand jeweils im Licht auf dem offenen Sekretär. Einmal verstanden, war der Zwang, mir einen Strauß bringen zu müssen, gebrochen.

Der Blumenstrauß war zunächst Symbol gewesen für einen noch nicht weiter zu verstehenden Inhalt des Unbewußten von Frau W., dessen Funktion darin bestand, angenommen, gesehen, gelobt zu werden, bleiben zu dürfen (in Form des Straußes auf dem Sekretär) und im Licht, in der «Heiteri», zu stehen und nicht weggewiesen zu werden.

Beim Nachdenken darüber stellte sich die Frage, ob ich den Blumenstrauß bereits früher hätte deutend angehen sollen, ob das Blumenbringen und das Blumenannehmen ein Agieren war, das ich durch Intervention hätte unterbrechen sollen.

Ich glaube, ich hätte diesen Vorgang zwischen uns zumindest dann in Frage gestellt, wenn sich Frau W. wöchentlich unmäßig für Blumen verausgabt hätte, der Blumenstrauß überdimensioniert gewesen wäre und es sich um Geschenke gehandelt hätte, die zu mir und meinem Gefühl wie eine Faust aufs Auge gepaßt hätten. In einem solchen Fall wäre das Geschenk allein aus der Übertragung hervorgegangen.

Hier geschah aber neben allen Übertragungsaspekten auch Beziehung, außerdem konnten durch das Geschehen und Geschehenlassen Gefühle nachgeholt und erlebt werden (angenommen werden, in der «Heiteri» sein, nicht weggewiesen werden), die Frau W. in bezug auf eine Frau wenig gekannt hatte. Es konnte, um es anders auszudrücken, etwas nachwachsen, blühen – und verblühen. Ein natürlicher Vorgang, der später bewußt gemacht wurde. Ihn mit vorzeitiger Intervention zu stören hätte dem Detektivmodell der Tiefenpsychologie entsprochen: Man fahndet nach unbewußten Motiven und nimmt an, daß sie ungut sind. Das detektivische Suchen stört die Entfaltung unbewußter Motive und setzt dem Nachholen affektiver Erfahrung durch vorzeitige Deutungen in unguter Weise ein Ende.

Das Geschehenlassen entspricht einem Gärtnermodell (vgl. Asper 1992 a, S. 267), gemäß dem erst einmal etwas wachsen soll und dessen Wachstum man nicht stören darf. Erst später soll man das Unkraut entfernen, was Frau W. tat, als ihr der dahinterstehende Zwang bewußt wurde. In diesem Moment gab das Unbewußte die Führung an das Bewußtsein ab, und sie konnte begreifen, weshalb und wozu sie mir Blumen brachte.

6

In diesen Tagen lese ich die Erinnerungen von Jimmy Ernst über seinen Vater Max Ernst, den surrealistischen Maler. Eine ergreifende Geschichte entrollt sich in diesem Buch. Jimmy Ernsts Mutter war Kunsthistorikerin, Journalistin und Jüdin, sein Vater stammte aus streng katholischem Hause. Er verließ Frau und Kind bereits nach einem Jahr Ehe der Frau des Dichters Paul Eluard wegen und wohnte fortan in Paris.

In Köln verbrachte Jimmy einige recht glückliche Kindheitsjahre mit seiner Mutter und der Haushaltshilfe Maya, die sich um ihn wie eine zweite Mutter kümmerte. Mutter und Sohn bekamen wenig Rückhalt durch die weiteren elterlichen Familien. Beide Parteien waren gegen diese Verbindung gewesen, und die Familien-Patriarchen bekämpften sich verbissen.

Als in Deutschland der Antisemitismus zu erstarken begann, begab sich Lou Straus-Ernst, Jimmys Mutter, nach Paris ins Exil. Nun begannen fünf einsame Jahre für Jimmy, er lebte im Haus seiner Großeltern mütterlicherseits, war aber bloß geduldet, dazwischen ereigneten sich spärliche Besuche im Haus seiner Großeltern väterlicherseits. Später absolvierte Jimmy in der Nähe von Hamburg eine Setzerlehre, und als die Lage in Deutschland unhaltbar wurde, floh er nach Paris zu seiner Mutter und wanderte kurz darauf, mit achtzehn Jahren, nach den USA aus. Seine Mutter wurde in einem der letzten Transporte nach Auschwitz verbracht und kam dort ums Leben; sein Vater wanderte nach den USA aus, kehrte jedoch nach dem Krieg nach Paris zurück.

Jimmys Erinnerungen an seinen Vater decken auch den damaligen Kunstbereich ab, schildern die politische Lage in Europa, wollen Zeugnis sein für seine lebensmutige Mutter und sind Abrechnung mit einem gleichermaßen bewunderten und gehaßten, indes durchwegs abwesenden Vater.

In Amerika war Jimmy ganz auf sich gestellt und schlug sich mit Gelegenheitsjobs durch. Später wurde er Maler und hatte Erfolg. Erschütternd indes ist einer der letzten Sätze in diesem Buch, welcher das Bild seiner Vaterbeziehung wiedergibt:

> «Irgendwo hier mußte das Bild, das so oft in meinem Leben vor mir stehen sollte, entstanden sein: eine große, offene Handfläche stößt in mein Gesicht, drängt mich rückwärts und befiehlt mir, ja nicht näher zu kommen» (Ernst, S. 432).

So viel zur Biographie von Vater und Sohn Ernst. Und nun zum Thema dieser Skizze: Heimat. In der ersten Zeit in Amerika ging es Jimmy schlecht. Jahre der Entbehrung und der Ungeborgenheit im vergifteten Klima Deutschlands waren ihr vorangegangen, und nun trat ihm noch eine weit größere Einsamkeit entgegen, dazu materielle Not, Unkenntnis der Sprache. Fremd in der Fremde war er nun, heimatlos, wie ein Treibholz unter vielen anderen, welche die Kriegsgeschehnisse nach Amerika vertrieben hatten. Und eines Tages sah er in einer Ausstellung auch ein Bild seines Vaters. Dieses Bild ist eine Collage, wofür Max Ernst, zusammen mit anderen Materialien, ein Stück der gemusterten Tapete aus dem Kinderzimmer Jimmys verwendet hatte. Jimmy hatte nie gewußt, weshalb dieses Stück Tapete fehlte. Nun, in New York, löste sich das Rätsel. Ernst hatte ein Stück davon von der Wand gerissen. So entdeckte Jimmy ein Stück Heimat inmitten der trostlosen Städtelandschaft von New York, und er schreibt darüber.

> «Am Eingang der nächsten Galerie blieb ich überrascht stehen. Mein Herz hämmerte. Plötzlich hatte ich es vor mir, was ich unbewußt gesucht hatte, seit ich ein kleines Kind von zwei oder drei Jahren war. Vor etwa sechs Monaten noch hatte ich daran gedacht, während meiner letzten Eisenbahnfahrt aus Deutschland heraus. Hier war es, das auf geheimnisvolle Weise verschwundene Stück Tapete von der Wand über meinem Kinderbettchen. Es war eines jener unvergeßlichen

kindlichen Phantasiebilder aus meinem Käfig der Alpträume. Jetzt stellte sich heraus, daß mein Vater es an sich genommen hatte, in unveränderter Gestalt. Es war zu einer Collage von Max Ernst geworden, hing im Souterrain eines Wolkenkratzers in Manhattan. Dieser Ort war so gut wie jeder andere geeignet, einem Stückchen ganz persönlicher Vergangenheit Auge in Auge gegenüberzutreten (...)» (Ernst, S. 237).

Heimat – ein Fetzchen Papier also? Für manche Menschen reduziert sich Heimat auf ein kleines Ding symbolischen Wertes, das Verlorenes und Vergangenes wie in einem Brennpunkt vereint. In einem solchen Ding leuchtet das Schöne von einst auf, haust der klamme, graue Schatten der Vergangenheit. – Ich besitze noch heute einen alten, schweren Schlüssel vom Gartentor des Hauses der Kindheit. Am Tag des Auszugs, ich war noch ein Kind, besuchte ich mit einer Freundin die Mustermesse in Basel. Ich ging zum Tor hinaus wie schon Hunderte von Malen zuvor, da durchfuhr es mich wie ein Blitz: Das ist das letzte Mal, daß du durch dieses Tor gehst! Schneller als ich denken konnte, packte meine Hand den großen Schlüssel und ließ ihn in meiner Tasche verschwinden. Das war gut so, ich hatte ein Pfand. Das Tor ist mir auch seelisch offengeblieben. Nie hat jemand davon erfahren, auch ist mir unbekannt, ob die neuen Bewohner sich einen Schlüssel machen lassen mußten, er war nämlich der einzige, den es gab.

(> 18, 20, 26, 70)

7

«Seelabalgga» ist die mundartliche Bezeichnung für «Seelenfenster». Es handelt sich jedoch nicht um ein gewöhnliches Fenster mit Glasscheiben, sondern um eine Öffnung, die sich durch Verschieben eines Balkenstücks der Fassade von innen öffnen läßt. Der «Seelabalgga» ist ein altes Kulturgut der Walser. Walser sind einst aus dem Wallis ausgewanderte Walliser, die in Österreich, Italien und vor allem in der Schweiz Kolonien gründeten. Allerdings ist der «Seelabalgga» nicht ein allgemeines Walsergut, sondern kommt nur in den Walserniederlassungen in Davos und dem Hochtal Avers vor (vgl. Weber, S. 180 f.).

Das sogenannte «Gassahus» in Cresta (Avers) besitzt ein außerordentlich gut erhaltenes Seelenfester. Das Haus datiert aus dem Jahre 1546, und nichts weist darauf hin, daß der «Seelabalgga» späteren Datums ist, weshalb angenommen werden kann, daß er ebenso alt ist wie das Haus.

Von außen läßt sich dieses Fenster nicht öffnen, jedoch kann man es von innen durch Verschieben eines Balkens aufmachen. Doch wozu? – besitzt die Schlafkammer doch bereits zwei Fenster. Über dem «Seelabalgga» ist ein Kreuz in die Holzfassade eingekerbt. Dies führt weiter: Der «Seelabalgga» ist nämlich der besondere Ausgang für die Seele. Er wird jeweils geöffnet, damit die Seele des Sterbenden – diese Schlafkammer ist immer auch das Sterbezimmer – ungehindert durch das für sie eigens angefertigte und durch das Kreuz gesegnete Fenster entweichen kann.

Das Wesen der Seele ist flüchtig, darauf weisen auch die bekannten Seelensymbole wie Vogel oder Schmetterling hin. Auch die Dichtung kennt diese Metapher. Im romantischen Gedicht «Mondnacht» von Eichendorff heißt es:

Und meine Seele spannte
Weit ihre Flügel aus,
Flog durch die stillen Lande,
Als flöge sie nach Hause.

(Eichendorff, S. 272)

Warum genügte den Avnern das gewöhnliche Fenster nicht?
Warum wohl brachten sie eigens ein Seelenfenster an? – Mir
scheint, sie wollten mit diesem besonderen Ausgang der Seele die
Ehre antun. Fenster öffnet man täglich, klopft auf dem Fenster-
brett die Deckbetten aus, ruft sie die Kinder herein, schwatzt,
breit in sie gelehnt, mit der Nachbarin, läßt abgestandene Luft
heraus, Nachtbuben werfen Steinchen an die Scheiben. Sie sind
also alltäglich, das Seelenfenster indessen ist ein besonderes Fenster, der Seele eigener und eigentlicher Ausgang, damit sie him-
melwärts ziehen kann.
Seele und Haus gehören zusammen, man spricht von einem be-
seelten Haus, außerdem wird die Persönlichkeit gerne mit einem
Haus verglichen, nicht nur dann, wenn man von einem «geschei-
ten Haus» spricht, sondern auch im Hinblick auf die verschiedenen Aspekte der Persönlichkeit. So können zum Beispiel Häuser
im Traum den Träumer charakterisieren, wobei der Dachstuhl
auf den Kopf und die mentalen Funktionen hinweist und im Keller die unbewußten Räume dargestellt sind. Schließlich wurden
Graburnen häufig in Hausform gebildet, dies nicht nur bei den
alten Ägyptern, sondern durchaus bis in die neueste Zeit hinein.
Beim «Seelabalgga» haben wohl ähnliche Vorstellungen mitge-
wirkt. Die uralten Walserhäuser wirken noch heute beseelt. Dunkel, schwarz sitzt die Fassade aus Holzbalken auf einem meist
weiß gemauerten Fundament. Da und dort ragen kleine Stäbe aus
der Wand, an ihnen baumeln im Winter die Schinken und Speck-
schwarten und werden durch die kalte, frische Luft und die Sonne
getrocknet und konserviert. Die Fenster sind oft so klein wie
Schießscharten, denn es ist kalt in den Avnerhöhen, schließlich

liegt ganz zuhinterst im Avers Juf, die höchst gelegene, ganzjährig bewohnte Siedlung Europas, auf 2130 m Höhe.

Und vielleicht, das muß auch noch gesagt sein, will die Seele wieder zurück, nicht weil es ihr zu kalt ist, sondern weil sie möglicherweise böse Absichten hat, und auch dafür dient das Seelenfenster. Man kann es nämlich nach dem Weggang der Seele wieder hermetisch verschließen.

Eine entsprechende Vorstellung entnehme ich einer Erzählung der Mic-Mac-Indianer aus Ostkanada:

Ein weiser alter Mann wollte unsterblich sein und bat darum, ihn nur oberflächlich zu begraben, weil er nach einiger Zeit wieder auferstehen werde. Die Indianer aber beschlossen, seinen Leichnam mit einem Stein zu beschweren, um zu verhindern, daß er ewig unter ihnen leben würde. Sie taten dies zum Schutz der jungen Menschen, die selber auf die Suche nach Erkenntnis und Weisheit gehen müssen. Würde nämlich der Weise weiterleben, blickte die Jugend lediglich zu ihm auf und vermiede ihre eigene Suche, was nicht nur ihr, sondern auch der Gemeinschaft schaden würde (Red Earth).

8

Kinder sammeln für Kinder in Not, Kinder malen für Kinder in Not, auch das gibt es. Hunderte von Schulkindern haben Weihnachtskarten gemalt, und diese Originale werden verkauft. Ich habe ein Original eines Schulkindes von acht Jahren, wie der Text vermerkt, geschenkt bekommen. Wie ich den auf den ersten Blick konventionellen Christbaum mit Kugeln und Kerzen anschaue, reagiere ich mit Betroffenheit: Das leuchtende Licht kommt aus schwarzen Kerzen, und der Stern auf der Christbaumspitze ist schwarz. Über ihm indes, am Himmel, leuchtet ein großer, goldener Stern.

Ich kenne das Kind nicht, weder seine Lebensumstände noch die Verfassung, aus der heraus das Bild entstanden ist. Möglich, daß es dieses Kind schwer hat, daß Dunkelheit und Krankheit, Verlassenheit und Streit in seiner Familie herrschen, all das könnte sein, und würde ich das Kind kennen, läse ich seinen Christbaum mit den schwarzen Kerzen und dem ebenso dunklen Stern als eine Mitteilung, die mich auf ein mögliches Unglück aufmerksam machen möchte.

So indessen wird mir dieses Kindes Christbaum zu einer allgemeineren Botschaft, nämlich dieser, daß es an der Zeit ist, auch dem Dunklen seinen Platz einzuräumen. Es gibt ihn – den schwarzen Stern –, das Geschick, unter einem schwarzen Stern geboren zu sein. Es gibt Not, Elend und Zerstörung. Zum Licht gehört das Dunkel, zum Tag die Nacht und zur Liebe der Haß.

Die schwarzen Kerzen und der schwarze Stern am Christbaum dieses Kindes vermitteln die Botschaft der Zusammengehörigkeit der Dunkelheit mit dem Licht. Auch das Leid sollen wir an den Baum hängen, diesen Teil unserer Wirklichkeit. Es gibt auch so etwas wie die Würde des Leids, denn aus allem Leid kann ein Licht entstehen oder etwas Gutes, wie ein Engadiner Hausspruch formuliert: «Aus jedem Schmerz wächst eine Blume» (Kettnaker, No. 262). Das Leid ist ebenso eine Gotteserfahrung, wie das Licht eine ist.

Der goldene Stern über dem Christbaum auf dieser Zeichnung ist unser Sehnsuchtstern, das Helle, das Gute; wir haben es nicht, wir können es nicht als Besitz an unseren Baum stecken, wir dürfen aber darauf hoffen, und gnadenhalber verwirklicht sich zuzeiten etwas davon. «Was hier wir sind, kann dort ein Gott ergänzen», heißt es bei Hölderlin (S. 416), und so ist es, wir bedürfen der Ergänzung und der Hoffnung. Der schwarze Stern am Christbaum ist Ausdruck der Würde des Leids, bedeutet Würdigung der Not.

Nicht umsonst lege ich alljährlich, wenn ich die kleine Krippe zur Weihnachtszeit einrichte, ein kleines Stückchen von der Berliner Mauer hinzu, das ich damals, kurz nach dem Fall der Mauer, dort vom Boden auflas. Das Schreckliche erst gibt uns den gemäßen Hintergrund für das Weihnachtsgeschehen. Der schwarze Stern: Gehört er nicht an den Weihnachtsbaum auch aus Gottesfurcht, aus dem Bedürfnis heraus, dem Dunklen die Ehre anzutun? Durch das Falsche, das Böse, das Destruktive und Dunkle erst werden wir offen für das Helle, Gute, Erlösende und Lichte. Gerade aus diesem Grunde finde ich, der schwarze Stern am Christbaum habe durchaus eine – seine – Notwendigkeit, dort zu sein. (> 28, 40, 48)

9

Das überlebensgroße Bild zeigt eine Frau, die, weit ausschreitend auf den Betrachter zu, dargestellt ist. Ihr Blick, seitlich leicht abgewandt, schaut in die Ferne, lose hält sie in der einen Hand ein paar Kornblumen, die andere umfaßt einen großen Strauß gelber Blumen. Sie geht einem Kornfeld entlang, so nahe, daß die reifen Ähren zarte Schatten auf ihr weißes, langes Kleid werfen. Hinter und über ihr verliert sich der blaue Himmel in weichen, hellen Wolkenstrichen.

Sommer ist's, Mittag, Zeit der Fülle und der Reife. Die Frau gemahnt an Ceres, die Göttin des Kornes und der Fruchtbarkeit. Ich sitze vor ihr an diesem stillen Nachmittag im Saal des Kunstmuseums in Skagen (Dänemark), dem Ort, wo sie geboren wurde und zeitlebens wirkte. Auch auf vielen anderen Bildern habe ich diese Frau gesehen; auf einem imposanten Großgemälde, den Strand von Skagen wiedergebend, wo das Johannisfeuer brennt und lodert und die Bevölkerung, jung und alt, sich darum herum gruppiert hat: die Frauen in hellen, damastenen, üppigen und reich bestickten langen Kleidern, die Männer stolz, heroisch, gerade aufgerichtet. Hier steht sie wieder, dieselbe Frau, man erkennt sie an der charakteristischen höckrigen Nase. Als einzige ist sie einfach gekleidet, in einen dunkelgrünen Rock und einen einfachen Umhang der gleichen Farbe.

Weiter ist sie mir auf einem Interieurbild begegnet, im roten Kleid sitzt sie in einem Schaukelstuhl, neben ihr erkennt man ihren Mann. Beide betrachten ein Bild auf einer Staffelei. Die Frau trägt eine schwere silberne Halskette mit einem Anker. «Feierabendgespräch über Kunst» heißt das Bild.

Das Künstlerehepaar hat dieses Bild gemeinsam gemalt: Anna und Michael Ancher (vgl. Wivel). Anna (1859–1935) war damals 25 Jahre alt. Dazu paßt der Vermerk im Katalog, daß das Künstlerehepaar jeweils im Hotel Brøndum aß, dem Elternhaus von Anna Ancher. Eine Frau, die nicht kochen muß, die malt und abends mit ihrem Mann über Kunst spricht, läßt einen staunend an eine Emanzipation denken, welche dieserart in den achtziger Jahren des vorigen Jahrhunderts ungewöhnlich war.

Anna oder Ane, wie sie sich auch nannte, begann früh schon zu malen, damals, als gegen 1870 die ersten Maler nach Skagen kamen. Sie beobachtete sie bei ihrer Tätigkeit und griff selber zum Pinsel, verheiratete sich mit dem zehn Jahre älteren Maler Michael Ancher, hatte mit ihm eine Tochter, Helga, und blieb mit ihrer Familie ihr ganzes Leben lang – wenn man absieht von drei Wintern Kunstschule in Kopenhagen und einigen Kunstreisen – in Skagen wohnen. Sie malte, lebenslänglich, unbeirrt durch die heroischen Darstellungen ihrer Künstlerkollegen oder die großflächigen Fischerbilder, die den Fischer und seine Seenot, seinen Tod und seine Rettung in mannigfaltiger Variation zeigen, in ihrem persönlichen Stil.

Anna Ancher brachte es zur Meisterschaft im Kolorit, verließ die figürliche und realistische Darstellungsweise, erreichte den Impressionismus und die Grenze zur abstrakten Malerei. Sie wurde zur Malerin des Lichts und der Luft und wuchs mit ihrer Kunst über die Künstlerfreunde hinaus; ihre Bilder brauchen einen Vergleich mit Renoir, Monet, Manet zum Beispiel nicht zu scheuen.

Schlicht blieb sie ein Leben lang, malte langsam, ließ sich nicht hetzen, hatte so gar nichts Heroisches an sich, besaß aber die hohe Gabe, das Große im Kleinen zu sehen. Daneben führte sie ein Frauenleben und hatte ein Auge für weibliche Betätigung, malte Schneiderinnen beim Nähen von Kleidern, die Magd beim Gänserupfen, das Mädchen in der Küche, das in seiner vollen, tiefen Farbgebung an Manets Bild «Der Pfeifer» (1866) erinnert, malte ihre kleine Tochter häkelnd in der blauen Stube ihrer Großmutter. Sie griff einfache Sujets auf, einmal schlicht, aber meisterhaft eine offene Türe in sanften Rottönen. Ihre Bilder sind kleinformatig, übertreffen jedoch heute an künstlerischem

Wert und menschlicher Aussage die Riesengemälde heroischer Themen vieler ihrer Kollegen.

Vertieft man sich in ihre Malerei, so kann man eigentlich nicht sagen, Anna Ancher habe es geschafft, sich zu emanzipieren. Anna blieb und wurde, was sie war. Sie mußte sich nicht erst durch die Beeinflussung akademischer Malerei hindurcharbeiten, um zu sich zu finden. Sie fand die Tür zum Licht, zu sich, sie wurde Ceres, so wie ihr Mann sie malte im Kornfeldbild. Aufrecht, unbeirrt und ohne revolutionäre Abgrenzungstaten, war es ihr vergönnt, sie selber zu werden. Sie trug die Ankerkette, hieß Ancher und war, so scheint es mir, festverankert in der selbstbewußten fraulichen Tradition ihres heimatlichen Landstrichs. Sie fand die Türe zum Leben und zum Licht.

Annas Wesen und innere Stärke scheinen auch ihren Mann beeindruckt zu haben. Das wird besonders im Bild «Weihnachtsmorgen» von Michael Ancher deutlich, das Anna mit zwei ihrer Schwestern, ihrer Tochter Helga und der Mutter, alle in Lebensgröße, zeigt. Mutter und Schwestern sitzen und schauen, auch Anna sitzt und schaut, indes bekommt man den Eindruck, als möchte sie jeden Moment aufstehen und in ihr Atelier gehen, um zu malen, was für sich sein hieß. Malend lebte sie, durch das Malen war sie aber auch bezogen, auf ihre kleine Tochter, der sie das Malen beibrachte, wie ein Bild von Michael Ancher zeigt, auf ihre alte Mutter, die sie im Alter mehrmals darstellte, war sie mit den einfachen Menschen verbunden, mit der Blinden in der sonnigen Stube, mit dem Bauern Lars Gaihede, der ein Stöcklein schnitzt, mit der toten Stine Bollerhus und deren Begräbnis.

Das Atelier Annas im «Michael und Anna Ancher Haus» ist, wie alles andere, so belassen wie zu Lebzeiten des Künstlerpaares. Es ist karg eingerichtet, eine große Staffelei steht zwischen einem Fenster mit blaßblauen Vorhängen und einer stattlichen Truhe, in der man nach ihrem Tod noch manche Bilder gefunden hat. Ein kleiner Tisch und ein paar Stühle sind noch da, und über die Staffelei läßt ein großes Oberlichtfenster zusätzliches Licht einfallen.

Nebenan befindet sich das Atelier ihres Mannes, mehrmals so groß wie ihres, mit ausladendem Kamin, tiefen Plüschsesseln und vielen, vielen anderen Einrichtungsgegenständen, ein dunkler, düsterer Raum, ohne jegliches Oberlicht. Überhaupt ist das ganze Haus mit den niedrigen Zimmern übervoll möbliert, mit Plüsch und Deckelchen und Teppichen und vielem Plunder, und da hat Anna Ancher gelebt, die Malerin und Künstlerin, die mit ihren lichtvollen Bildern den französischen Impressionisten nahesteht, wenn sie ihnen nicht gar überlegen ist, was die Wahl der Sujets angeht, die in ihrer Privatheit, Zärtlichkeit nur von einer Frau so gesehen werden können.

Beeindruckt von dieser Ceres des Nordens, bedaure ich indes, daß nicht mehr über sie bekannt ist, eine detaillierte Biographie fehlt bis heute. – Zu gleicher Zeit wie in Skagen gab es in Worpswede bei Bremen eine Künstlerkolonie, deren zentrale Gestalt auch eine Frau war: Paula Modersohn-Becker (1876–1907). Von ihr sind die Tagebücher und Briefe zugänglich. Sie starb indes relativ jung, vier Wochen nach der Geburt ihres ersten Kindes, eines Mädchens.

Im hellen, lichten Raum des Skagener Museums, gegen Westen gelegen, durchflutet von der hellen Nachmittagssonne, hängen die wohl schönsten und vollendetsten Bilder Anna Anchers. Lange saß ich in diesem Raum und schaute mich in das Bild der Näherinnen für ein Kostümfest hinein, dann führte mich mein Blick in das blaue Zimmer, in dem Helga Ancher häkelt, zum hellen Tulpenstrauß, zur alten Mutter im blauen Zimmer, und immer wieder war ich begeistert von der Art, wie Anna Licht und Luft malen konnte. Ich wurde ganz ruhig innerlich, die Ruhe geht von den Bildern aus, wenngleich auf vielen von ihnen tätige Menschen dargestellt sind. Was der Impressionismus in Frankreich nicht hervorbrachte, hier wurde es möglich: eine Frau, die impressionistisch malt, aussagt in Farbe, Licht und Luft und es mit leichter Hand tut, liebevoll und still.

Die Bilder sind hervorragend aufgehängt, genau so wie das Licht in Anna Anchers Bildern einfällt, so fällt es in den Museumsraum ein, fällt seitlich ein, parallel zum seitlichen Lichteinfall in den entsprechenden Bildern. Fällt es indes in den Bildern frontal ein, so hängen diese Bilder an der Mittelwand. Zentral an der Mittelwand lassen sich außerdem zwei Bilder finden, die nicht dazuzugehören scheinen: Eines ist ein Bild von Michael Ancher, seine Frau Anna von hinten am Schreibtisch sitzend darstellend, ein Nachtbild mit Petroleumlampe in einem von Plüschmöbeln überfüllten Raum, mit allerhand exotischen Vogelbildern, wie das dem Geschmack der Zeit entsprach. Nach einigem Nachdenken geht mir auf, warum dieses Bild hier hängt: Besser könnte die überragende Qualität von Anna Anchers Kunst gar nicht augenfällig werden als durch dieses Interieurbild ihres Mannes, das unter dessen Bildern sicher nicht eines der besten ist. Daneben, ebenfalls zentral an der Mittelwand, hängt ein Bild Anna Anchers, das einzige Bild mit künstlichem Licht der Petrollampe, ein Interieurbild mit einer jungen Frau, vor einem kleinen Tisch stehend, auch es kein Meisterwerk. Beide Bilder lassen den weiten Weg, den die Künstlerin bis zur höchsten Meisterschaft gegangen ist, voll ermessen.

Ein Erlebnis ist dieser kleine Museumsraum voller Licht, Farbe, Luft und Friede.

(> 63)

Frau G. träumt:

*Eine Frau ist schwanger. Ich freue mich, eine Frau um mich zu haben,
die gleich ist wie ich. Ihr Mann mag mich gut, er möchte mit mir anbandeln. Das mag ich nicht.*

Seit diese Analysandin Mutter eines kleinen Sohnes geworden ist,
erlebt sie, daß ihr die Schwierigkeiten über den Kopf zu wachsen
drohen. Sie hat Mühe mit der Frauenrolle, hat das Gefühl, in eine
Falle gegangen zu sein, und erlebt sich ihrem Mann unterlegen.
Er sei frei, sie immer angebunden, er übernehme keine Pflichten,
das Kind sei ihm innerlich nicht gegenwärtig, er erledige zwar gewisse Aufgaben, aber nur dann, wenn sie ihn darum bitte, nie von
sich aus.
Sie müsse also selber an alles denken, delegieren, und schließlich
erwarte er nach erfüllter Aufgabe noch ein Dankeschön. Die übliche Klage, die berechtigte Klage über einen Mann, der sich nicht
wirklich aus innerer Beteiligung den gemeinsamen Freuden und
Leiden der Familie zuzuwenden scheint und dafür auch nicht aus
eigenem Impuls Verantwortung übernimmt.
Wir hatten in der Analyse gesehen, daß parallel zum Ehemann im
Innern von Frau G. ein Männerbild vorherrschend ist, das sich
mit den Ansichten ihres Ehemannes deckt. Ihr innerer Mann verlangt wie der äußere die Rollenteilung. Der Mann ist zuständig
für das Außen, die Frau für die familieninternen Strukturen. Das
bedeutet, daß Frau G. deutlich patriarchal identifiziert ist und
weibliche, mütterliche Werte nicht nur vom Ehemann, sondern
auch von einer Instanz in ihr selber gering geachtet werden.
Der obenerwähnte Traum stellte sich in einer Zeit ein, als Frau G.
sich mehr und mehr ihrer Neigung bewußt wurde, ihre Gefühle,

eigenen Gedanken und subjektiven Befindlichkeiten zugunsten patriarchaler Gesichtspunkte und heroischer Ausrichtung herabzumindern und zu übergehen.

Im Traum freut sie sich über die Gesellschaft einer anderen Frau. In Wirklichkeit hat sie keine stabile Beziehung zu einer Frau mit einer gleichen anspruchsvollen Berufsausbildung wie sie selber und die überdies auch noch ein Kind hat, also in der gleichen Lage wie sie ist. Eine solche Verbindung wäre für sie außerordentlich befreiend, nützlich und beglückend.

Wird der Traum indessen innerpsychisch verstanden, so kann aus ihm eine seelische Annäherung des Ichs an das weibliche Prinzip abgeleitet werden, wenngleich im Traum der Mann, der mit ihr anbandeln will, auf die Nähe zum Männlichen hinweist und das Ich von diesen Gesichtspunkten angelockt wird.

Unser Gespräch drehte sich um die Frage, was denn weiblichmütterlich sei. Der Traum zeigt einen Aspekt des weiblich-mütterlichen Prinzips im Symbol der Schwangerschaft auf. Einmal nicht konkret, sondern symbolisch verstanden, bedeutet schwanger sein die Hinwendung zu allem Lebendigen schlechthin: es spüren, aufspüren, es halten und um es besorgt sein. Das heißt weiter, daß wir uns in einer weiblich-mütterlichen Haltung dorthin wenden sollen, wo wir etwas Lebendiges spüren, die seelische Lebendigkeit im Mitmenschen und in uns selber wahrnehmen, sie fördern und herauslocken, sie vermehren.

Weiter bedeutet das auch: Leiden in sich und anderen bemerken, auch wenn es sich nicht verbal ausdrückt oder offenkundig ist, dem Leiden die Sorge angedeihen lassen, es tragen und mittragen, aushalten und durchtragen. In einer solchen Haltung wird manches hinfällig, was wir meinen, tun zu müssen.

Schwanger sein heißt im übertragenen Sinne, dem Leben zugewandt sein, bedeutet ein Ja zu allem, was lebendig ist. Schwanger sein ist nicht Heroismus für eine Idee, kein Sterben für die Idee, sondern meint wohl – wenn schon sterben –, sein Leben hingeben für das Lebendige, für das Kind im realen wie im übertragenen Sinne als Ausdruck des Lebens und der Lebendigkeit.

40

Kürzlich bin ich auf ein haitisches Aschenputtel-Märchen, «The Magic Orange Tree» (Wolkstein), aufmerksam geworden. Wie in den meisten Aschenputtel-Märchen ist auch in dieser Version dem Mädchen die richtige Mutter gestorben, und es hat eine böse Stiefmutter bekommen, die es hungern läßt. Eines Tages ist die Stiefmutter ausgegangen. In der Küche entdeckt das Mädchen drei Orangen, und weil es so großen Hunger hat, ißt es sie alle drei auf. Wie die Stiefmutter nach Hause kommt, erzürnt sie sich und befiehlt dem Kind, seine Gebete zu sagen, denn später sei keine Zeit mehr dafür. Sie droht ihm den Tod an. Doch das Mädchen läuft nun, was es laufen kann, geradewegs zum Grab seiner Mutter. Da fällt ein Orangenkern von seinem Röcklein auf die Erde und beginnt auszutreiben und zu sprossen. – Und dann singt das Mädchen: «Orangenbaum, wachse, wachse, wachse, die Stiefmutter ist nicht die richtige Mutter.» In der Tat, der Baum wächst und wächst, formt Äste aus, blüht, und Früchte reifen an ihm. Und weiter singt es: «Orangenbaum, wachse, wachse, wachse», und der Baum wächst in den Himmel hinein. Dann singt es: «Orangenbaum, werde kleiner, kleiner, kleiner», und er wird es. Jetzt sammelt das Mädchen eine Schürze voll Orangen ein und springt nach Hause. Die Stiefmutter ist höchst erfreut, besteht aber darauf zu erfahren, wo der Wunderbaum zu finden sei. Das Mädchen nimmt sie mit, die Stiefmutter klettert auf den Baum und sammelt Orangen ein. Und nun singt das schlaue Mädchen: «Orangenbaum, wachse, wachse, wachse» – und in der Tat, er wächst wieder in den Himmel hinein. Die Stiefmutter, der es angst und bange wird, verspricht dem Mädchen, fortan eine gute Mutter zu sein. Das Mädchen sieht aber auch, daß die Stiefmutter so gierig die Orangen einsammelt, daß bald keine mehr übrig sein werden. Was würde dann aus ihm werden? fragt es sich ängstlich.

Doch der Baum wächst weiter, die Stiefmutter schreit um Hilfe, und jetzt nimmt das Mädchen seinen ganzen Mut zusammen und ruft lauthals: «Brich, Orangenbaum, brich, brich!» Und der Baum zersplittert in tausend Stücke und die Stiefmutter ebenfalls. Das Mädchen sucht nach einem Orangenkern, legt ihn sorgfältig in die Erde, und er beginnt zu sprossen und zu wachsen, und das Mädchen singt: «Wachse, Orangenbaum, wachse, wachse!» Es läßt ihn zu normaler Höhe wachsen, sammelt die Früchte ein und geht auf den Markt. Und weil die Früchte reif und so wunderschön sind, kann es alle im Nu verkaufen. Von nun an ist es jeden Samstag auf dem Markt anzutreffen, wo es Orangen feilbietet. «Als Erzähler habe ich es», so endet die Geschichte, «dort auch angetroffen und bat es um eine Gratisfrucht.» ‹Was!› schrie es sogleich, ‹nach alledem, was ich erlitten habe!›, und es gab mir einen Tritt in den Hintern, der so stark war, daß ich gleich hierher flog, und nun kann ich euch die Geschichte vom wunderbaren Orangenbaum erzählen.»

Das Märchen ist eingebettet in das Brauchtum Haitis, wo es üblich ist, die Nabelschnur des Kindes in der Erde zusammen mit einem Fruchtkern zu vergraben. Der Baum ist des Kindes Schutzbaum, wächst er jedoch krumm oder schlägt nur kümmerlich aus, so wird das als schlechtes Omen aufgefaßt.

Was kann diese Aschenputtel-Variante bedeuten? Auch hier wie im bekannten Grimm-Märchen geschieht die Überwindung der Stiefmutter im engen Zusammenhang mit dem Grab der Mutter und dem darauf wachsenden Baum. Eine Stiefmutter muß nicht böse sein, in diesem Märchen und manchmal auch in Wirklichkeit ist sie aber böse, und als eine Seite der Märchenheldin aufgefaßt, ist sie lebenshemmend. Unsere innere böse Stiefmutter verhindert unsere Entfaltung, läßt uns seelisch Hunger leiden, erlaubt es nicht, daß wir unser Leid anerkennen, bringt uns dazu, es zu verdrängen, macht uns glauben, wir seien ein Niemand, hätten kein Lebensrecht und erstickt jeden noch so kleinen Lebensimpuls.

In diesem haitischen Märchen lassen die Not und der Hunger das

Mädchen die Verbote der inneren Stiefmutter überschreiten, es ißt die drei Orangen auf, ganz einfach, weil es nicht mehr anders kann. Es hat seiner Not nachgegeben, und dieser wichtige Schritt nach vorn wird gleich bestraft, der Stiefmutterkomplex scheint alles gleich wieder zunichte machen zu wollen, dem Lebensimpuls steht der Todesimpuls an Intensität in nichts nach. Doch wieder siegt der Lebensimpuls, das Mädchen läuft zu seiner Mutter Grab, auf diese heilige Erde fällt ein Orangenkern, und nun wächst der Baum. Wer eine Stiefmutter in sich hat, kann diese nur überwinden durch den Bezug zur guten Mutter, zu mütterlichen Seiten in sich selbst. Wer sich haßt, kommt zum Leben allein durch die Liebe zu sich selber.

Und nun, was geschieht? Das Mädchen kann seinen Baum, den wir als Lebensbaum auffassen können, in die Höhe wachsen lassen, ihn aber auch wieder verkleinern. Es darf sich zum ersten Mal selber leben, ist in sich verwurzelt, kennt Vertrauen, Selbstvertrauen, Autonomie. Daß die neugefundene Autonomie noch angepaßt werden muß, zeigt sich daran, daß der Baum zunächst zu hoch hinaus wächst, doch statt das als Fehler und Schuld aufzufassen, kann es ihn einfach wieder kleiner werden lassen.

Lange Zeit habe ich ein beliebtes Kinderspiel falsch oder vielleicht besser zu einseitig verstanden. Kinder bauen oft aus Bauklötzen Häuser und Türme und schlagen das Gebaute alsbald wieder kaputt. Dann errichten sie wieder ein Haus, einen neuen Turm, und das Spiel beginnt von vorn. Lange dachte ich, darin äußere sich der Destruktionstrieb. Das mag sein, ich sehe jedoch heute darin auch die Lust des Kindes an der Herrschaft über die Dinge: Ich kann bauen, ich kann zerstören, ich kann wieder aufbauen, heißt das. Das Kind eignet sich mit diesem Spiel Vertrauen und Selbstbewußtsein an, es ist Herr der Dinge, kräftig und mutig und kann das Zerstörte immer wieder neu entstehen lassen. In diesem einfachen Spiel äußert sich späteres differenziertes Selbstvertrauen und Ich-Stärke. Als Erwachsene müssen wie viele Dinge tun, uns schöpferisch betätigen und schwierige Arbeiten ausführen. Was das Kind in seinem Spielernst im Bauen und Zerstören und Wiederaufbauen gelernt hat, zeigt sich später als unser Vertrauen, eine Sache mal so zu versuchen und, wenn es nicht geht, mal anders zu versuchen, und dies so lange, bis die Dinge stimmen. Damit ist die Lust am eigenen Tun verbunden, und jeder neue Versuch baut sich auf dem verworfenen vorherigen auf und nicht auf der Schuld und Scham darüber, daß es noch nicht stimmt.

Spielerisch, lustvoll läßt die Märchenheldin den Baum hoch über sich hinauswachsen und freut sich an dieser Möglichkeit, dann merkt sie, daß sie die Früchte nicht pflücken kann, also läßt sie ihn wieder kleiner werden, bis die Höhe stimmt. Es dauert bisweilen lange, bis wir die Früchte unserer Bemühungen ernten können. Gut ist es, wenn wir nicht jeden neuen Versuch auf dem Gefühl des Versagens basieren müssen, sondern uns einfach sagen können, noch ist es nicht richtig, aber der nächste Versuch bringt mich dem Ziel wohl näher! Katzen können das, was ich hier beschreibe, wunderbar. Eine Katze, die einem Vogel auflauert, ist angespannt, ganz auf die Beute ausgerichtet, und der Kiefer bewegt sich rhythmisch auf und ab. Manchmal hat sie Glück, hat sie es nicht und fliegt der Vogel davon, dann ist die Katze weder beschämt, noch zieht sie den Schwanz ein. Nein, die Katze setzt sich mal hübsch hin, ist völlig entspannt, leckt sich die Pfoten, den Schwanz, gähnt bisweilen und trollt sich davon. Die Katze vermittelt nicht den Eindruck des Versagens, nicht ich bin schuld, der Vogel ist es, scheint Katzenphilosophie zu sein. Ein Verhalten größten Selbstbewußtseins.

Der Stiefmutterkomplex ist indessen noch nicht ausgestanden. Eine lebensverneinende Seite in unserer Märchenheldin ist gierig und will die Früchte für sich beanspruchen. Und nun geht es wieder um Leben und Tod. Das Mädchen ist schlau und läßt den Baum mit der Stiefmutter gen Himmel wachsen. So weit – so gut, würde die Stiefmutter nicht alle Früchte an sich nehmen. Was soll das, wenn ich sie ins Pfefferland wünsche, fragt sich das Mädchen, und sie nimmt alles an sich? Das Mädchen ist nun bereit, alles hinzugeben, und befiehlt dem Baum zu brechen, und er zerspringt in tausend Stücke und mit ihm die Stiefmutter. Es hat sich einem Stirb und Werde ausgesetzt, es nimmt hin, alles zu verlieren, allerdings im Vertrauen darauf, daß ein Neuanfang möglich ist. Und er ist es, aus einem Orangenkern wächst wieder ein Baum. Das Mädchen kann loslassen, was in seinem Leben nicht funktioniert, auf die Gefahr hin, alles zu verlieren, und, das ist nun wichtig, im Vertrauen darauf, daß das Leben weitergeht. Jetzt hat es seinen Reichtum für sich, die Stiefmutter ist tot, und es hat davon soviel, daß es ihn verkaufen und davon leben kann. Es ist sich selbst genug. Schenken allerdings tut es keine Frucht; nach all dem, was es mitgemacht hat, verschenkt es nichts. Es weiß, was es wert ist.

12

Oft habe ich mich gefragt, warum ein Mann und nicht eine Frau am Kreuz für unsere Kultur eine solche Bedeutung hat.

Frauen am Kreuz gibt es durchaus, geächtete und als Hexen gefolterte Frauen wurden oft ans Kreuz geschlagen. In Waltensburg (Kanton Graubünden, Schweiz) sind über dem Hauptportal der kleinen Bergkirche auf dem Türsturz drei, vier Kreuze auszumachen, an denen nackte Frauen hängen.

Auf der Außenwand des Kirchenschiffs ist ein großer Erzengel hingemalt, der eine Waage in der Hand hält. Auf der rechten Schale tummeln sich ein paar Teufel, in der linken hingegen sitzt eine Frau, deren blondgelockter Kopf über den Rand der Schale hinausragt. Welche Schale schwerer sei? Nun, natürlich die mit der Frau. Die Frau wiegt schwerer noch als die Teufel, selbst mehrere Teufel sind nicht so schlecht (schwer) wie eine Frau.

Die Malereien galten einst als kirchliches Mahnmal. Wie muß man sich als Frau im Mittelalter beim Kirchgang gefühlt haben? fragte ich mich. Wegbleiben ging wohl in einem so kleinen Dorf nicht an, man wäre als Hexe verschrien, mit dem Finger wäre auf solche Frauen gezeigt worden. Blieb ihnen wohl nur, sich mit dem frommen und guten kirchlichen Frauenbild zu identifizieren, rigide zu werden, das volle Frausein zu verleugnen.

In unserer fast zweitausendjährigen christlichen Geschichte ist das Weibliche einerseits in Eva verhext und andererseits in der Jungfrau Maria übermäßig spiritualisiert worden. Ein tiefer Riß zwischen Fleisch und Geist spaltet den weiblichen Archetypus und führt beispielsweise zum Gegensatzpaar von Hure und Nonne. Wo bleibt das Frauenbild, welches beides vereint, wo sind die Frauen, die beides gelebt haben, und wo ist der Mann, der diese beiden Möglichkeiten in seiner Anima ohne Schwierigkeiten vereinen kann?

Weibliche Werte (nicht geschlechtsspezifisch verstanden) im Sinne des Zyklischen, Irrationalen, der Gefühle wurden zu Unwerten gestempelt und sind neben Klarheit, Objektivität und Progression als männlichen Werten minder. Schließlich hat sich das Patriarchat die Erde untertan gemacht und Mutter Natur bis hin zu ihrer Zerstörung ausgebeutet.

All das zusammengenommen ist das Kreuz, das die Frau und der Mann – in seinem weiblichen Anteil – tragen. Aber es ist das Kreuz, welches sich Mutter Erde in unseliger Weise aufgeprägt hat.

Unter der Weihnachtspost war eine Kunstkarte, die eine moderne Malerei zeigt: ein buntes Kreuz, mit Blumen und Tieren verziert, mit Engeln und einer Frau in rotem Kleid. Sie ist nicht angenagelt, nichts Grausames, Abstoßendes ist auszumachen. Lächelnd ist sie am Kreuz. Ob die zwei Engel sie sanft am Kreuz halten oder ob sie das Kreuz, für die Engel unsichtbar, selber trägt, wird nicht deutlich. Über ihrem Haupt ist das Einhorn, zu ihren Füßen ein kleiner Waschbär, zur linken Armseite hin ein Affe, zur rechten ein Biber. Blumen, Wurzeln, Äste – Zeichen einer reichen Vegetation – füllen die Räume zwischen den Figuren aus. Die Aussage dieses Kreuzes ist anders als jene des gemarterten, nackten, blutenden Jesus, anders als die der gekreuzigten Frauen. Es handelt sich indes nicht um irgendein Kreuz, denn wegen der deutlichen christlichen Symbolik will es offensichtlich auch auf christlichem Hintergrund verstanden werden.

Die Frau am Kreuz ist *Santa Librata,* wie der Begleittext auf der Karte vermerkt. Catherine Ferguson, die Künstlerin, lebt in Santa Fé im Staat Neu Mexiko (USA), wo der Einfluß des spanischen Katholizismus sehr stark ist. Das wurde mir recht deutlich, als ich ein paar Monate später das Museum für volkstümliche Kunst in Santa Fé besuchte. Wir kamen gerade eine halbe Stunde vor Schließung des Museums an und sahen als erstes die spanischen Bilder und Skulpturen christlichen Ursprungs. Ein kaum 30 cm hohes Bild aus dem 17. Jahrhundert fesselte meine Aufmerksamkeit: eine Frau in rotem Kleid am Kreuz. Auch

Fergusons Frau trug ein rotes Kleid. Vollends erstaunt war ich, als ich die Inschrift las: Die Frau war auch eine Santa Librata! Ich habe mir Gedanken zu Santa Librata gemacht, zur lächelnden Frau am Kreuz, die weder gemartert wurde noch an das Kreuz angenagelt ist. Santa Librata, was sagt sie mir, wie soll ich sie verstehen? Santa Librata bedeutet «die befreite Heilige», und so will ich sie von psychologischer Sicht her verstehen. Sie wird mir zum Symbol der vom drückenden patriarchalen Verständnis befreiten Frau.

Hildegard von Bingen sagte einst: «Ich leide gern.» Sehen wir einmal davon ab, diese Aussage masochistisch aufzufassen, kann sie nämlich auch heißen: Das Leiden kann mir etwas geben, das Leiden lehrt mich, es vermittelt Einsichten, es zwingt das Schöpferische im Menschen zu ungewöhnlichen Lösungen. Leiden ist schwer, hart und quälend, so schlimm, daß wir versucht sind, daraus herauszuspringen. Unablässig sind wir damit beschäftigt, wie es zu beenden sei, und drehen um den stets gleichlautenden Gedanken, was wir tun könnten, um ihm ein Ende zu setzen. Dazu kommt die zermürbende Frage, was wir falsch machten und noch machen, daß der Zustand andauert. Mit anderen Worten neigen wir dazu, das Leiden in unserem Tun und Machen allein angehen zu wollen.

Leiden, sei es seelisch oder körperlich, kann uns stark machen. Dabei denke ich nicht an die Tapferkeit. Das Leiden kann uns stärken, wenn wir ihm erlauben, etwas mit uns zu «machen». Es ist nicht leicht, sich den verschiedensten Gefühlen und Emotionen wie Wut, Verzweiflung, Isolation, den Schmerzen psychischer und physischer Art auszusetzen, es zuzulassen, daß sie etwas mit uns machen, uns schwach machen, uns lehren, daß wir nicht immer stark und tapfer sind. Diese Schwäche anzuerkennen ist letztlich Stärke. Dazu kommt, daß im Durchleiden des Leidens sich Einsichten einstellen, neue Sichtweisen sich ereignen, uns Gedanken geschenkt werden, die wir noch nie gedacht haben. Gewiß, die Ernte ist klein im Verhältnis zur Übermacht des Leidens, doch sie ist kostbar und hat die Kraft, uns zu bewegen, zu wandeln. Das Leiden gehört zu unserer Natur, wir sind so «gebaut», daß weder die Welt immer stimmt noch wir ständig in Ordnung sind.

Die Tiere und Pflanzen am Kreuz in der Darstellung der Santa Librata weisen auf die Verbindung zur Natur hin, zur Muttergöttin und zu unserem Natursein. Zu diesem Natursein gehört auch das Leiden der Kreatur, gehört das Leiden als Teil unseres Menschseins. Gott hat uns nicht vollkommen gemacht, und unsere Welt innen und außen geht deshalb niemals auf. Wir können uns höchstens bemühen, im Leiden Sinn zu finden, und finden wir ihn, so ist das immer Chance, Glück, Gnade, Geschenk, Zufall oder wie man dies auch immer nennen will. Leiden, das den Menschen bricht, gibt es auch und nicht unbedingt nur deshalb, weil die Betroffenen schlecht ausgerüstet sind, es zu tragen, aus ihm etwas zu ziehen, sondern vor allem und deshalb, weil es übergroßes Leiden gibt, weil es Katastrophen gibt, welche Landschaften und Kulturen kaputt machen, unsere Natur zerstören, weil es Krieg, Verfolgung und Folter gibt, wodurch Menschen getötet werden, Seelenmord geschieht und deren Folgen Krankheit und Invalidität sind.

Santa Librata ist in Mexiko und in der mexikanisch beeinflußten Kultur im Südwesten Amerikas sehr beliebt und verbreitet. Und es ist immer ein Kennzeichen der Santa Librata, daß sie ohne Marterinstrumente, ohne Nägel, am Kreuz hängt. Die Künstlerin Ferguson ließ sie von zwei Engeln tragen, in anderen Darstellungen ist sie mit lockeren Schlaufen ans Kreuz gebunden und trägt statt der Dornenkrone einen Rosenkranz im Haar.

Was mich betrifft, bedeutet mir Santa Librata die mit dem Kreuz durch unblutige Weise Verbundene und ist sie mir Symbol für die menschliche Möglichkeit, das Kreuz des Daseins ohne «Schuldnägel» zu tragen. Das Kreuz ist schwer genug; «sunder warumbe» (ohn' warum), wie Eckhart sagt, ist es genug, wir brauchen uns nicht noch dafür schuldig zu erklären, müßten aber lernen, etwas bereitwilliger zu leiden, statt das Leiden immer gleich forthaben zu wollen.

Später konnte ich mehr über Santa Librata erfahren, aus Büchern diesmal (Fraser, S. 116). Sie war jene Heilige, die es auch bei uns gibt, lediglich unter anderem Namen, davon sei später die Rede. Santa Librata sollte sich auf Vaters Wunsch verheiraten, doch sie weigerte sich, denn sie wollte Christin werden, und bat Gott darum, sie vor der Heirat zu bewahren. Gott bewirkte nun, daß ihr ein Bart wuchs, und fortan wollte keiner sie mehr ehelichen. Sie starb als Märtyrerin am Kreuz auf Veranlassung ihres Vaters.

Bei uns ist Santa Librata unter dem Namen Heilige Kümmernis bekannt. Ihre Geschichte ist dieselbe, auch ihr wuchs der Bart, als sie sich zu heiraten weigerte. Santa Librata/Kümmernis unter streng christlichem Vorzeichen ist jene Frau, der im christlichen Rahmen die Freiheit zuteil wurde, ihren eigenen Impulsen zu folgen und sich des Vaters Willen zu verweigern. Sie wurde frei.

Aus heutiger Sicht ist sie indessen die Frau zwischen zwei Vätern: dem eigenen Vater, dem sie sich nicht unterwerfen wollte, und dem Christentum, welches das Weibliche in ihr nicht zuließ und sie nur zum Preis einer Vermännlichung (Bart) aufnahm. Ihr wuchs der Bart, und einer Frau, die sich zum Christentum in seiner streng konfessionellen Weise bekennt, wächst ebenso der Bart im symbolischen Sinne, weil sie sich dem frauenfeindlichen Bild im Christentum unterzieht, ihren Körper verleugnen und sich patriarchaler Ethik unterziehen muß, wonach das eigene Fühlen und die in Rechnung zu stellende subjektive Achse abgetötet werden müssen, was zum Beispiel in den Forderungen: liebe deinen Nächsten, habe Demut, kümmere dich um andere, zum Ausdruck kommt. Oder auch in der Forderung: wenn dich dein Auge verleitet zu Ehebruch, so reiß es aus, oder wenn nur schon der Gedanke daran Sünde ist. Das subjektive Element muß ausgegrenzt werden zugunsten einer totalen Unterziehung unter das Gesetz des christlich definierten Guten. Diese Forderungen erlauben es einem, den Haß, den Stolz und die Selbstliebe zu übersehen, zu verdrängen. Der Gedanke an Ehebruch schließlich kann nicht mehr hinterfragt und reflektiert werden, wenn er verdrängt werden muß.

Da wächst einem ein «Bart», weil das ein gänzlich maskulines,

50

einseitiges Denken ist und christliche Ethik als Abwehrsystem gegen manche Seelenregungen mißbraucht wird, die es halt auch gibt, gegen die Subjektivität schlechthin. Wenn mir eingebläut wird, immer zu lieben, mich zu verachten und demütig zu sein, dann kann ich dahinter all meinen Haß, meine Wut, meine Abneigung verstecken, darf ich sie schließlich gar nicht mehr wahrnehmen. Da wächst der «Bart», das ist haarig, wie es eine Redewendung trefflich zum Ausdruck bringt, da fängt man einen Bart ein, was nichts anderes heißt, als daß man dadurch über die wahre Natur der Seele getäuscht wird.

Eine Analysandin von mir, die in einer streng religiösen Gemeinschaft aufwuchs, träumte einst, eine Bekannte habe einen Bart, weil sie so religiös sei. Sie wolle aber nichts mehr mit ihr zu tun haben. Ihr Traumbild enthielt, wie mir schien, eine Anspielung auf die Heilige Kümmernis (Librata), deren Zeichen tiefsten Glaubens eben der Bart war. Auch meine Analysandin war in ihrer Kindheit und später zu einer Bärtigen im übertragenen Sinne gemacht worden, indem sie in sich jeden auch noch so kleinsten Impuls eigener Wahrnehmung, des Fühlens, Denkens und Empfindens ausmerzen mußte. Ihre Mutter hielt sie beispielsweise an, immer zu lächeln, und schimpfte mit ihr, wenn dieses Lächeln nicht echt erschien. Ihr Vater drückte ihr mit starker Männerhand die kleine Hand zusammen, bis es schmerzte. Weinte sie dann oder gab sie Zeichen des Schmerzes von sich, so drückte er noch mehr, unterdrückte sie den Schmerz, so wurde der Griff im Sinne der Zustimmung lockerer.

Sie wuchs in einer unterschwelligen Angst vor dem letzten Gericht auf. Jegliche Abweichung von den Glaubenssätzen der Gemeinschaft wurde im Hinblick auf das letzte Gericht gedeutet und entsprechend bestraft. War sie zu wenig vergebend, strengte sie sich an, mehr zu vergeben, liebte sie zu wenig und nahm Zeichen von Irritation in sich wahr, verleugnete sie dies, denn, wer weiß, Jesus könnte eben gerade in diesem Moment wiederkommen, und sie würde dann auf frischer Tat ertappt werden und wäre im religiösen Sinne nicht «bereit». Auf diese Weise wuchs ihr ein «Bart».

Im Traum ist sie allerdings schon unterschieden von dieser Seite in sich und will nichts mehr mit ihr zu tun haben. Je mehr sie sich in der Folge erlaubte, sich selber zu fühlen, selber zu denken und sich in ihrer Art wahrzunehmen, desto weniger hatte sie die «Bärtige» nötig. Sie entwuchs der Heiligen Kümmernis/Librata, und näherte sich einer anderen Befreiung an, nicht mehr hieß es, der strenge christliche Glaube ist die Befreiung von der sündigen menschlichen Natur, wie dies noch für die Heilige Kümmernis/Librata gegolten hatte, Befreiung war nun der Gewinn an Freiheit, die eigene Natur gelten zu lassen, sie nicht mehr als sündig anzusehen, wie sie gelehrt worden war, sondern sich sein zu lassen, wie sie «gebaut» ist, sich anzunehmen mit allen Gefühlen, Instinkten und Impulsen und neue Freiheit darin zu finden, wählen und einen eigenen Standpunkt einnehmen zu dürfen. «Ich spüre Wut» – diese wahrnehmen und sich dann zu fragen: Was mache ich damit? und die Verantwortung zu übernehmen. «Ich bin neidisch» – diese schmerzliche Erkenntnis bewußt anerkennen. Das war Befreiung, Freiheit, das neue Kreuz, daran war sie gebunden, wie wir es alle sind.

Wir brauchen schon die hilfreichen Engel, wie in Fergusons Bildnerei, die uns helfen, das Kreuz zu tragen, die es uns nahebringen. Wir brauchen die Liebe zu uns selber, zum Kreatürlichen in uns, um dieses Kreuz zu tragen, das Kreuz nämlich, daß wir nicht eins und ungeteilt sind, sondern daß wir viele sind, das heißt viele Seiten haben, viele verschiedene Gefühle in uns tragen und ebenso viele sich widersprechende Gedanken kennen. Diese zu vereinen ist immer wieder täglich erfahrenes und gefühltes Kreuz, nur die Liebe zu uns selber und zu andern hilft uns, es zu tragen. Die Zerrissenheit der menschlichen Natur erfordert Barmherzigkeit, Nachsicht und ein liebendes, tröstendes Gottesbild. Nicht mehr sind es die Marter der Kreuzigung, psychologisch gesehen Verleugnung, Verdrängung, Verschweigung und Schuldzuweisungen, die uns helfen, sondern das Ja zum Leben und zum Lebendigen schlechthin ist letztlich heilsam. Für dieses Lebendige stehen das rote Kleid der Santa Librata am Kreuz und die vielen Tiere, die in der Kreuzesdarstellung von Ferguson einen Platz gefunden haben. Dafür stehen die Engel, die Santa Librata am Kreuz halten, die lockeren Schlaufen, die sie an es binden, und die Librata-Darstellungen, welche die Heilige ohne Bart abbilden.

Liest man zum Beispiel bei Matthäus (25,31–46) die Schilderung des letzten Gerichts, so wird deutlich, daß es um Barmherzigkeit geht. Recht getan haben die Barmherzigen, denn sie haben den Nackten begleitet, den Gefangenen besucht, den Hungernden genährt, dem Dürstenden zu trinken gegeben, sich um den Kranken gekümmert und den Fremden beherbergt. Leidend in diesem Sinne ist aber nicht allein die andere Person, sondern der barmherzige Mensch selber kann sich hungrig, durstig, fremd, krank, nackt und eingesperrt fühlen. Sich diesem Leiden zuzuwenden ist ebenso barmherzig wie die Hilfeleistung anderen gegenüber.

Vergißt man indessen, daß es um Barmherzigkeit geht, und versteht man unter dem Gerechten nicht mehr den Barmherzigen, sondern den Menschen, der aus Angst einem «richtigen» Wertsystem blind folgt, um als «Gerechter» in den Himmel zu kommen, dann können christliche Werte, wie zum Beispiel die Nächstenliebe, zur Abwehr werden. Dann geschehen Verdrängung jeder Gefühlsregung und Verlust affektiver Lebendigkeit. Kurz: Die christliche Botschaft der Barmherzigkeit schlägt in eine Drohbotschaft um.

Kehre ich zur eingangs gestellten Frage zurück, warum im Christentum ein Mann und nicht eine Frau am Kreuz zentral ist, so bedeutet es mir viel, in Santa Librata ein ergänzendes Symbol gefunden zu haben. Die Frage hat sich nicht beantwortet, aber sie hat mich ein Stück weitergeführt und mir ein anderes Symbol zum Nachdenken auf den Weg gelegt. Der eigentliche Wert, so empfinde ich es, liegt nicht immer in der Beantwortung von Fragen, sondern darin, von einem Symbol bewegt und auf den Weg geschickt zu werden.

13

Wie jedes Jahr zwischen Weihnachten und Neujahr fahre ich
auch heute nach Ardez ins Unterengadin zum Besuch bei M. und
G., den langjährigen Freunden. Die Fahrt in der Rhätischen
Bahn durch das tiefverschneite Engadin leitet jeweils einen reichen, schönen Tag ein. Wir haben uns viel zu erzählen und tun
dies auch ausgiebig, dann spazieren wir durch das Dorf mit seinen
schönen, stattlichen Häusern und den reichhaltigen Fassadenma-
lereien. Die zahlreichen Haussprüche lese ich immer wieder
gerne. An der Fassade des Hauses meiner Freunde steht zum Beispiel: «Las chasas ch'nus qui fabrichain düran cuort temp vegnan
al main quella cha Diev ans ha pina in tschel que düra semper»
(Die Häuser, die wir hier bauen, dauern [nur] kurze Zeit und
[ver]schwinden. Jenes, das Gott uns bereitgestellt hat im Himmel, dieses dauert ewig), darunter waren der Name des damaligen
Hausherrn, Blumenranken und das Wappen mit einem stolzen
Krieger eingraviert.
In fremde Dienste gingen damals viele Bündner, kamen dann
reich nach Hause und bauten sich ihre großen, starken, herr-
schaftlichen Häuser. Und doch, in Gottes Hand befahlen sie ihre
Häuser, baten um Friede, Schutz und ein langes Leben. Auch
Drachen, sogenannte Lindwürmer, malten sie an die Fassaden. –
Diese Drachen haben jedoch wenig mit einer alles zerstörenden
Kraft zu tun, sie sind Symbole des Schutzes, verleihen Gesundheit, Macht und ein langes Leben.
Dieses Jahr indessen lerne ich etwas Neues kennen. M. macht
mich auf die vielen falschen Fenster aufmerksam. Siehst du, dieses Fenster ist falsch, es ist lediglich aufgemalt! Man bemerkt es
kaum, so genau sind die Fensterflügel, der Rahmen und die Lä-
den gemalt. Und dort ist ein noch anderes: Ein aufgemalter Rahmen umrahmt wie bei richtigen Fenstern eine Mauereinlassung.

Doch da sind keine Fensterscheiben, sondern ein wunderbares, gemaltes Blumenbouquet steht hier, mit Tulpen, Nelken, Rosen und blauen Blumen. Sommers und winters steht der Strauß da, welkt nie, vergeht nie.

Ich begegne hier einem Stück ländlichen Barocks. Der Mensch des Barocks liebte es, falsche Fenster zu malen. Oft finden sich solche Fenster in Barockkirchen. Unvergeßlich ist mir das Erlebnis in der Klosterkirche zu Fischingen, wo ich lange in die Höhe schaute und das gemalte Fenster für ein wirkliches hielt und Freunden von der Vorliebe des barocken Menschen sprach, Licht von oben herabfluten zu lassen. Diese Fenster gibt es natürlich auch, und sie sind Gott sei Dank häufiger anzutreffen als die gemalten.

Haben wir nicht alle ein falsches Fenster? Damit meine ich, daß wir vorgeben, offen zu sein und die Anliegen anderer ernst nehmen zu wollen. Wir tun das bisweilen lächelnd, freundlich, stellen bildhaft gesprochen gar noch einen Blumenstock hinein, sagen's durch die Blume, mit Blumen, berufen uns auf Grundsätze, religiöse Werte, zaubern ein barockes, gemaltes Kirchenfenster hervor und sind im Grunde desinteressiert, wollen lediglich unsere Fassade wahren und lassen den anderen und sein Anliegen nicht an uns herankommen.

Wir werden zur Mauer, einer oft reichverzierten. Manchmal ist unsere Fassade auch sachlich, wie das genau gemalte Ardezerfenster. Mit Sachlichkeit kann man so gut manches unter den Teppich kehren. Dein Anliegen ist zwar gut begründet, doch wegen dies und jenem sehe ich dafür keine Chance. Ich sage nicht: Das paßt mir nicht. Ängste wischen wir vom Tisch: Wir sind töricht, wenn wir vor Atomanlagen Angst haben. Wir brauchen den Atomstrom doch, außerdem ist atomare Energie außerordentlich sicher. Dann werden Statistiken, Beweise aufgeführt. Blumenfenster! Nichts als Blumenfenster! Falsche Fenster! Man will nicht hören, man ist nicht offen, hat kein Ohr.

Fenster zum Idealen, Religiösen hin gibt es auch, was wurde und wird doch im Namen Gottes nicht alles versprochen, gerechtfertigt, verdrängt. Das falsche Fenster des Religiösen ist der Gebrauch des Christentums zur Abwehr von schwierigen Gefühlen und Gedanken. Ich muß doch meinen Mitmenschen lieben und kann auf diese Weise von meinem Haß auf ihn absehen. Ich muß demütig sein und wehre damit meinen Neid ab. Das Christentum in falschen Händen ist wie ein falsches Fenster, ein prächtiges Abwehrsystem. Stolz im Dienste unserer Ideale und Selbsthaß unter dem Druck des inneren Richters lassen uns falsche Fenster auf unsere Fassade malen. Menschen, bei denen die Ansprüche des Selbstideals sehr hoch sind und der Selbsthaß sehr stark ausgeprägt ist, behelfen sich mit vielen falschen Fenstern.

Der barocke Mensch empfand die Welt als ein einziges Jammertal. Ein Mensch mit hohen Ansprüchen, Stolz, Grandiosität und Selbsthaßt hat falsche Fenster und zuviel Fassade, weil er einst eine solche aufrichten mußte – wir nennen das Persona oder falsches Selbst –, weil er sich zu Beginn des Lebens jammervoll, elend erlebte und erfahren mußte. Das beeinträchtigte die gesunde Ausbildung von Identität, brachte ihn dazu, sein Inneres zu verschließen und mit einer Fassadenpersona zu überleben. Den Menschen mit zu vielen falschen Fenstern sollten wir indessen nicht verurteilen, er tat und tut es selbst. Niemand kann in der Tat in ihn hineinsehen und sehen, wie ihm zumute ist.

Und doch: Ich freue mich an den falschen Fenstern hier in Ardez, und wenn ich es so recht bedenke, brauchen wir wohl alle ein falsches Fenster, wir müssen uns auch schützen können vor Menschen, die Scheiben einschlagen, faule Eier durch geöffnete Fenster werfen; nicht immer können, sollen wir alles verstehen, wo käme man denn hin! Das falsche Fenster, eine gute Einrichtung, das auch.

14

Frau K. leidet unter chronischer Überarbeitung, außerdem ist sie belastet durch ihre leicht senile Mutter, die bei ihr wohnt und für welche sie in jeder Hinsicht sorgt. Sie versieht als Prorektorin eine an Verantwortung und Belastung reiche Stelle. Immer wieder erzählt sie in ihren Analysestunden davon und macht sich dabei Überlegungen, ich auch – und wie wir beide so hinhören, hinhorchen, zeigt es sich allmählich, daß sie die Rolle, für die Mutter und im weiteren Sinne für die Familie zu sorgen, bereits von Kindesbeinen an eingenommen hatte. Dabei entwickelte sie Unabhängigkeit, Selbstgenügsamkeit und Autonomie. Man kann sich auf sie verlassen, sie ist pflichtbewußt, hilfsbereit und ein «Arbeitstier», wie sie selber sagt. Die Funktion dieser Haltungen war von allem Anfang an, anspruchslos zu überleben, um weitere seelische Verwundungen umgehen zu können und sich durch Unentbehrlichkeit, Anerkennung und «Liebe» zu erwerben.

Diese Einstellung half ihr, innere Verlassenheit und Unsicherheit aufzuwiegen. Die Schattenseite davon ist jedoch, daß sie sich dabei übernimmt und überdies niemandem zutraut, es ebensogut wie sie zu machen. Allerdings muß man beifügen, daß sie auch meist schlechte Erfahrungen gemacht hat, wenn sie zum Beispiel ihren Geschwistern deren Teil an der Fürsorge für die Mutter zuwies. Tatsächlich gingen dann die Dinge schief, und sie mußte sie durch zusätzliche Arbeit wieder zurechtbiegen.

Nun träumt sie:

Ich fahre in meinem Auto. Auf der Straße hinter mir geht eine Bekannte und sagt mir: Ich fühle mich sehr einsam und sehne mich nach Gesellschaft. Eine autoritäre Stimme sagt: Nur die Religion kann dich schützen und stärken. Ich sage: Das war einmal der Fall, nun aber bin ich leer.

Wir verweilen lange bei der inneren Leere. Sie faßt sie als Kritik an ihrem Versagen auf, insbesondere die autoritäre Stimme im Traum meint, nur die Religion könne ihr helfen. Ja, was soll ich denn machen, wie stelle ich das an, daß ich wieder Kraft bekomme? –, fragt Frau K.

Sie hat in unserer gemeinsamen Arbeit am und um den Traum die verantwortungsvolle Seite inne und denkt sich im erzieherischen Sinne viele Handlungsmöglichkeiten aus. Mir bleibt die therapeutische, die angenehmere in dieser Situation chronischer Überlastung und Über-Verantwortlichkeit. Das führt mich dazu, auf die Leere hinzuweisen und diese als etwas Menschliches aufzufassen. Dazu fällt mir eine Stelle aus dem Korintherbrief (2. Kor. 4,7) ein, wo der Mensch mit einem «irdenen Gefäß» verglichen wird, das den Schatz des göttlichen Lichts aufnehmen kann. Leer werden und leer sein werden in diesem Zusammenhang als Voraussetzung für die Gnade der Hoffnung, des Glaubenkönnens und des Genährtwerdens im religiösen Sinne aufgefaßt.

Nun, was muß ich tun, daß das Gefäß voll wird? –, fragt Frau K. Das ist nun nicht Ihre Verantwortung, werfe ich ein, mannigfaltig sind die Bibelstellen, wo dem Menschen gesagt wird, daß Gott ihn finde, Er am besten wisse, wessen wir bedürfen, und wir uns wie die Lilien auf dem Felde nicht darum zu sorgen bräuchten.

Frau K. ist erleichtert. Sie verknüpft nun das leere «Gefäß» mit ihrem Erschöpfungszustand der letzten Woche, als sie nur noch weinte. Da, ja da sei sie ein leeres «Gefäß» gewesen, und es fällt ihr wieder ein, daß sie ein Bild gehabt habe, auf dem Jesus sich um sie wie um ein kleines Kind kümmerte. Das habe ihr gutgetan und sie getröstet. Das tröstliche Bild sei ihr eigentlich in dem Moment zugekommen, als sie ihren Schmerz, ihre Verzweiflung, ihre Einsamkeit, ihr Nicht-mehr-Können angenommen habe.

Dieses Bild wurde ihr geschickt, vom Unbewußten würden wir heute sagen, früher hätte man vielleicht gesagt, daß Gott es ihr zum Trost geschenkt habe. Dafür hat sie nichts getan und wurde doch getröstet, für eine kurze Weile. Leeres «Gefäß» werden,

heißt das nicht, den Schmerz annehmen, ihn enthalten, halten, Gefäß sein für ihn? Und ist dieser Gedanke nicht verschwistert mit der Not, die wir im Gebet ausdrücken?
Die Stimme im Traum büßte ob dieser Betrachtung ihre erzieherische Autorität ein. Mit Gewalt kommt man nicht zu religiöser Erfahrung, das immerhin wurde klar.
Leer sein, leeres «Gefäß» werden bedeutet nichts anderes als: Das, was wir innerlich erleben, annehmen und durch uns durchströmen lassen. Dazu fällt mir ein Bild ein, das mir einst in einer schwierigen Situation zukam: Eine starke Frau, die auf ihrem Schoß ein Gefäß hält, das Gefäß des Leidens. Wenn es uns schlecht geht, so ist es ein Geschenk, wenn wir Zugang finden können zu solch einer inneren größeren Gestalt, die unser Leiden hält, enthält. Das andere bleibt offen, ist anheimzustellen.
Frau L. träumte einst in einer Zeit tiefster Not:

Ein schwarzer Engel hat mich im Griff und führt alle meine Bewegungen, drückt meinen Brustkorb zusammen. Ich muß einen steinigen, schlüpfrigen Pfad zum Meer hinuntergehen, es stürmt, die Wellen schlagen hoch und branden an die Küste. Nun endlich stoße ich einen schrillen Schrei aus. Der Engel läßt von mir ab, das Meer wird ruhig, und ich kann auf den Grund sehen.

Auch hier finden wir dasselbe Motiv: Ausdruck des Leidens, Klage, Gefäß sein für das Leiden, es enthalten und leer sein von aller Besserwisserei, was mit dem Leiden zu tun sei. Erst dann kann etwas geschehen.

15

Häufiger als gemeinhin angenommen, leiden Menschen unter Katastrophengefühlen, doch weil diese so schlimm sind, werden sie oft verdrängt. Die nachfolgende Beschreibung ist stichwortartig gehalten. Frau N., die sich ihrer Katastrophenängste mehr und mehr bewußt wurde und dabei war, einen gewissen Umgang mit ihnen zu finden, notierte sie. Die stilistische Eigenheit der unverbundenen und unausgestalteten Sätze spiegelt die Befindlichkeit auch in sprachlicher Hinsicht. Das Gefühl, unmittelbar vor einer hereinbrechenden Katastrophe zu stehen, veranlaßt die Betroffene zur Hetze und Sprunghaftigkeit, denn der zugrundeliegende Zustand der Fragmentierung erlaubt ihr auch nicht das kleinste Quentchen innerer Ruhe.

«Befangenheit, Engegefühle, besetzt von einigen wenigen Gedanken, aus denen es keinen Ausweg gibt. Rückzugstendenz, körperliches Angespanntsein bis hin zu Kopfschmerzen und Unlustgefühlen. Unfähigkeit, darüber zu sprechen. Gefühl, auf niemand sei Verlaß, alles allein tun zu müssen. Dabei große Anstrengung, herauszufinden, was falsch gemacht wurde, was richtig war. Richtig/falsch-Trip, der unfruchtbar ist. Andere Perspektiven verschwinden, wie zum Beispiel: Wie könnte ich mich flexibel und kreativ dazu verhalten? Keine Geduld abzuwarten. Rezepte helfen wenige, wie zum Beispiel zuwarten, ablenken, etwas Schöpferisches tun. All das ist ganz und gar nicht möglich, obwohl sich dabei sonst nach kurzer Zeit angenehmes Selbst- und Weltverständnis einstellt. Im Katastrophengefühl bin ich eine Gefangene, die aus dem Verlies heraus möchte, nicht kann und in Angst, Panik und Depression verfällt. Selbstbewußtsein ist verlorengegangen, und nur das Gefühl, alles falsch gemacht zu haben, und pessimistische Zukunftsaussichten beherrschen das Feld. Recht eigentlich ein Zustand des Auseinanderfallens. Konstelliert meinen negativen inneren Richter. Das Katastrophengefühl kennt keine Alternativen und macht mich deshalb rigide und unflexibel. Einmal aus diesem Gefühl heraus, ist es mir kaum mehr vorstellbar, jemals in dem Gefühl, den Tritt verloren zu haben, gewesen zu sein, es ist, als hätte es nicht stattgefunden. So wie man in einer Depression keine Entscheidungen fällen sollte, so sollte ich es mir ebenfalls zur Regel machen, im Katastrophengefühl nicht handelnd nach außen zu treten. Ich drücke mich, was diesen letzten Punkt anbelangt, bedacht sorgfältig aus und sage nicht, man sollte nicht handeln, sondern sage bloß, nicht handelnd nach außen treten. Denn zu handeln drängt es mich, und es ist manchmal gut, einen Brief zu schreiben oder sich ganz genau vorzunehmen, dies oder jenes zu tun. Ich habe aber gelernt, diese Briefe erst nach Abklingen des Katastrophengefühls abzuschicken, beziehungsweise Vorhaben erst später auszuführen. Ich ändere dann aber oder moduliere gemäß meinem normalen Selbstverständnis, was allemal besser ist. Anderseits ist es für mich als «Katastrophen-Lisel» günstig, im normalen Zustand das Katastrophengefühl nicht zu vergessen, wenn Abmachungen usw. zu treffen sind. Das hilft mir, nicht naiv zu sein, sondern Dinge genau abzusprechen, auf der Hut zu sein und mich abzugrenzen. Solche Vorsätze, das muß ich mir immer wieder sagen, schlage ich, leider, wenn es mir gutgeht, einfach zu leichtfertig in den Wind. Ich kann mir dann das Katastrophengefühl (das katastrophale Gefühl) schlicht nicht mehr vorstellen, kann es weder abrufen noch mich daran erinnern.»

Frau N.s Beschreibung ist treffend, und ihr Umgang mit der Katastrophenangst geht aus dem bewußten Erleiden der turbulenten Gefühle und aus der klugen Beobachtung ihres Verhaltens hervor.

Das Märchen «Die kluge Else» (Grimm, KHM 34) schildert Katastrophengefühle. Läßt man das Märchen spontan auf sich wirken, so lacht man herzhaft über die kluge Else. Das Lachen entspricht der natürlichen Abwehr gegen Katastrophenängste. Frau N. erinnert sich, daß sie als Kind wegen ihrer überdimensionierten

Ängste ausgelacht und verhöhnt wurde. Nach überstandenen Ängsten lachte sie sich später selber aus und bezeichnete ihr Verhalten als lächerlich. Erzählt uns jemand von seinen Ängsten und Befürchtungen, können wir an uns selber beobachten, daß wir oft unwillkürlich dazu neigen, sie nicht ernst zu nehmen und das Traurige lachend abzuwehren. Wie wir gleich sehen werden, sind Katastrophenängste ansteckend, vielleicht ist das mit ein Grund, warum man sie nicht an sich herankommen läßt.

Else, eine siebenmal Kluge, so preist sie ihr Vater an, soll heiraten. Hans, der Bräutigam, kommt ins Haus, und Else soll im Keller Bier holen. Wie sie dann vor dem Spundhahnen sitzt und das Bier in den Krug fließt, läßt Else ihren Blick wandern, und er fällt auf eine Hacke, die an der Wand hängt. Und nun geht's los: Wenn ich heirate und hab' ein Kind und die Hacke fällt dem Kind auf den Kopf, so könnte das Kind sterben, spinnt Else ihre Gedanken aus.

Sie verliert sich im Ausphantasieren schrecklicher Möglichkeiten und vergißt darob das munter fließende Bier und den Bräutigam. Wie sie nun nicht wieder erscheint, schickt man die Magd nachzuschauen, wo Else sei. Doch auch diese verfällt den Katastrophenphantasien, und sie schreit mit der Else um die Wette. Schließlich geht der Knecht hinunter, ihm folgen die Eltern, und alle werden sie vom Katastrophengefühl angesteckt.

Hans setzt dem ein Ende und heiratet die Else vom Fleck weg. Nun soll Else auf den Acker gehen. Soll sie erst ein Schläfchen halten oder zuerst die Arbeit verrichten? –, fragt sie sich. Sie beschließt zu essen und dann zu schlafen. Als sie abends nicht wieder erscheint, geht Hans aus sie suchen. Er findet sie schlafend beim Acker liegen. Kurz entschlossen windet er ein Seil mit Glocken um sie herum und geht nach Hause. Etwas später kommt Else heim und klopft an und fragt im Zustand höchster Verwirrung: Ist Else da? Nein, ruft Hans, und Else, nun vollends durcheinander, geht weg und verschwindet für immer in der Dunkelheit.

Das ist die traurige Geschichte von der Else, die Katastrophengefühle kennt, die Realität schlecht einschätzt und schließlich, wie sie nicht mehr weiß, wer sie ist, im Dunkel verlorengeht. Nur noch das sich allmählich verlierende Glockengebimmel erinnert an sie, dann ist sie verschwunden.

Was bedeuten die Glöckchen? Im Mittelalter war es üblich, schuldig gewordenen Menschen Glocken umzuhängen, damit jeder gleich um die Gefährlichkeit dieser Menschen wisse und um sie wiederzufinden, wenn sie sich entfernten. (Heute kennt man Überwachungsapparate, die man Menschen, die auf Kaution freigestellt wurden, umbindet, um immer zu wissen, wo sie sich aufhalten.) In manchen Gemeinden erinnert die Häuserbezeichnung «Schellenhaus» an ein mittelalterliches Gefängnis.

Die Glocken, die Else trägt, können als Symbol ihrer Schuld aufgefaßt werden. Dinge nicht richtig zu tun bringt Menschen, die an Katastrophengefühlen leiden, in tiefe Schuldgefühle, immer klingelt, bildhaft ausgedrückt, die Schuldglocke in ihrem Innern, ein strafender innerer Richter erinnert sie unablässig an ihre «Vergehen». Wiederholt fragen sie sich, ob sie etwas auch recht machen würden, und zeigen sich ängstlich, unentschlossen und zögerlich. Das Glöckchen des Falschmachens erklingt oft, und sie ziehen auf fast magische Weise die Kritik ihrer Umgebung an. Das Kriterium für falsch und richtig beziehen sie von außen: Kollektive Vorstellungen im Übermaß legen ihnen ihre «Schuld» nahe, und das Sensorium für falsch und richtig ist nicht gefühlsmäßig eingebunden. Else wird dafür bestraft, daß sie erst rastete und dann arbeitete.

Das ist kollektive Moral. Man muß sie kennen, gewiß, man muß aber auch die subjektive Achse kennen, wonach es durchaus möglich ist, zuerst zu rasten und dann zu arbeiten. Pharisäer sind bekanntlich die, welche das Sabbatgesetz lediglich des Gesetzes wegen beachten!

Else fragte: Ist die Else zu Haus? Sie weiß nicht mehr, wer sie ist. Gewiß, die Ausdrucksweise des Märchens ist kraß, aber sie weist auf einen zentralen Faktor im Katastrophengefühl hin. Katastrophengefühle bewirken wirklich, daß ein Mensch den Kopf verliert. Denken wir nur einmal daran, daß viele Menschen im Gehetze nicht mehr wissen, wo ihnen der Kopf steht, sie vergessen dann manches, verlegen den Autoschlüssel oder unterlassen es, die Haustüre zu schließen und den Herd abzudrehen.

Sind Katastrophenängste konstelliert, so reagiert der Betroffene jedoch weit über das normale Hetzeverhalten hinaus. Wenn man in der Hetze zwar den Kopf verliert, so kann man dennoch funktionieren. Im Katastrophengefühl kommt dazu, daß man in Panik gerät, handlungsunfähig wird, sich rigide und unflexibel verhält, Körpersymptome und schwierige Befindlichkeiten stellen sich ein, wie bereits oben beschrieben. Die Verwirrung zeigt sich daran, daß der Betroffene nicht mehr weiß, was er eigentlich will, er verliert seinen Standpunkt, und wenn er sonst gut weiß, was er möchte, ist er nun von Zweifeln zerfressen, unfähig zu handeln und etwas an die Hand zu nehmen.

Frau N.s sprachliche Formulierungen ihrer Katastrophengefühle sind in einem unverbundenen, abgehackten Stil geschrieben, und viele Verben fehlen. Verben verbinden, Verben drücken Dynamik und Bewegung aus oder schaffen Beziehung zwischen den verschiedenen Inhalten. Der Katastrophenstil korrespondiert mit dem Gefühl der Fragmentierung, das einen im Katastrophengefühl beherrscht. Ferner ist noch darauf hinzuweisen, daß Frau N. es unterläßt, ein wichtiges Moment des Katastrophengefühls zu nennen: Emotionen können sich ins Bild, in ein Symbol umsetzen, wodurch Distanz und Erleichterung gewonnen werden. Im Katastrophengefühl ist die Konstellation eines einigenden Bildes kaum möglich. Der auseinanderfallende, fragmentierende emotionale Zustand gibt kein Bild frei, läßt es nicht zu, daß die emotionale Befindlichkeit sich in ein Bild hinein verwandelt. Auf das gleiche Phänomen stößt man oft bei der Beobachtung des Traumgeschehens bei traumatisierten Menschen. In vielen Fällen verwandelt sich das traumatische Ereignis nicht, sondern wird unverändert, oft über Jahre und Jahrzehnte hinweg, im Traum wiederholt.

Untersuchungen (z. B. Terr) haben erwiesen, daß traumatisierten Menschen die Zukunftsvorstellungen genommen sind, sie können sich eine Zukunft nicht vorstellen. Die Katastrophe hat den Lebensfaden beschädigt, wenn nicht gar zerschnitten, und die Vorstellung eines nach vornehin, in die Zukunft sich abwikkelnden Lebensfadens ist gestört. Auch das ist ein Ausdruck der fragmentierenden Befindlichkeit um das traumatisierende Geschehen.

Ich frage mich heute, ob nicht viele seelische Störungen, die man gemeinhin unter die Angstneurosen einreiht, öfter als man denkt, auf traumatischen Ereignissen beruhen. Dabei müssen diese Ereignisse nicht unbedingt im Leben der Betroffenen angesiedelt sein, sie können durchaus auch eine oder mehr Generationen vorher im Familienhintergrund stattgefunden haben und in der unbewußten, stummen emotionalen Biographie von Eltern auf Kinder und Kindeskinder weitergegeben worden sein (vgl. Bar-On; Danieli).

(> 20, 36, 64, 66)

16

Kanada, 1992: Am vierten Tag meines Aufenthalts in größter Einsamkeit und der großen Stille der Landschaft mit ihrem ruhigen See habe ich das Bedürfnis, Leute zu sehen und in Geschäften zu stöbern. Ich muß hinzufügen, daß ich der einzige Gast bin in dieser großen Lodge und dem ihr angegliederten Konferenzzentrum. So bin ich stets allein in einem Speisesaal, der unverändert für ungefähr achtzig Personen gedeckt ist. Doch wohin gehen und vor allem: wie? – gibt es doch keine öffentlichen Verkehrsmittel, und ein Auto mieten kann man auch nicht. Bleibt nur das Taxi. Banff, Kananaskis, Canmore? Ich entschließe mich für Canmore, weil ich davon gelesen habe, daß dort das Zentrum einheimischer Kunst sei. Außerdem finde ich den Taxipreis, um nach Banff zu gelangen und von da wieder zurück – 150 Dollars –, doch etwas hoch. Allerdings hat man mir Banff gelobt und es als ein Muß für touristische Erkundungen hingestellt.

Doch sei's drum, ich fahre nach Canmore und werde nicht enttäuscht. Der Ort von etwa tausend Seelen oder eher weniger inmitten hoher Berge bei strahlendem Wetter tut es mir an. Es gibt eine Main Road und zwei Seitenstraßen. Tatsächlich, der Prospekt hat nicht geschwindelt: Sieben Geschäfte mit kanadischer Kunst aus der Umgebung gibt es, vor allem Töpfer-Handwerk, Malereien, Schmuck, Steinskulpturen und vieles andere mehr, was sich allerdings in fast jedem Touristengeschäft in Kanada und den Vereinigten Staaten finden läßt.

Canmore, ein typisches kanadisches Städtchen ohne großen touristischen Rummel, bietet Spazierwege dem Fluß entlang und ist Ausgangsort für alpine Unternehmungen anspruchsvoller Art. Es erinnert mich landschaftlich an Martigny, Parpan und andere Schweizer Orte, die Ausgangspunkte für Bergsteiger sind. Doch hier ist alles bunter: rote, klatschgrüne Autos, Menschen, farbenfroh gekleidet. In den Geschäften allerdings wird man mit klassischer Musik – Mozarts «Kleine Nachtmusik», Schuberts «Forellenquintett» – empfangen; kein Jazz, keine Rockmusik, klassische, vertraute Klänge.

Canmore besitzt auch ein Museum, das «Centennial Museum», ein hübsches kleines Museum, das den Fortschritt dokumentiert. Jahr 1930: zwei Frauen vor einem Kühlschrank, Jahr 1950: der elektrische Schwingbesen. Ein anderer Teil zeigt eine bemerkenswerte Puppensammlung, ein kleines Kabinett à la Tussault: Agatha Christie als junge Frau, Sarah Ferguson vor ihrer Hochzeit mit Prinz Andrew und dann natürlich die Queen, zu Pferd, in Galarobe, in Uniform, mit ihren Corgies. Ich kaufe auch ein Buch im Museum und werde es bis zum Abend bereits gelesen haben: *Lizzi Rummel – Baroness of the Canadian Rockies* (Oltmann).

Dieses Buch beschreibt das abenteuerliche Schicksal einer deutschen Baronin, die als junges Mädchen mit ihrer reisefreudigen Mutter und zwei Schwestern nach Kanada kam. Während des ersten Weltkrieges verloren sie ihr Vermögen und mußten sich ihren Lebensunterhalt fortan selber verdienen. Was sie besaßen, war eine große Ranch in Alberta, hingegen absolut kein Wissen über «ranching and farming». Sie gaben sich jedoch hinein, züchteten Pferde und Kälber und konnten davon existieren. Die beiden Schwestern heirateten und gründeten Familien.

Elisabeth, aus der Lizzi wurde, verschrieb ihr Leben den Rockies und diente in mancher alpinen Lodge, bis sie selber eine kaufte und diese auf hoher Höhe, gänzlich abseits jeglicher Zivilisation, während zwanzig Jahren selber führte. Keine Arbeit war ihr zu gering und kein Mensch zu niedrig, sie pflegte Umgang mit jedem und wurde zur «Baroness of the Rockies», beliebt und geachtet. Ein typisches kanadisches Einwandererschicksal.

Die Erde, das Land, die weite, unberührte Landschaft ruft auf, sich in ihr niederzulassen, sie zu bebauen, sie sich zu eigen zu machen. Keine Gefahr (naiv gedacht) droht, daß die Menschen sie zerstören könnten, sie ist immer größer, weiter und machtvoller als die kleine menschliche Kreatur, die ihr Ertrag abzwingt. Ich erlebe die Landschaft vielleicht mit etwas von dem Geist der ersten Siedler – Ende 18. und 19. Jahrhundert. Sie läßt meiner Phantasie freien Lauf, da, dort, nein, da drüben könnte ich mich niederlassen, eine Farm haben und leben, das Land bearbeiten und aufgehoben sein. Bestimmt sind meine Vorstellungen allzu naiv, es gibt hier auch den Winter, den langen Winter von Oktober bis Mai, und damit die grausige Kälte von oft 40 Grad minus. Da vereist einem das Augenwasser, da kann man niemals ungefährdet draußen sein, da gefrieren nicht nur Stein und Bein, da friert auch das Herz, da gibt es signifikant höhere Depressionsraten als in wärmerem Klima, wie mir ein Psychiater am nächsten Tag beim Morgenessen erklären wird.

In Canmore trinke ich auch Kaffee und esse ein Birchermüesli, nach offensichtlich originalem Rezept von Bircher hergestellt. Wir kommen ins Gespräch, die junge Geschäftsinhaberin und ich. Ja, ihr Mann sei Schweizer aus Parpan, Sohn des Posthalters. Ja, sie möchte gerne in der Schweiz leben, in Chur zum Beispiel.

Ich schlendere noch ein paar Schritte durch die Straße und finde mich bald vor einer blitzend weißen Holzkirche mit angegliedertem Pfarrhaus und Gemeindesaal wieder. Sie gibt sich hübsch, klein, sauber, märchenhaft fast, ist Inbild einer kleinen Kirche, die das spirituelle Dach für Menschen abgibt, die hier am Ort wohnen, aber auch für jene – und es sind deren viele –, die weit verstreut abseits leben, auf einsamen Farmen, in nur schwerlich erreichbaren Tälern. Eine Kirche der ersten Siedler gewiß, erbaut vor genau hundert Jahren, wie das blaue Band an der Breitseite der Kirche froh verkündet. Sich in der Fremde niederzulassen, bedeutet nicht allein Haus und Hof, Familie und Nachkommenschaft, heißt nämlich auch, den mitgebrachten geistlichen Werten ein Haus zu geben, sie niederzulegen, sollen sie weiterhin das Leben der Gemeinschaft bestimmen. So war es damals. Eine ähnliche Sprache sprechen die weißen kleinen Kirchen in Neuengland.

Und heute? Wie ist das heute, nehmen Exilanten ihre Werte geistlicher Natur mit an den neuen Ort? Es mag sein. Ich meine aber, nach dem Zweiten Weltkrieg sehe das anders aus. Da ist es egal, wo einer wohnt, die Werte sind zertrümmert, nach Auschwitz, so Dorothee Sölle, ist Gott verschwunden, und im besten Fall sind wir seine Stellvertreter. Doch die, die nicht Stellvertreter sein können, die, denen alles zerbrach – Glaube, Hoffnung –, denen der Krieg die Familie geraubt hat, die nun einsam wie Strandgut in den verschiedensten Ländern auftauchen und sie auch wieder verlassen, was ist aus deren spirituellem Haus geworden? Es gibt es nicht mehr.

Ich denke an den Juden Efraim im gleichnamigen Roman von Alfred Andersch: «Ich hingegen glaube weder an das Schicksal noch an die Vernunft. Es gibt nichts als ein großes Durcheinander. Dinge geschehen oder geschehen nicht, Menschen kommen und gehen, tun dies oder jenes, worauf irgend etwas oder nichts geschieht. Immer ist alles möglich oder unmöglich. Es gibt keine Gesetze und keine Freiheit» (Andersch, S. 15). Alles ist Zufall für Efraim, wo er ist, was ihm geschieht, wo er letztlich lebt. Er kann keine Wurzeln mehr fassen und sich, täte er es dennoch, nicht noch einmal dem Schmerz des Verlustes aussetzen. Efraim ist nicht nur eine Phantasie seines Schöpfers Alfred Andersch, Efraim spricht für viele Menschen, die den Krieg irgendwie überlebt haben und nun, verstreut in alle Winde, irgendwo und irgendwie leben. Nein, solche weißen, kleinen, gemütlichen Gotteshäuser werden heute nicht mehr gebaut, Siedler gibt es kaum noch, wo sind die Landreserven für sie? Der heutige Auswanderer ist ein Exilant, ein Flüchtling, er ist nicht integriert in einer Gruppe, und nirgendwo findet man sich zusammen, um Werte unter den Schutz eines Gottes, unter das schützende Dach einer kleinen Kirche niederzulegen.

Was war noch in Canmore? Freundlichkeit, überall Freundlichkeit von Leuten, denen ich begegnete: «Where are you from?» «Switzerland!» und schon war das Gespräch im Gange. Das «have a nice day» oder das «how are you today?» vom Fremden zu einer Fremden gesprochen, sollte mir noch lange in den Ohren klingen, dazu die Erinnerung an eine sonnendurchflutete kleine Stadt mit ihrem bunten, geschäftigen Treiben, dem klaren Fluß, den munteren Enten darin, der stillen Straße, wo unter ein paar Bäumen Farmer ihr Gemüse und ihre Früchte verkauften.

Auf dem Heimweg war ich bald in ein Gespräch mit der Taxifahrerin verwickelt. Nachdem sie meinen Beruf erfahren hatte, sagte sie, sie habe vor fünfundzwanzig Jahren, wenn immer das Gespräch auf Psychologie kam, gelacht und abgewunken, das brauche sie noch nie, und außerdem, das seien doch alles verrückte Leute. Heute sei sie nach 25jähriger Ehe geschieden, habe Psychologie gebraucht und Bücher gelesen, da habe sie vieles verstanden, und sie erwähnte ein Buch, das ich auch kannte. Ich pflichtete ihr bei, vor dreißig Jahren hätte ich exakt das gleiche wie sie gedacht. Psychologie wird erst wichtig und wesentlich, wenn man sie braucht. – Wir fuhren an einem Ort vorbei, den ich nicht aussprechen konnte: Kananaskis. Sie gab mir eine Eselsbrücke: «Can an ass kiss? You'll never forget how to pronounce Kananaskis any more, right?»

(> 24, 35, 44)

17

Warum ist die Freiheitsstatue im Hafen von New York eine Frau? Könnte es sein, daß der Mensch Freiheit eher von der Mutter als vom Vater erfährt? Steht das weibliche Prinzip der Freiheit näher als das männliche? Suchten die Emigranten neue Geborgenheit und nannten das Freiheit? Suchten sie das Paradies und bezeichneten das als Freiheit?

Wer Tagebücher, Briefe, Schriften der damaligen Auswanderer liest, wird sich bald einmal inne, daß diese von der Paradiesessehnsucht getrieben waren, all das zu finden, was ihnen die alte Heimat verwehrt hatte. Besonders eindrücklich wird dies in Evelyn Haslers Buch *Das Paradies in den Köpfen* dargestellt. Ihrer packenden Erzählung legte sie Berichte und Tagebücher von Schweizern zugrunde, die zu Beginn des 19. Jahrhunderts nach Brasilien auswanderten.

Um gleiche und ähnliche Gefühlsmotivationen dürfte es sich bei den Auswanderern nach Amerika gehandelt haben. Auch sie suchten das gelobte Land. Der Auswanderer muß sich im neuen Land eine neue Existenz aufbauen und eine neue Identität finden. Er beginnt gewissermaßen sein Leben noch einmal. Das bedeutet einen tiefgreifenden Eingriff in seine psychische Struktur.

Entwicklungspsychologisch gesehen, basiert das Identitätsgefühl auf dem Mutterprinzip, ist seine Basis der Mutterarchetyp. Wer sich in seiner Kindheit genügend gut bemuttert erlebte, hat damit eine wichtige Voraussetzung für das Identitätsgefühl erfahren, weiß gefühlsmäßig, wer er ist, woher er kommt und wohin er geht. Er erfährt sich im weitesten Sinne eingebettet, sein Selbst- und Weltverständnis ist sehr stark mit dem Sein verbunden und verliert diese Basis auch dann nicht, wenn er sich mit der Planung seines zukünftigen Lebens abgibt. Mit anderen Worten läuft ein Mensch mit genügend gutem Identitätsgefühl weniger die Gefahr, sich in Utopien zu verlieren, er bleibt bezogen und verbunden und ist geerdet. Für solche Erfahrungen sind Mutter und Muttererfahrungen nötig, und genau das brauchten und brauchen Auswanderer noch heute, wenn sie sich der schwierigen Aufgabe gegenübergestellt sehen, sich wieder zu sozialisieren und eine neue Existenz aufzubauen.

Eine Frau als Symbol der Freiheit ist deshalb stimmig. Erst wenn sich das fremde Land als wirklicher Mutterboden erweist, kann der Einwanderer zu neuer Identität heranwachsen. Das kann nur in Freiheit geschehen. Die Freiheitsstatue ist demzufolge das Versprechen für ein neues, besseres Leben, ein Symbol für Mutter und Geborgenheit in einer neuen Heimat, ist Bild der Hoffnung auf Erfüllung dieser Sehnsüchte.

Es ist in diesem Zusammenhang interessant, an Franz Werfels (1890–1945) Roman *Das Lied von Bernadette* zu erinnern. Er stieß auf das Thema, als er nach langer, beschwerlicher Flucht vor den Nazis wochenlang in Südfrankreich festgehalten wurde und Tag für Tag auf das ersehnte Schiff wartete, das ihn und seine Frau nach Amerika führen würde. Die Geschichte der Bernadette Soubirous beeindruckte ihn: In einer Grotte in der Nähe von Lourdes war ihr eines Tages eine schöne Dame («la belle dame») als unbefleckte Empfängnis erschienen, die das Mädchen auf die Quelle aufmerksam machte. In der Folge heilte oder linderte dieses gesegnete Wasser das Leiden tausender und aber Tausender von Menschen. Bernadette wurde heilig gesprochen, und Lourdes wurde zum weltberühmten Wallfahrtsort.

Werfel war in seiner Not von der Geschichte ergriffen und gelobte, sollte er gerettet werden, einen Roman darüber zu schreiben. Er schuf die Dichtung nicht zuletzt aus Dankbarkeit über die schließlich doch noch erfolgreiche Flucht und glückliche Landung in Amerika, wo er bis zu seinem Tode in Kalifornien lebte.

Auch in diesem Kontext erscheint – in der Gestalt der schönen Dame – der Mutterarchetypus als Hoffnung und Versprechen auf ein neues Leben. Bernadette, Asthmatikerin und ständig krankes Kind, lebte mit ihrer Familie in bitterster Armut und äußerstem Elend, sie erfuhr Hoffnung und das Versprechen auf ein besseres Leben durch die Erscheinung der schönen Dame und deren Hinweis auf die Quelle.

Werfel wurde Bernadettes Erfahrung mit der schönen Dame zum Symbol der Hoffnung in einer fast gänzlich aussichtslosen Lage. Später mußte sich der Dichter neu orten und im immensen «Schmelztiegel» Amerika eine neue Identität finden. Psychologisch gesehen ist jede Emigration ein Abenteuer, bedeutet Gefahr und verläuft keineswegs immer glücklich. Man denke in diesem Zusammenhang an den Zeitgenossen und Landsmann Werfels, Stefan Zweig (1881–1942), der ungefähr zur selben Zeit nach Brasilien auswanderte und dort die Beraubung all dessen, was seine bisherige Identität ausmachte, nicht ertrug und den Freitod wählte. Zeugnis davon gibt sein posthum herausgegebenes Erinnerungsbuch *Die Welt von gestern* (1944).

Übergänge, und dazu gehören auch Emigrationen, sind nicht nur äußerlich voller Gefahren, sondern bedeuten für die Psyche eine nicht zu unterschätzende Herausforderung. Wer sie besteht, dem ist das Schicksal gnädig. Dazu gehört, daß das Schicksal seit altersher durch weibliche Figuren symbolisiert wurde, man denke an die griechischen Moiren, an die germanischen Nornen, die Spinnerinnen und Weberinnen, die den Schicksalsfaden in der Hand halten.

Die New Yorker Freiheitsstatue, so gesehen, dürfte deshalb auch eine Anspielung auf das Schicksal sein, die Hoffnung auf ein gütiges Geschick im neuen Land. Mächtig, groß, imposant steht sie da, die leuchtende Fackel siegreich erhoben. Die Freiheitsstatue kann als ein Symbol, das nicht nur Freiheit, sondern auch Hoffnung auf eine gute Wende meint, verstanden werden.

Sie drückt Sehnsucht nach dem Paradies (vgl. Jacoby) und Glaube an eine neue Identität in einer Fremde, die sich als guter Mutterboden erweisen soll, aus. Und nicht nur das, Amerika selber bietet sich als Erfüllung dieser Wünsche und Sehnsüchte an, steht doch die Freiheitsstatue an zentraler Stelle, und kein Emigrant kommt an ihr vorbei, ohne sie in ihrer ganzen Machtfülle zu sehen, und sie begrüßt ihn mit der Inschrift auf dem Sockel:

Give me your tired, your poor, your hungry yearning to be free.

18

Das Bild auf einer Kunstkarte, die sich unter der heutigen Post befand, ist merkwürdig und zieht mich in Bann: Ein kleines Kind mit großen, traurigen Augen und mit einem leichten Spitzenhemdchen bekleidet, sitzt auf einem mit dunklem Stoff bezogenen Stuhl. Erschreckend ist der lose über seinem Gesicht hängende lederne Maulkorb für bissige Hunde.

Was soll denn das, frage ich mich, drehe die Karte um und lese: Daniel Spoerri, 1961, «Détrompe d'œil. Attention chien méchant». «Attention chien méchant» entspricht dem deutschen Ausdruck «Achtung bissiger Hund». «Détrompe d'œil» bedeutet «Enttäuschungsbild», das vermerkt der Kartentext auch noch.

Dieses Bild regt mich zu manchen Gedanken an, und ich benutze es später am Tag in der Supervisionsgruppe, um einen gewissen unbewußten Umgang mit Analysanden bildhaft zu unterstreichen. Angehende Analytiker müssen oft erst lernen, ihre Reaktionen auf Analysanden nicht einfach zu glauben, sondern zu hinterfragen. In der Fachsprache nennt man diese Reaktionen Gegenübertragungen; sie wollen etwas sagen und stellen unter Umständen wichtige therapeutische Zugänge zum psychologischen Verständnis dar.

Häufig höre ich Reaktionen wie zum Beispiel diese: Der oder die wollte mich testen, hatte die Absicht, mich einzuschläfern, indem die Stunde nur mit unwichtigem Zeug gefüllt wurde, zeigte Verführungsneigung und brachte das Thema auf schlüpfrige, erotische Phantasien, schimpfte auf die Mutter, meinte aber mich und war zu feige, mir dies direkt zu sagen!

Solche Aussagen sind zu vorschnell, und wer sie äußert, glaubt sie unbesehen. Ich mag sie nicht, weil in den Analysanden «bissige Hunde» vermutet werden und ihnen in der Folge mit Deutungen, seien sie ausgesprochen oder unausgesprochen, ein Maulkorb umgelegt wird, ohne daß nur einmal bedacht wird, was die geschilderten Gegenübertragungsreaktionen auch noch bedeuten könnten. Um ihnen auf die Spur zu kommen, muß man sie zunächst einmal feststellen, in dem Sinne: «Ah, das also denke ich über meinen Patienten!» Dann kann man sich fragen, was sie wohl bedeuten könnten.

Im Hinblick auf den Analytiker könnten sie Ausdruck seiner Abwehr sein. Vielleicht hat er Angst vor dem Analysanden, oder er ärgert sich über ihn und wehrt diese Gefühle durch den ausgesprochenen oder unausgesprochenen Gedanken wie zum Beispiel «der wollte mich testen» ab. – In bezug auf den Analysanden können die genannten Reaktionen auf wichtige Themen in seinem Leben hinweisen. In ihnen kann sich eine frühere Erfahrung im Hier und Jetzt der therapeutischen Situation abbilden, wonach ein Kind als «bissiger Hund», das heißt als Störung empfunden wurde.

Es kommt oft vor, daß Analysanden sich in der Analyse so verhalten und entsprechend reden, als hätten sie ihre Eltern vor sich. Dadurch können sich im Analytiker die Elternfiguren konstellieren, und er nimmt Reaktionen wie zum Beispiel die obigen bei sich wahr und spricht sie unbedacht aus. Das: «Der will mich testen» könnte ein Hinweis darauf sein, daß der Analysand in seiner Kindheit diese Strategie anwenden mußte, um dem ständigen Zweifel, ob er wirklich geliebt werde, nachzugehen. Das: «Der will mich verführen» könnte heißen, daß ein Kind sich erotisierendes Verhalten angewöhnen und in seiner Herkunftsfamilie lernen mußte und nun auch noch als Erwachsener nicht viel anderes an Beziehungsmöglichkeiten zur Verfügung hat, als eben diese schlüpfrige Anbandelei. Das: «Der will mich einschläfern» schließlich könnte bedeuten, daß das einstige Kind nur durch vieles Sprechen und Erzählen über eigentlich unwichtige Angelegenheiten die eindringenden, immer alles wissen wollenden Eltern davon abhalten konnte, unangenehme Übergriffe auf seine Geheimnisse und Intimsphäre zu machen und Dinge in einer es beschämenden Art ans Licht zu zerren.

Darauf könnten die Reaktionen des Analytikers hindeuten, und er ist in Gefahr, sie auszuagieren, wenn er nicht an die Kindheit des Analysanden denkt und wenn er sein inneres Kind nicht vom Maulkorb befreit hat, das heißt seine Kindheitsgeschichte und emotionale Biographie nicht kennenlernen konnte. Der Analysand ist kein «bissiger Hund», und auch das Kind im Analytiker ist kein «bissiger Hund».

Wenn oben gesagt wurde, daß die Reaktionen des Analytikers auf Themen im Leben des Analysanden hindeuten könnten, so ist damit noch gar nichts Sicheres ausgedrückt und lediglich einmal eine Hypothese aufgestellt worden. Sie unbesehen auszusprechen ist therapeutisch ungünstig. Erst der Fortgang der Analyse kann klärende Einsicht bringen. Dabei geht es darum, daß die erlebten und gemachten Erfahrungen des Analysanden vom Analytiker zuerst einmal angehört werden, daß beide, Analytiker und Analysand, zusammen frühe und aktuelle Erfahrungen anschauen. Erst dann kann überhaupt bewußt werden, was es zum Beispiel damit auf sich hat, warum und wozu der Analytiker den Eindruck hat, sein Analysand wolle ihn testen, warum und wozu der Analysand ihn unbewußt testet.

Daniel Spoerri – wer ist er? Geboren 1930 als Sohn eines Rumänen und einer Schweizerin, wurde er auf den Namen Daniel Isaak Feinstein getauft. Sein Vater, ursprünglich Jude, gehörte einer norwegischen Missionsgemeinschaft an, deren Ziel es war, Juden zu christianisieren. Als die Deutschen seine Heimatstadt besetzten, wurde Daniels Vater als Jude exekutiert. Daraufhin floh die Mutter mit den Kindern in die Schweiz, wo sich ihr Bruder, der bekannte Zürcher Romanist Theophil Spoerri, ihrer annahm. Fortan nannte sich die Mutter wieder mit ihrem Mädchennamen, und aus Daniel Feinstein wurde Daniel Spoerri; er war nun nicht mehr Rumäne, sondern Schweizer. – Heute gehört Daniel Spoerri zu den bekanntesten Schweizer Malern.

Man stelle sich diese Veränderungen in einem jungen Leben einmal vor: der Vater, der nicht Jude sein wollte, der getötet wurde, eben weil er Jude war, als Daniel zwölf war; Flucht, neues Leben in der Schweiz, fremde Sprache und auch das noch: ein neuer Name. Heimat? Gab es das noch für ihn? Identitä? Wie war eine solche unter diesen Umständen zu finden? Fragen. Zu vermuten ist, daß das Kind mit dem Maulkorb mit Spoerris emotionaler Biographie in Verbindung steht, das Enttäuschungsbild auf die vielen traumatischen Verluste und Trennungserfahrungen der Kindheit Bezug nimmt und der großen Enttäuschung, daß niemand davon hören wollte oder konnte, ein Maulkorb umgehängt wurde.

(> 36, 45, 46, 57, 58; > 6, 20, 26, 70)

19

Befaßt man sich mit einem nicht wiederholbaren Projekt, so tut man jeden Schritt nur einmal und dann nie wieder. Warum ihn also nicht gut machen? Man geht auf ein Ziel hin, und wie auf einer Bergtour, auf der einem das unscheinbare Wörtchen «hätte» oft durch den Kopf geht – hätte ich doch mehr Wasser mitgenommen, hätte ich doch den anderen Weg eingeschlagen –, sagt man sich auch hier: Hätte ich es doch so oder anders gemacht, hätte ich doch vorher an dieses oder jenes gedacht, hätte ich doch ein wenig besser zugehört, hätte ich doch nachgefragt . . .

Man muß lernen, mit dem «hätte» zu leben, lernen, unterwegs zu sein und es auch zu bleiben, lernen, auch stillezustehn, um vielleicht ein weiteres «hätte» zu vermeiden.

Diese Überlegungen lassen sich auch auf den Lebensweg des einzelnen anwenden. Jedes Leben ist einmalig, und den bewußten Lebensvollzug nennen wir Individuation. Sie setzt sich aus dem je und je einzelnen Schritt zusammen; der Weg ist die Vielzahl der Schritte. Da es sich dabei um eine individuelle Pfadfindung handelt, kann man den Pfad auch nicht verfehlen. Dieser Gedanke ist tröstlich und hilft, den nächsten Schritt im Vertrauen zu gründen, mindert die übergroße Belastung durch viele Wenn und Aber und Erwägungen bezüglich des Richtig-Falsch. Schließlich bedeutet individuell «nicht bereits dagewesen», und das Falsche ist, so gesehen, das individuell Falsche und nicht das grundsätzlich Falsche.

20

In Vilnius (Litauen) lerne ich eine Bildhauerin kennen. Sie hat eine alte litauische Tradition wieder aufgenommen und fertigt Hauskreuze an. Das sind Stämme, die oben ein kleines Häuschen mit einer heiligen Figur tragen, wobei das Häuschen so an ein Kreuz befestigt ist, daß die Kreuzesenden über es hinausragen. – Hauskreuze haben ihren Platz in der Landschaft und bedeuten Schutz. Sie sollen die Ernte vor Naturkatastrophen bewahren und den Menschen auf schwierigen Wegstücken hilfreich begleiten. Darüber hinaus besteht ihr Sinn darin, vor zu großem Erntesegen zu behüten, denn Reichtum kann den Menschen verderben (vgl. Kontrimas).

Die Schutzzeichen beruhen auf alter heidnischer Tradition, die in Litauen noch sehr lebendig ist, weil dieser südlichste der drei Baltikumstaaten als das zuletzt christianisierte Land Europas erst im 16. Jahrhundert mit dem Christentum in Berührung kam.

Den heidnischen Hauszeichen, von denen einige noch bewahrt oder auf Zeichnungen überliefert sind, fehlt das Kreuz. Sie bestehen lediglich aus einem Stamm, auf dem auf halber Höhe ein kleines Dach oder die Andeutung eines Häuschens angebracht ist. Diese Zeichen hatten ebenso Schutzbedeutung wie die heutigen Hauskreuze, die heidnisches und christliches Gut verbinden. Der Stamm steht für die Weltachse zwischen Himmel und Hölle, und das Dach ist Zeichen des Schutzes gegen diese beiden Mächte.

Dach und Häuschen machen Sinn, denn brauchen wir nicht alle Schutz vor diesen Mächten, benötigen wir nicht eine genügend große Distanz zu Himmel und Hölle? – Ich denke in diesem Zusammenhang an Rilkes «Vierte Duineser Elegie», wo es am Schluß heißt:

Wer zeigt ein Kind, so wie es steht?
Wer stellt es ins Gestirn und gibt das Maß
des Abstands ihm in die Hand?

(Rilke, S. 25)

Wer das rechte «Maß des Abstands» findet, dem ist Schutz gegeben. Psychologisch bedeutet das, daß wir sowohl vom Guten wie
vom Bösen, vom Hellen wie vom Dunklen getrennt sein müssen.
Der Gedanke, zum Negativen einen heilsamen Abstand zu bewahren, ist uns geläufig, jener von der Distanz zum Positiven weniger. Es ist indes wichtig zu bedenken, daß man auch zu gut sein
kann, zu freundlich, zu lieb. Dies ist man meist zum Preise der
Verdrängung negativer Gefühle und Gedanken; Verdrängungen
tun aber niemandem gut, weder der eigenen Person noch dem anderen.
Menschen nun, die von diesen beiden archetypischen Kräften zu
wenig unterschieden sind, neigen zu einer Alles-oder-Nichts-Op-
tik und sind dem Entweder-Oder ausgesetzt. Schwankend zwischen himmelhoch jauchzend und zu Tode betrübt, werden sie
zwischen hohen Erwartungen und Katastrophenängsten hin- und
hergerissen und leiden daran.
Jeder Mensch kennt die Erfahrungen dieser Extreme, sie gehören
zu unserem Menschsein. Haben wir zu ihnen indessen kein «Maß
des Abstands», so neigen wir dazu, der einen oder anderen Seite
zu glauben, denken und urteilen über uns selber, andere Menschen und die Welt ganz allgemein aus diesen Positionen heraus.
Erst das «Maß des Abstands» erlaubt uns, aus dem ganz Guten
und Schönen und dem ganz Dunklen und Bösen herauszufinden,
uns selber, andere Menschen und Gegebenheiten differenziert
einzustufen, Hell und Dunkel, Gut und Böse nebeneinander ertragen zu können und zu relativieren. Darüber hinaus deutet das
«Maß des Abstands» auf einen seelischen «Ort» hin, von dem aus
wir die Extreme betrachten können, einen ruhigen «Ort», der uns
erlaubt, einen eigenen Standpunkt einzunehmen, den nötigen
Abstand zu gewinnen und sein zu können, ohne von gegensätz-

lichen Gedanken, Urteilen und Befindlichkeiten übermäßig vereinnahmt zu werden.

Das kleine Häuschen am Stamm alter litauischer Tradition
scheint mir diesen innern «Ort» sehr schön und treffend zu symbolisieren. Diesen «Ort» als «Häuschen» oder «innere Heimat» zu
bezeichnen macht Sinn, wir brauchen ihn, um in den Fährnissen
des Daseins bestehen zu können. «Innere Heimat» kann uns niemand garantieren (so wenig wie äußere Heimat), dafür gibt es
keine Versicherung, denn sie kann uns je und je vorübergehend
oder gänzlich durch Krankheit, Unfälle, Naturkatastrophen,
menschliche Grausamkeit, Tod von lieben Menschen, Krieg,
Folter und Verfolgung geraubt werden.

Hingegen kann «innere Heimat» durch Früherfahrungen, die im
Zeichen von Geborgenheit, Vertrauen und Wärme stehen, ent-
scheidend mitbedingt sein. Gegen Himmel und Hölle als die beiden bestimmenden archetypischen Kräfte unseres Daseins ist dadurch bereits zu Anfang des Lebens die vertrauende Erfahrung
gesetzt worden. Sie wird dem Kind und dem späteren Erwachsenen den bestmöglichen Schutz in den Fährnissen seines Lebens
geben. Erlebt (aus welchen inneren und äußeren Gründen immer) ein Kind zu Anfang des Lebens bildlich gesprochen kein
«Häuschen», ist es Himmel und Hölle unmittelbar ausgesetzt.

Unbehaust von Anfang an, heißt ungeborgen, bedeutet ein Le-
bensgefühl der Verlorenheit, des Abgrundes; meint Mangel an
Zuwendungserfahrung als Mitbedingung des Selbsthasses, des
Gefühls, von anderen abgelehnt zu sein. Selbsthaß macht zur Ablehnung anderer geneigt und zur Vorstellung Gottes als eines strafenden und rächenden Großen Anderen.

Indessen: So sehr quälend das Höllenerleben auch ist, die Sehnsucht nach dem ganz anderen – dem Himmel, dem Griff nach den
Sternen, dem Paradies – besteht in der Regel fort und bedeutet,
sich insgeheim nach Liebe, Geborgenheit und Beheimatung sehnen. Der leiseste Anflug des sehnlichst erwarteten Guten ruft das
gierige Hoffen auf den endlichen Besitz desselben wach. Der Be-
gehrende beginnt zu glauben, nun sei es endlich da, und ist bitter

enttäuscht, rasend wütend und abgründig traurig, wenn es sich in der ersehnten perfekten Form nicht einstellt, wenn der Freund, der Partner, das Kind, die neue Glaubensrichtung, das Haus oder der neue Beruf das Versprechen nicht halten. Die Enttäuschung führt in Traurigkeit, Resignation, bisweilen Depression, aber auch in Wut und asoziales Verhalten, in Einsamkeit und Isolation. Diese Erfahrungen kommen, im psychologischen Sinne gedacht, der Hölle gleich.

Hölle und Himmel, psychologisch gesehen, sind dem in seinem Selbstwert verletzten Menschen stets ganz nahe, und er ist den mit ihnen verbundenen Emotionen ungeschützt ausgesetzt. Kein Dach, keine Wand und kein Boden, bildlich gesprochen, gewähren genügend Schutz und innere Geborgenheit. Unbehaust sein bedeutet hier, vom Höllenerleben und von der Himmelssehnsucht vereinnahmt und gesteuert sein.

Therapeutisch gesehen ist die Angelegenheit nicht ohne Hoffnung, bedingt jedoch neue psychotherapeutische Zugänge. Diese stehen im Zeichen der Beziehung und orientieren sich an der frühen Mutter-Kind-Beziehung, die in eine affektive (und nicht kognitive) Grundlage eingebunden ist. Es geht vordringlich darum, dem in seiner gefühlshaften Beziehung zu sich und anderen verwundeten Menschen therapeutische Haltungen anzubieten, welche die zwischenmenschliche Ansprechbarkeit der Gefühle und affektive Regulierung in den Vordergrund stellen.

Diese neuen Wege in der Tiefenpsychologie wurden durch die Deprivationsforschung und einzelne Pioniere wie zum Beispiel Hans Trüb, Sandor Ferenczy, Michael Balint, Karen Horney, Germaine Guex hervorgehoben und später durch die intensivierte Auseinandersetzung mit dem Narzißmus und den entsprechenden Selbstwertstörungen fortgesetzt.

Heute stellen die Forschungen, die sich am Baby orientieren, den affektiven Gehalt der Beziehung auf eine empirische Basis. Die Ergebnisse und ihre Konsequenzen für die tiefenpsychologische Ausrichtung sind unter anderem verbunden mit Autoren wie Joseph D. Lichtenberg, Daniel N. Stern und Ernest S. Wolf.

Die eben skizzierte Entwicklung im Bereich der Tiefenpsychologie setzte vornehmlich nach dem Zweiten Weltkrieg ein, dessen Folgen maßgeblich an den Zustandsbildern beteiligt sind, mit denen sie sich vor allem befaßte. Im Zentrum steht die in ihrem Selbstwertgefühl verletzte Persönlichkeit, die nicht über ein lebendiges Selbst verfügt und sich entleert und uneigentlich empfindet. Im Rahmen der von Freud ausgehenden Psychoanalyse beansprucht die neue Richtung die Bezeichnung Selbstpsychologie, füglich könnte man sie aber auch Nach-Kriegs-Psychologie nennen und besäße damit einen Begriff, der schulenübergreifend ist.

Paradigmatisch gesehen, hat damit ein Wechsel von der Einpersonenpsychologie zur Zweipersonenpsychologie stattgefunden, das Ich-Du und die Beziehung sind zentral, die zunächst vaterspezifische Ausrichtung der Tiefenpsychologie wird damit durch eine mutterspezifische ergänzt.

Das Konfliktmodell der Psyche, von dem die frühe Tiefenpsychologie ausging und das weiterhin seine Gültigkeit hat, bedingt nun nicht mehr allein die psychologische Perspektive, sondern diese wird durch ein Mangelmodell ergänzt. Das bedeutet, daß neben den seelischen Konflikten (zum Beispiel Ödipuskomplex) Mangelerfahrungen (zum Beispiel frühkindliche emotionale und konkrete Verlassenheit) große Aufmerksamkeit geschenkt wird. Archetypisch gesehen, hat damit eine Erweiterung der im Zeichen des Vaterarchetyps stehenden therapeutischen Zugänge durch solche, die vom Mutterarchetyp inspiriert sind, stattgefunden.

Ein für mich sprechendes Symbol der vaterarchetypischen Ausrichtung ist der christliche männliche Gott, der oft sitzend, mit erhobener rechter Hand dargestellt wird. Wir verbinden damit biblische Formulierungen wie: «Der Mund des Herrn sagt es» (Jes. 1,20), «Das sage ich, der Herr» (Hes. 5,15), «Ich aber sage euch» (Matth. 5,22) oder der erste Satz des Johannes-Evangeliums: «Im Anfang war das Wort, und das Wort war bei Gott, und Gott war das Wort» (Joh. 1,1). Die mutterspezifische Haltung wird, wie mir scheint, sehr schön durch das Bild der Schutzmantelmadonna zum Ausdruck gebracht, deren behütende Geste und weiter Mantel die Bedrängten schützt und bewahrt. In dieser Seinsweise geht es weniger um das Wort als um die affektive Beziehung – um Wärme, Verständnis und Barmherzigkeit. Außerdem dürfen wir uns neben der angestammten Trinität Vater, Sohn und Heiliger Geist der Trias der Anna-Selbdritt-Vorstellung – Anna (Mutter von Maria), Maria und Jesusknäblein – erinnern, welche seelische Befindlichkeiten und menschliche Möglichkeiten symbolisch zur Darstellung bringt, die wir nicht vergessen dürfen. Das richtungweisende Moment der vaterspezifischen Sicht, in der das Wort von hoher Bedeutung ist, erfährt durch den beziehungsorientierten Aspekt der mutterarchetypischen Seinsweise, für welche nicht das Wort, sondern die Emotion zentral ist, eine Erweiterung von grundlegender, insbesondere auch psychotherapeutischer Bedeutung, die bis in die ganz praktische tägliche Arbeit hineinreicht (vgl. Asper, 1987, S. 209–230).

Doch selbst wenn Menschen ein «inneres Häuschen» haben und in sich und der Welt beheimatet sein dürfen, kann das «Häuschen» zerstört werden und innerer und äußerer Heimatlosigkeit Platz machen. Folter, Verfolgung und Kriegserlebnisse zum Beispiel können Menschen seelisch und körperlich in einem Maße zerstören, daß das Wort «Seelenmord» nicht zu stark ist. Klinisch sprach man zunächst vom «Überlebenden-Syndrom». William G. Niederland führte diesen Begriff ein, und zwar aufgrund seiner Gutachtertätigkeit, die er als Vertrauensarzt und Psychiater des Generalkonsulats der Bundesrepublik Deutschland in New York ausführte. Seine Befunde machen deutlich, daß das Syndrom nicht wegen einer bereits vor dem Trauma bestehenden Persönlichkeitspathologie auftrat, sondern als Folgeerscheinung grausamster Kriegspraktiken des nationalsozialistischen Regimes verstanden werden muß.

Die Menschen wirken vorzeitig gealtert, vergreist, in sich gekehrt, freudlos, depressiv, werden regelmäßig von schweren Angst- und Panikattacken heimgesucht, leben in chronischer Angst und sind von Katastrophenphantasien bedrängt. Dazu kommen massive Schlafstörungen, Alpträume mit Wiederholung der traumatischen Ereignisse, häufig Übelkeit und Erbrechen, Notwendigkeit zu ständiger Einnahme von Sedativa, tiefste Schuldgefühle, Wurzellosigkeit, soziale Isolation, plötzliche Schweißausbrüche, Erröten, Zittern, Sprachlosigkeit, Weinanfälle, Beziehungslosigkeit zu den nach dem Krieg wiedergefundenen Kindern und ein Dasein weit unter dem Niveau der Vorkriegspersönlichkeit. Dieses Erscheinungsbild in der einen oder anderen Variation, lärmend und weniger lärmend, kann über Jahre und Jahrzehnte bestehenbleiben und ist Ausdruck zerstörter «innerer Heimat» im weitesten Sinne. Zur Verdeutlichung sei eine Kriegsbiographie angeführt, die zu vielen der genannten Symptome bei einer unmittelbar Betroffenen führte:

Frau T. (nach Niederland, S. 156 ff.) entstammte einer gebildeten und wohlhabenden jüdischen Kaufmannsfamilie mit harmonischen Familienverhältnissen. Sie war nie ernsthaft krank gewesen, auch lassen sich keine psychischen Erkrankungen in ihrer Familie nachweisen. Sie heiratete bald nach dem Abitur, ihr Gatte führte ein gutgehendes Import-Exportgeschäft. Sie lebte in Wohlstand, fühlte sich glücklich und sicher und wurde Mutter von zwei Kindern. 1940 kam die Familie ins Ghetto, aus dem sie fliehen konnte, aber wieder gefaßt wurde, was zu einer erneuten Einweisung ins Ghetto führte. Dort wurde die ganze Familie typhuskrank; ihre Eltern starben daran.

Frau T. und ihr Mann verrichten in der Folge Zwangsarbeit außerhalb des Ghettos und leben in chronischer Angst, abends ihre Kinder nicht mehr vorzufinden. Eine erneute Flucht gelingt, und sie, ihr Mann und die Kinder leben monatelang im Wald, versteckt in einer Grube, in der sie in Kälte, Morast und Nässe vegetieren. Nachts macht sich ihr Mann zu entfernten Bauernhöfen auf, um dort Wasser und Nahrung zu erbetteln. Für sie bedeutet das allnächtliche Todesangst.

Nach der Befreiung Polens durch die Russen leben sie eine Zeitlang im Niemandsland zwischen den kämpfenden Armeen und entschließen sich dann zu erneuter Flucht. Das ältere Kind führt

Frau T. an der Hand, das andere birgt sie an ihrer Brust. Dieses Kind wird von einer Kugel tödlich getroffen, und die Eltern müssen es auf der gefrorenen Erde zurücklassen und weiter vor den Nazis flüchten.

Über Polen, Oberschlesien und Österreich gelangen sie 1950 in die USA, wo sie auf einer Hühnerfarm in New Jersey angesiedelt werden. Frau T. weist die meisten der oben aufgeführten Symptome auf, sie ist psychisch dauernd geschädigt, und ihre Arbeitsfähigkeit ist auf dreißig Prozent herabgesunken.

Die Berichte über die Holocaust-Überlebenden bildeten die wesentliche Grundlage dafür, daß die bisherige Unterschätzung von Langzeiteinflüssen von Trauma-Erfahrungen einer angemesseneren Beurteilung Platz gemacht hat. Das führte schließlich dazu, daß die «American Psychiatric Association» ihr *Diagnostisches und Statistisches Manual Psychischer Störungen* (DSM III) vor ein paar Jahren um die Diagnose «Posttraumatische Belastungsreaktion» («Posttraumatic Stress Disorder», PTSD) ergänzte.

Endlich hatten der Verlust inneren und äußeren Beheimatetseins und seine Folgen eine offizielle Bezeichnung gefunden: Das bedeutet Ernstnehmen und Würdigung der mitunter schlimmsten und grausamsten Zerstörung des zentralen «Ortes» der menschlichen Seele, der das Gefühl innerer Heimat schenkt.

(> 15, 36, 64, 66; > 6, 18, 26, 70)

21

Ich bringe ihn nicht weg von meinem inneren Auge. Er läßt nicht davon ab, mir zu erscheinen; ich sehe ihn liegen, schlank, elegant, mit angewinkeltem Bein unter dem anderen, lang gestreckten. Auf dem Bauch liegt er, das schmerzverzerrte Gesicht in die Erde gedrückt, gerunzelte Stirne, die Augen zugekniffen, kleine Nase, die Unterlippe in den Mund eingezogen, die Zähne beißen darauf.

Der Hals ist groß aufgebrochen durch einen Schwerthieb, aus der Gurgel floß sein Blut heraus und tränkte die Erde, machte sie fruchtbar. Dafür haben sie ihn geopfert. In seinem Mageninhalt hat man 66 verschiedene Samenkörner ausgemacht: sein letztes Mahl, mit Tierhaaren vermischt. Nebst dem Blut auch das eine Gabe an die Vegetation.

Seine Hände sind schmal, feingliedrig – ovale, gepflegte Fingernägel. Er mußte nie hart arbeiten, auch das lese ich im Museumsführer, sonst wären seine Hände von der Feldarbeit zerfurcht.

Es ist anzunehmen, daß er ein Auserwählter war, ein Opfer für die Götter, der «Grauballe Mann», den man 1952 bei Silkeborg in Jütland (Dänemark) fand. Mehr als zweitausend Jahre ist er alt und wurde um seine letzte Ruhe betrogen, ins Museum gebracht, in einen Glaskasten gelegt; hell angestrahlt liegt er da in seinem Todesschmerz, preisgegeben den Blicken der Besucher, die seine Intimität nicht respektieren. Was für ein Schicksal! – Da wird einer geopfert, und zwei Jahrtausende danach wird er von Bauarbeitern aufgeschreckt, chemischen Laboruntersuchungen und den neugierigen Blicken eines täglichen Zuschauerstroms ausgesetzt, wehrlos, weil tot – und doch nicht ganz tot, weil alles erhalten ist, was ihn menschlich macht: vor allem sein in Todespein verzerrter Gesichtsausdruck, die schönen, feingliedrigen Hände. Ein seiner Intimität schamlos Beraubter!

Einem anderen geht es ebenso: Ötzi, die Gletscherleiche, unlängst in Österreich gefunden, ist noch älter, fünftausend Jahre,
bald liegt auch er in einem Schaukasten, dann, wenn alle Labor-
tests mit ihm angestellt worden sind.

Freud wurde ohnmächtig, so berichtet Jung (Jung, S. 160f.), als
er ihm von den in Norddeutschland gefundenen Moorleichen erzählte. Ein anderes Mal, ebenfalls ohnmächtig geworden, trug
ihn Jung auf ein Sofa. Jung vermutet, Freud habe sein Sprechen
über die Moorleichen als verkappten Todeswunsch gegen sich,
den älteren, erfahreneren Kollegen empfunden.

Jones, der Biograph Freuds, schreibt ebenfalls über diese Ereignisse und meint auch, Freud habe darin den Todeswunsch des
jüngeren Kollegen ihm gegenüber gesehen (Jones, II, 177f.). Das
ist schon eine starke Reaktion, das Ohnmächtigwerden.

Wie aber, wenn Freud gar nicht wegen des Todeswunsches ohnmächtig wurde? – Weswegen denn sonst? Vielleicht erschreckte
ihn der Gedanke an das ewig Totsein. Ewig tot (und nicht ein
für allemal) ist der «Grauballe-Mann» in seinem Schaukasten,
ewig tot sind alle die ausgestellten Moorleichen, dem Vergessen
entrissen, dem Todesprozeß des Verfaulens und Verfallens weg-
gestohlen zur immerwährenden Betrachtung durch schamlose
Museumsbesucher. Es könnte Freud das im Leben ewige Totsein
ebenso erschreckt haben wie der Schreck über den Todeswunsch,
den er, laut Jung und Jones, in Jung vermutete.

Angenommen, man würde eine unverweste Leiche finden, die
vielleicht bloß fünfzig Jahre alt ist, ob man sie auch im Museum
ausstellen würde? Nein, gewiß nicht, zeitlich und gefühlsmäßig
zu nahe wäre eine solche Leiche, vergleichbar der eigenen Großmutter, dem eigenen Großvater. Es wäre Grabschändung, Lei-
chenschändung, nein, sie würde man nicht wie den «Grauballe-
Mann» im Museum bloßstellen.

Meine Freundin H. sagt, sie habe in ihren Studienjahren ihren
Körper für die Anatomie freigegeben, nun sei sie älter, sie werde
ihn wieder zurückfordern, sie möchte nicht ihrer Privatheit be-
raubt werden, sie wolle nach ihrem Tod in ein Grab.

K. erzählt, daß sie mit sechzehn Jahren regelmäßig ins Museum ging, nur gerade um die Mumien zu begrüßen und ihnen ihr Mitgefühl darüber auszudrücken, daß sie um die ewige Ruhe, den wirklichen Tod betrogen und «beschissen» worden seien, nun lägen sie da in hell beleuchteten, gläsernen Schaukästen, preisgegeben, und ihr Grab, für die Ewigkeit und für ewiges Alleinsein und immerwährende Ruhe geschaffen, sei leer.

Anders geht es der Königin Margarethe I. von Dänemark. Sie soll in einem Bleisarg liegen, den man allerdings nicht öffnen kann, die Leiche würde bei Berührung mit Luft zu Staub zerfallen. Röntgen kann man auch nicht, Röntgenstrahlen gehen durch Blei nicht durch, weshalb man beim Zahnarzt eine Bleischürze trägt.

Nun weiß man bis heute nicht, ob Königin Margarethe I. wirklich im Bleisarg im Dom von Roskilde ruht. Den Lebenden ist damit etwas genommen, sie bringen an den Jahrestagen Blumen, haben allerdings keine Kenntnis darüber, ob im Sarg die tote Königin liegt oder ob er leer ist. Es kann nämlich auch sein, daß sie anderswo begraben wurde.

Irgendwo dazwische liegt der angemessene Abstand zu den Toten: Man muß wissen, wo sie liegen, sie auszustellen widerspricht unserem Empfinden, unserer Scheu vor den Toten und unserer Ehrerbietung vor der ewigen Ruhe Verstorbener.

22

In einer alten Sammlung nordischer Märchen (Nr. 23) finde ich die folgende ungewöhnliche Geschichte: Es war einmal eine gut verheiratete Pfarrfrau, die ihren Mann liebte. Indes: Kinder wollte sie keine haben, davor fürchtete sie sich. Auf den Rat einer weisen Frau wirft sie sieben Steine in einen Brunnen. Nun braucht sie sich nicht mehr zu fürchten, und es wird ihr wieder leicht ums Herz. So weit – so gut. Manche Frauen wollen schließlich keine Kinder. Aber eben, Märchen hören da nicht auf, sie machen etwas aus der ungewöhnlichen Angelegenheit.

Eines Tages, wie Herr und Frau Pfarrer ihren Abendspaziergang machen, bemerkt der Pfarrer, daß seine Frau keinen Schatten hat. Da muß etwas Ungeheuerliches vorgefallen sein; eine große Sünde muß sie begangen haben, denkt er und dringt später forschend in sie ein. Sie weiß jedoch von keiner Sünde. Die Wut läßt ihn auf den Steintisch schlagen und ausrufen: «Für dich gibt es ebensowenig Gnade mehr, als es möglich ist, daß aus diesem Tisch eine rote Rose wächst.» – Er verstößt seine Frau und verbietet allen Gemeindemitgliedern, von nun an Gäste aufzunehmen, aus Furcht, die Geschmähte könnte eines Tages zurückkehren.

Nun zieht die Frau von Ort zu Ort und sucht Rat, wie sie ihre Sünde wiedergutmachen könnte. Schließlich macht ihr ein Pfarrer den Vorschlag, sich nachts in die Kirche einschließen zu lassen. Dort solle sie ein Buch festhalten, sich vor den Altar knien und nie und nimmer, was auch geschehe, das Buch aus der Hand geben. Zuerst kommt ein wunderlicher Kerl, der sie dreimal anspuckt, dann fünf Knaben und zwei Mädchen, die Kinder nämlich, die sie hätte haben sollen. Sie machen ihr Vorwürfe für ihr nicht gehabtes Leben und spucken sie – eines nach dem anderen – an. Dann erscheint noch einer und will ihr das Buch nehmen. Sie bleibt standhaft und gibt es nicht aus der Hand.

Am nächsten Morgen sagt ihr der hilfreiche Pfarrer, sie sei nun erlöst und habe Gnade gefunden, allerdings habe sie nur noch einen Tag zu leben.

Unterdessen ist zu Hause eine rote Rose aus dem Steintisch gewachsen. Schrecken packt den Pfarrer, ihren früheren Ehemann, und er geht aus, jeden zu fragen, ob seine Frau wiedergekommen sei. Niemand weiß etwas davon. Zu Hause indes findet er sie tot neben dem Ofen liegen. Er zieht sein Gewand aus und gibt es den Leuten zum Verbrennen, die aber statt dessen ein altes, um welches nicht schade ist, ins Feuer werfen. Am nächsten Morgen findet man den Pfarrer in seinem Bett, verwirrt, von Sinnen. Kurze Zeit danach stirbt er.

Das Thema des nicht gelebten Lebens ist angesprochen. Sieben Kindern hätte die Frau das Leben schenken sollen, auch deren Leben waren im Buch des Lebens vermerkt. Die Kinder können als reale Kinder und als symbolische im Sinne von Gaben und Talenten aufgefaßt werde. In diesem Zusammenhang ist auch das Gleichnis von den Talenten (Mt. 25,14–30) zu bedenken. Die Pfarrfrau könnte mit dem dritten Knecht verglichen werden, der sein Talent versteckt, es nicht nutzt und verstoßen wird.

Einprägsam und trefflich ist die Schattenlosigkeit der lebensverneinenden Pfarrfrau gezeichnet. Als Frau ohne Schatten macht sie anderen Menschen angst. Es gibt Menschen, die nicht leben wollen, das Leben vermeiden, nicht verwickelt sein wollen und als Hagestolze einsam durchs Leben gehen oder, gleichwohl sie unter Leuten und mit ihnen leben, eigentlich nicht im vollen Leben enthalten sind. Man erlebt sie als schattenlos, ohne Perspektive, sie sind irgendwie draußen, scheinen Anteil zu nehmen, bleiben aber innerlich unbeteiligt und lassen sich nicht berühren.

Kinder – im symbolischen oder realen Sinne – verwickeln einen ins Leben, beginnen ihr eigenes Leben zu haben. Wer zum Beispiel Bücher schreibt, wird sich bald inne, daß Bücher ihr eigenes Schicksal haben: «Habent sua fata libelli», heißt es, wer malt, dem geht es ähnlich. Was immer auch einer tut im Sinne des ihm ganz

Eigenen, macht die Erfahrung, daß die Dinge ein Eigenleben entwickeln, sich bisweilen nach dem Schneeballprinzip fortbewegen, zuzeiten keine besondere Bedeutung zu haben scheinen, bis dann, flugs eines Tages, die Sache wieder in Bewegung gerät. Das alles ist zwar schön, fruchtbar und beglückend, hat aber auch seinen Schatten.

Es geht mit Kindern nicht immer so, wie wir es wünschen, und mit den eigenen Gaben verhält es sich ebenso. Mal ist man in einer fruchtbaren Phase, mal nicht, und mal kommt alles falsch heraus. Mal gerät ein Kind auf die schlechte Bahn, mal verhindert ein Krieg die Publikation von Büchern. So wie es Schweizer Autoren ergangen ist, als sie während der Jahre des Zweiten Weltkrieges kaum mehr deutsche Verleger finden konnten. So erging es zum Beispiel der Dichterin Cécile Ines Loos, die wegen der Kriegswirren ihre Bücher nicht gedruckt sehen konnte und arm wie eine Kirchenmaus starb. Erst später, vierzig Jahre danach, feierte ihr Werk ein «Comeback».

Schicksal ereilt einen, wenn man sich ins Leben verwickeln läßt. Dazu muß man bereit sein. C. F. Meyer drückte das einmal besonders schön in einem Gedicht auf eine junge Braut aus: «Geh und lieb und leide!» heißt es da (Meyer, S. 18).

Man kann sich vorstellen, daß eine Lebensverweigerung wie jene der Pfarrfrau nicht einfach vom Himmel fällt, zum Lebensverweigerer wird man, ist es wohl kaum von allem Anfang an. Ein ungünstiger Lebensanfang kann zu Lebensverweigerung führen. Traumen aller Art: Krankheit, Invalidität, schlechte Eltern, Krieg, Verfolgung wirken mit den Anlagen des Kindes zusammen und können (müssen nicht) das Hindernis, ins Leben wirklich einzusteigen, bewirken.

In der Praxis begegne ich ab und an Menschen in fortgeschrittenem Alter, die von sich sagen, sie hätten das Gefühl, nicht richtig gelebt zu haben, seien am Leben vorbeigegangen, und nun nahe das Ende und das sei's ja dann gewesen. Es ist schwierig, damit umzugehen. Zum einen muß man zunächst unterscheiden: Hat einer sich wirklich nicht gelebt? Das gibt es bis zu einem gewissen Grade: zum Beispiel Frauen, die voll und ganz in den Kindern und in der Karriere des Mannes aufgegangen sind und oft das tiefsitzende Gefühl haben, nicht wirklich gelebt zu haben.

Zum andern gibt es Menschen, die, von außen gesehen, sich durchaus ins Leben verwickeln ließen, ihre Gaben entfalteten, sich auf Mann, Partner, Freunde und Kinder einließen. Menschen auch, die ihre Gaben im Beruf lebten und vor Verantwortung in Gemeinde und Politik nicht zurückschreckten. Trotzdem nagt das Gefühl an ihnen, nicht gelebt zu haben.

In solchen Fällen liegt meist eine narzißtische Verwundung im Bereich der Identität und des Selbstwertes vor. Ganz tief innen gehen diese Menschen davon aus, kein Lebensrecht zu besitzen, nicht richtig zu sein. Sie haben wenig Selbstwertgefühl. Dieser Mangel bedingt in gewissen Fällen ein sehr aktives Leben mit der Bewältigung von vielen Aufgaben. Doch scheint diesen Menschen die innere Resonanz zu fehlen, sich an ihrem Erfolg zu freuen, schnell müssen sie dann noch mehr leisten, um auf diese Weise für kurze Zeit von außen ein wenig Bewunderung, Dank oder Respekt zu bekommen, was ihnen über eigenes mangelndes Selbstwertgefühl hinweghilft. Sie haben nicht falsch gelebt, weder das Falsche getan noch an ihren Gaben vorbeigelebt, sie haben sich nur nicht daran freuen können und konnten nicht auf sich stolz sein.

Für diese Menschen wäre es hilfreich, akzeptieren zu können, daß man grundsätzlich akzeptiert ist. Das ist schwer und kann nicht «gemacht» werden. Man wünscht ihnen, diese Gnade würde ihnen zuteil, hofft, sie begännen sich danach zu sehnen, ja, sie würden darum beten. Anzunehmen, akzeptiert zu sein, bedeutet für den Menschen letztlich, in einem transzendenten, haltenden Bereich aufgehoben zu sein.

Nun aber zurück zu den zuerst genannten Menschen, zu denen, die wirklich zu wenig von sich umgesetzt haben. Da scheint das Märchen weiterzuhelfen und Richtlinien anzugeben, wie man damit umgeht. Die Pfarrfrau muß erst erkennen, daß sie eine Sünde begangen hat, denn zunächst ist sie sich dessen nicht bewußt. Psychologisch gesehen, würden wir heute nicht mehr von Sünde sprechen, der Begriff ist moralisch zu sehr befrachtet. Statt von Sünde spräche man in diesem Zusammenhang heute wohl eher von Defizit, etwas, was man nicht gemacht hat, weil man nicht konnte. Wir sehen das heute weniger moralisch, sondern eher tragisch.

Der Pfarrfrau geschieht in der Kirche Gnade. Diese wird ihr zuteil, als sie das nicht gelebte Leben an sich vorbeiziehen sieht und von den Kindern angespuckt wird. Die ungelebten Anteile zeigen Wut und erniedrigen sie. Man kann diesen Prozeß als Buße bezeichnen. Buße heißt griechisch «metanoia» und bedeutet Sinnesänderung. Die Frau ändert ihren Sinn im Moment, wo sie sieht und erleidet, was nicht gelebt wurde. Sie kann Buße tun, weil sie am Buch der Bücher festhält. Buße tun kann schrecklich sein, dann nämlich, wenn wir in Totalreaktionen fallen und uns als gänzlich verfehlt und falsch erleben und nichts Gutes mehr an uns gelten lassen. Dann verfallen wir einer negativen Energie. Buße tun im echten Sinne heißt indessen, am Guten, am Vertrauen und der Hoffnung festzuhalten, was die Pfarrfrau in der Läuterungsnacht im Festhalten am Buch der Bücher auch tut.

Schließlich gehört das Akzeptieren, daß man akzeptiert ist, dazu, trotz nicht gelebter Anteile. Dann, nach der Buße geschieht Gnade: Die Rose blüht auf dem Steintisch, und die Pfarrfrau kann ihr Leben in Ruhe beenden.

Das Märchen zeigt, daß das pfäffische Gehabe ihres Ehemannes nicht hilft. Der zweite Pfarrer hilft ihr, ihren Lebensmangel einzusehen, ihm in die Augen zu sehen, und gibt ihr das Buch in die Hand, an dem sie festhalten muß. Nur mit dem Glauben an das Gute, mit Hoffnung kann man den eigenen Verfehlungen in die Augen sehen. Dann erst geschieht Gnade und wächst die Rose aus dem Steintisch.

Blumen auf Granit, dieser Buchtitel symbolisiert die unselige Analyseerfahrung von Dörte v. Drigalsky, einer frühverwundeten Frau, in der klassischen Psychoanalyse, wo sie zu große Distanz und Abstinenz erlebte und keine Einfühlung erfuhr. Konfrontation und Interpretationen waren therapeutische Mittel, welche die Ebene ihres inneren, frühverletzten Kindes nicht erreichen konnte. Dieser therapeutische Ansatz wirkt bei solchen Verletzungen so wenig, wie der pfarrherrliche Ehemann seiner unglücklichen Frau mit seinen verurteilenden Worten helfen konnte.

Warum aber wird der pharisäerhafte Pfarrer verrückt? Müßten wir ihn nicht eher als von allem Anfang an verrückt, ver-rückt, das heißt abgerückt von den wahren seelsorgerischen Zugängen bezeichnen? – Gewiß ist, daß sein pfäffisches Verhalten nicht hilft, gewiß ist aber auch, daß es oft lange dauert, bis ein solches pseudoreligiöses Abwehrsystem zusammenbricht, und dann kann es bei sturen, moralisierenden, frigiden und fanatischen Menschen tatsächlich vorkommen, daß sie krank werden. Es kommt aber durchaus auch vor, daß die Abwehr nicht zusammenbricht und sich erst die Kinder oder gar die Kindeskinder damit auseinandersetzen müssen.

23

Auf Flugplätzen, Bahnhöfen, ganz allgemein auf Reisen kaufe ich Bücher, rasch und unbesehen, lediglich angetan vom Titel. Neben Ungenießbarem ist mir dabei schon manches wertvolle Buch in die Hände gefallen. Es handelt sich dabei meist um Bücher, die meiner gegenwärtigen Tätigkeit in keiner Weise verbunden sind.

So habe ich diesmal kurz vor Abflug in Kloten mitten im Sommer bei größter Hitze eine Anthologie von Weihnachtsgedichten gekauft. Weihnacht im Sommer, so etwas Ungewöhnliches wie schwarzer Schnee, denke ich dazu. Sei's drum, wann denn sonst fällt mir so etwas ohne langes Suchen in die Hände?

Indessen, wie ich hier in Maine (USA) beim Morgenessen darin blättere, bin ich rasch enttäuscht, finden sich doch all die altbekannten Klischees vom Tannenbaum und holden Kindelein.

Ein Gedicht indessen ist anderer Art. In dem Gedicht «Heute» von Roland Marwitz (S. 68 f.) heißt es, daß die Armen dem falsche Sterne gefolgt seien:

> Heute ziehen Millionen Bettler
> Durch Länder zerstört und verbrannt.
> Heute rufen Mütter nach Kindern,
> Die irgendwo verscharrt.

Und dann heißt es, daß sie genarrt worden sind. Und es wird unmißverständlich ausgesprochen, daß sie der falschen Hoffnung gefolgt sind. Die Erlösung, angezeigt durch das Kindlein in der Krippe und durch den Stern von Bethlehem, hat sie getäuscht:

> Sie folgten dem falschen Sterne,
> Er hat sie gehöhnt und genarrt. –

Gibt es noch eine Dtraße
Zu dir, so führe sie.
In Armut bist du die Reiche,
Du Gottesmutter Marie.
Gib, daß die Türen sich öffnen
Von jenen, die Gott verschont,
Und mit den Türen die Herzen,
In denen noch Liebe wohnt.
Kommt, tretet ein, ihr Armen,
Getroffen vom Großen Gericht,
Ihr wart so lange im Dunkeln,
Seht heute ein wenig Licht.
Ihr habt die Hölle durchschritten,
Und der Himmel ist noch fern,
Doch wenn ihr das Ziel erwandert,
So wird eure Erde ein Stern.
Ein Stern, der euch selber leuchtet
Und jedem Krippenkind,
Der allen Frieden kündet,
Die guten Willens sind.

Die Drohung des Jüngsten Gerichts hat offenbar versagt, weder die Erlösung durch den Opfertod Jesu noch das Kindlein in der Krippe haben die Welt weitergebracht. Heute bleibt nur noch eines zu tun, die Hoffnung auf Maria setzen und die Erde in einen Stern verwandeln. Das Weibliche wird hier mit der Erlösungshoffnung verbunden. Ein erstaunliches Gedicht, eine Botschaft für die, denen die Vorstellung des Jüngsten Gerichts die Lebensfreude raubt, denen der innere Richter die Luft abschneidet.

Kanada, 1993: Ein Hotel fast ganz für mich allein und tatsächlich nur für mich ein See vor meinem Fenster. Ich habe ihn heute umwandert. Das Kleine und Kleinste kam mir entgegen: Libellen, ein erstes gelbes Herbstblatt, rote Beeren an einem Strauch, Hagebutten, Wegwarten, gelbe Buschröschen, eine kleine Brücke über sumpfigem Gelände und einem Zufluß zum See, Schmetterlinge, ein grau-silberner, vom Wetter gebleichter Baumstrunk, umgeben von kräftigem, jungem, aufstrebendem Gebüsch.

Ich habe diese kleinen Dinge photographiert, sie so an mich, in mich genommen. Sie wurden mir zu Symbolen, rührten mich an und schickten mich auf gedankliche Reisen. Das Photo von der kleinen verwitterten Brücke werde ich E. senden, sie ist an einem Übergang. «Good bridging» werde ich dazu schreiben. R. sende ich den Baumstrunk mit dem vollen Grün: Grünkraft werde ich ihm wünschen, sie soll ihm helfen, Altes zu überwachsen, neben altem neues Leben finden lassen.

Ein Symbol ist erst ein solches, wenn es auf uns wirkt, uns anruft, eine Botschaft vermittelt. Das Symbol braucht zu seiner Entfaltung den inneren Widerhall, benötigt die entsprechende Stimmung. Dann singt es in uns, dann ruft es an. Dieses Bewirktsein durch die Natur ist Nahrung, Seelennahrung, macht satt, sanft, friedlich und zufrieden.

Ich habe im See gebadet, das Wasser war kalt, aber herrlich erfrischend. Auch mein Körper wollte teilhaben an dieser erfüllten Stille und eintauchen in die Schönheit der ausgebreiteten Landschaft. Treibhölzer habe ich gefunden. Seltsame, bizarre Formen. Gewaschen und verwaschen vom Wasser und seinem sanften Wellenschlag. Rauh fühlen sich die einen an, seiden und zart ist die Oberfläche von anderen. Sie erzählen mir vieles. Den Fisch, so nenne ich ein Stück, die Wurzelkrücke ein anderes. Ich denke, ich werde einige dieser Hölzer mit weichen Pastellkreiden bemalen, sie bunt in meine Phantasien kleiden.

Heute habe ich draußen gewohnt, aber auch drinnen. Wohnlich muß ich mich im Hotelzimmer einrichten, mit einer Schreibecke, mit Blumensträußen. Die Treibhölzer haben im Zimmer ihren Ort gefunden, Tannenzweige, Steine und kleine Tannzapfen kamen dazu. So habe ich Besitz ergriffen, mich in einem gräßlich unpersönlichen Hotelzimmer niedergelassen, es «mein» gemacht, zum «Ort daheim». Ich fühle mich geborgen.

Dazu brauche ich allerdings auch meinen kleinen Tauchsieder, um Kaffee kochen zu können, das Reisebügeleisen, Waschmittel und Reisekleiderbügel, um eine kleine Wäsche besorgen zu können. Benötige ich den Reisecomputer, die Thermostasse, eine Kerze, eine Reiselupe (weil ich Kleingedrucktes nicht mehr lesen kann), ein Adreßbuch, um Briefe nicht nur zu schreiben, sondern auch gleich abschicken zu können.

Es gehört zum Spaß meiner Art, Ferien zu machen, endlich die Muße zu haben, innerlich mit Freunden im Gespräch zu sein und ihnen davon brieflich mitzuteilen. Das bedeutet, mich in der Fremde einzurichten, meinem Tag Bedeutung zu geben, ihn durch die Dinge, die mir zum Symbol werden, zu deuten.

Ich lese auch, darunter das ewig nichtssagende *Das Beste*, das ich jeweils bei Reisebeginn zu kaufen nicht lassen kann. Da stehen solche bizarre Sachen drin: daß Königin Viktoria zur Hochzeit eine halbe Tonne Käse geschenkt bekam, daß ein Mensch im Laufe seines Lebens an die 62 Tonnen Nahrungsmittel zu sich nimmt und daß Julius Cäsar (ein Epileptiker) immer einen Lorbeerkranz getragen haben soll, um seine beginnende Kahlheit zu verstecken. Was das allerdings mit Epilepsie zu tun hat, ist mir nicht klar geworden! Und schließlich findet sich unter der Rubrik «Lachen ist gesund» folgende Notiz eines Lesers aus Zug, der namentlich genannt wird: «Christoph kam zu spät aus der Schule heim und erklärte seiner Mama: Es lag daran, daß einer Frau im Bus ein Fünffrankenstück runtergefallen war. Ach so, und da hast du ihr suchen geholfen. Das war nett von dir!

Nein, ich hatte meinen Fuß drauf und mußte warten, bis sie aus-stieg!»

Quelles bêtises! würde Flaubert ausrufen und, lebte er noch, das Heft abonnieren, um seinen «Dictionnaire des bêtises» zu vervoll-ständigen oder die eine oder andere Dummheit seinem letzten Werk, geboren aus der absoluten Desillusionierung, *Bouvard et Pécuchet,* einzuverleiben.

Worum man sich doch alles kümmern muß, wenn man allein ist, angefangen beim kleinen Haushalt über die Bereitschaft, die Dinge in sich Widerhall finden zu lassen, bis zur Dummheit! Wie sagte noch mein Freund G. in Vancouver gestern am Telephon: «I believe in holidays!» – Eine Duftkerze, damit das Zimmer nicht nach Zigarettenrauch stinkt, weil man leider weder in Kanada noch in Amerika die Fenster ordentlich sperrangelweit öffnen kann (eine Unsitte!), gehört auch dazu.

(> 16, 35, 44)

25

Bekanntlich ordnete Jung dem Menschen einen gegengeschlechtlichen Anteil zu, dem Manne die Anima und der Frau den Animus. Sowohl Anima wie Animus haben einen positiven und einen negativen Pol. Der sogenannte negative Animus hat einen schlechten Ruf und wird bisweilen als Schimpfwort für Frauen benutzt. Dabei hat man vor allem im Auge, daß eine Frau voller Meinungen sei, selber nicht reflektieren könne und außerdem animusbesessen wirke im Sinne von Halsstarrigkeit und Besserwisserei.

Die neuere Literatur bezüglich Anima und Animus geht davon aus, daß sowohl die Frau als auch der Mann Anima und Animus als unbewußtes Gegensatzpaar in ihrer Psyche aufweisen. Ich möchte an dieser Stelle auf diese Frage nicht grundsätzlich eingehen, jedoch darauf hinweisen, daß auch der Mann die eben erwähnte Halsstarrigkeit und Besserwisserei aufweisen kann. In diesem Sinne behandle ich nachstehend den negativen Animus als eine Ausdrucksform, die bei beiden Geschlechtern vorkommen kann. Ich benutze den Begriff nicht als Schimpfwort, sondern sehe im negativen Animus einen Niederschlag des kollektiven patriarchalen Kontexts. Darüber hinaus betrachte ich ihn als ein unbewußtes negatives Denken über sich und andere, das nicht mit der affektiven Lage der Betroffenen verbunden ist, sondern im Gegenteil mithilft, die Mehrzahl der Gefühle abzuwehren. Das einzige Gefühl, das sich mitteilt, ist Ärger; der negative Animus entsteht aus Ohnmacht und Not und teilt sich als Verärgerung mit. Das können ärgerliche und aggressive Gedanken sein, die der einzelne auf sich selber, aber auch auf andere richtet.

Der negative Animus wird deshalb oft als eine Form der Abwehr im Sinne der Intellektualisierung verstanden. Dies trifft die Sache, trifft sie auch wieder nicht. Richtig daran erscheint mir, daß mit der Bezeichnung Abwehr auf die Uneigentlichkeit dieser Ausdrucksform hingewiesen wird. Ich möchte im folgenden zwischen zwei Formen des negativen Animus unterscheiden, dem Animus bei Frühstörungen und bei späteren neurotischen Verbiegungen.

Abwehr ist ein Begriff aus der Kriegssprache. Da ist Abwehr ein Wort, das seine Verwandtschaft mit dem Konflikt nicht verleugnen kann. In der Tat schuf Freud diesen Begriff, um die neurotische Konfliktvermeidung zu bezeichnen. Abgewehrt wird, was Konflikt mit dem Ich, dem Über-Ich und dem Ich-Ideal erzeugt. Insofern gehört der Begriff Abwehr zur Sprache der klassischen Neurosentheorie, die auf einem Konfliktmodell fußt.

Ander Verhältnisse liegen indes bei der Frühstörung vor. Hier wird nicht etwas abgewehrt, das Konflikt zum bewußten Standpunkt erzeugt. Der negative Animus rettet hier vor Not, Ohnmacht und Fragmentierung, schützt vor Bodenlosigkeit und Abgrund und macht Verlassenheit und Ausgesetztsein erträglicher.

Viel besser ist es, ihn Schutzmechanismus zu nennen und damit jenen Begriff zu gebrauchen, den Jung einsetzte, wenn er vom Widerstand sprach, ebenso könnte man die Bezeichnung Überlebensstrategie benützen. Auf dieser frühen Ebene besteht noch kein moralischer Konflikt, und den negativen Animus im Zusammenhang mit Frühstörungen Abwehr zu nennen, trifft die Sache daher nicht. Mit dem negativen Animus schützt sich der Frühverwundete vor dem Nichts, um es plakativ zu sagen.

Wir können hier nicht von einem Konfliktmodell ausgehen, sondern müßten, wie ich meine, von einem Mangelmodell sprechen. Im Bereich der frühen Verwundung wird mit Hilfe des Animus die tiefste Not gerade noch überlebt. Es geht hier nicht um Gut und Böse, sondern vielmehr um Leben und Tod, Sein und Nichtsein. Auf dieser Ebene ist der negative Animus ein Symptom früher Verwundung, Ausdruck des beschatteten Selbst (vgl. Asper, 1987, S. 66f.). Eine Person mit einem negativen Animus, der in diesem Bereich fußt, ist nicht zu tadeln, wie das meist geschieht, viel eher müßte man von einer Animusnot sprechen.

Als differenzierende Begriffe schlage ich vor, bei Frühstörungen von einem Not-Animus (in Anlehnung an Erich Neumanns Begriff «Not-Ich», 1963, S. 81) und bei neurotischer Konfliktverarbeitung von einem Abwehr-Animus zu sprechen.

Ich frage nach Symbolen: Zu Abwehr fällt mir das Kreuz ein. Wie aus vielen Sagen bekannt, hält man dem Teufel am besten ein Kreuz hin, dem ist er nicht gewachsen. Was heißt das also? Halte ich dem, was ich nicht will, das christliche (kirchliche) Wertsystem entgegen, so verteufle ich das, was ich nicht will. Warum aber will ich es nicht, warum aber wehre ich es ab? Darum nämlich, weil ich es als böse zu betrachten gelernt habe und vorher schon immer spürte, daß es meine Eltern nicht wollen. Ich wehre ab, damit sie mich lieben, Freude an mir haben, damit ich in Übereinstimmung mit ihnen bin.

Auf diese Art geschieht ein notwendiger Teil Orientierung in der Kindheit, damit geschieht aber auch, daß meinem Ich – für lange Zeit zumindest – die Möglichkeit genommen wird, selber darüber nachzudenken, ob ich das, was ich will, wirklich aus eigenen Stücken will oder ob es mir bloß antrainiert worden ist.

Ist mir nämlich nicht genügend Raum zugestanden worden für eigene Überlegungen und Neigungen, ist mit anderen Worten das Kreuz zu fest in mir verankert worden, sind mir viele Möglichkeiten genommen, mich selber wahrzunehmen; ich habe die Abwehr meiner Vorvordern fast gänzlich übernommen und bin neurotisch, das heißt, die Abwehr ist perfekt, das Abgewehrte ist und bleibt verteufelt und ich werde ihm lebenslang das Kreuz entgegenhalten, um es abzuwehren. Allerdings weiß ich dann nicht mehr, daß ich abwehre, ich habe eigentlich kein Kreuz mehr damit, bloß meine Seele hat es.

Vielleicht aber höre ich eines Tages die Stimme des Abgewehrten, zum Beispiel die Stimme der Lüge, die fragt: Bin ich denn wirklich immer böse? Ich vernehme unter Umständen auch die fragende Unehre hinter der Ehre, die sagt: Muß ich denn immer meine Eltern ehren? Und dann geht es weiter, mein Ich wagt zu sagen, daß eine Lüge manchmal heilsamer ist als die nackte Wahrheit. Auch muß ich mir eingestehen, daß meine Eltern nicht in allem zu ehren sind. Und jetzt bin ich schon mitten im Konflikt lügen – nicht lügen? ehren – nicht ehren?

Nun ist mir der Konflikt wieder verfügbar, ein Konflikt, von dem ich eigentlich nie bewußte Kenntnis hatte. Nun muß ich mich auseinander-setzen, ich muß die beiden Sitze, den der Lüge und den der Wahrheit, den der Ehre und den der Unehre, einnehmen, hin- und herwechseln, bis sich in mir ein Gefühl für das Wählen-dürfen zwischen den zweien eingestellt hat. Und nun trage ich ein Kreuz, und nun will ich es willig tragen, ich bin frei, ich kann wählen, wann ich etwas tun und wann ich etwas lassen will. Die Abwehr und mit ihr die Verteufelung sind aufgehoben.

Mein Wertsystem wird nun nicht mehr vom abwehrenden negativen Animus getragen, sondern von einem Ich, das sich in der Tiefe verbunden fühlt mit der Würde des Kreuzes, mit der Freiheit und letztlich mit dem vertrauenden Anheimstellen, wenn ich das, was ich machen kann, bis zum Rande meiner Möglichkeiten erfüllt habe. Mein Animus hat sich differenziert, er stellt sich in den Dienst der Ich-Selbst-Verbindung.

Wenn ich nun aber dieses Kreuz, dieses Wertsystem von allem Anfang an aufgedrückt bekommen habe, noch bevor mir überhaupt nur irgendeine Möglichkeit gegeben worden ist, meine Bedürfnisse wahrzunehmen, wenn ich hungern muß, weil nicht Stillzeit ist, wenn ich nicht einmal schreien darf, wenn ich Hunger habe, wenn ich niedergedrückt werde im Stubenwagen, sowie ich voller Freude meinen Kopf und Rumpf heben will, dann bin ich ausgeliefert, und meine einzige Überlebenschance, mein einziger Halt in dieser emotionalen Verlassenheit besteht dann darin, mich diesem Wertsystem des absoluten Gehorsams total anzupassen. Ich überlebe dann, indem ich mich schütze, mich bewahre. Das ist aber nicht Abwehr, weil ich gar nie meine Bedürfnisse ausbilden konnte. Ich schütze mich mit einer Mauer und lebe dahinter verstummt, verstümmelt, ohnmächtig, total verlassen weiter, und der negative Animus wird mein Schutz und Trutz. Er hilft in der Folge mit, meine Möglichkeiten zur Ich-Bildung zu schwächen, und ich bin frühgestört, konnte mit anderen Worten kein einigermaßen flexibles Ich ausbilden, das meinen Bedürfnissen Ausdruck gibt. Ich bin nicht im strengen Sinne neurotisch, aber ein-seitig, denn die andere Seite, die für einen Konflikt nötig wäre, durfte ich gar nicht wahrnehmen. Diese Form des Animus entsteht aus der Not, dem Mangel.

Das Kreuz ist in diesem Fall kein treffendes Symbol, viel eher umgibt mich das Wertsystem meiner Vorvordern mit einer dikken Mauer, und hinter der Mauer ist Leere und Einsamkeit. Ich durfte zwar physisch auf die Welt kommen, die psychische Geburt ist mir verwehrt worden.

Für die therapeutische Praxis bedeutet die Unterscheidung von Abwehr- und Schutzmechanismus, von Kreuz und Mauer etwas außerordentlich Wichtiges. Beide Formen können miteinander, nebeneinander vorkommen, dennoch muß ich sie als Therapeutin unterscheiden können. Nehme ich Konflikt wahr, dann muß ich dem Analysanden helfen, seine Ich-Animus-Kollaboration zu lockern, muß ich ihm behilflich sein, etwas an (uneigentlicher) Autonomie aufzugeben. Mit anderen Worten muß ich ihn dabei unterstützen, Unbewußtes bewußt zu machen. Er muß, bildhaft gesprochen, in die Tiefe steigen.

Anders indes ist beim Schutzmechanismus aufgrund von Mangel und Not zu verfahren. Hier muß ich danach trachten, daß hinter der Mauer etwas nachwächst. Geschieht dies, so hat sich hinter der Mauer eine Ich-Selbst-Verbindung bilden können, ist eine psychische Geburt geschehen. Diese neue, das heißt erst entstandene Identität sprengt von innen her den negativen Animus als Schutz- und Trutz-Mauer. Ich als Therapeutin darf diese Mauer nicht einrennen, sie zerbricht von innen her. Bis zu diesem Zeitpunkt ist die Mauer zu respektieren. (Zum Thema «negativer Animus» vgl. Asper, 1992, S. 253–271.)

(> 34, 39, 41, 58, 62, 68)

26

Vor Jahren schenkte mir ein amerikanischer Freund eine recht kitschige, aber liebe Kaffeetasse, einen sogenannten Mug. Über dem Bilddekor steht geschrieben: «Home is where we share and care.» Wir lachten zunächst über diesen recht bürgerlichen Satz, waren an die verlogene Idylle holder Häuslichkeit erinnert und fanden das darin verborgene Klischee, eine Frau habe nichts anderes zu tun, als ebendieses Hegen, Pflegen und Teilen in Gang zu setzen und zu unterhalten, recht abstoßend.

«Share and care» bezeichnet Dialog, Beziehung, Bezogenheit im weitesten Sinne, bedeutet Heimat, den «Ort daheim».

Das Gefühl, ganz bei mir zu sein, mich in mir und meiner Umgebung nicht fremd fühlen zu müssen, allein und doch nicht allein zu sein, Geborgenheit, Gelassenheit zu empfinden, mich lebendig zu fühlen, zu dem Gefühl gehören für mich neben der gefüllten Kaffeetasse mein Pult, mein Computer und das gute Licht der Lampe. Zeit gehört dazu, Stunden ohne Termine. Wenn ich nachdenkend und schreibend am Schreibtisch sitze, erlebe ich den «Ort daheim», empfinde ich das «share and care», bin ich im Dialog.

Wie denn? meine ich fragen zu hören, sie ist ja allein! Das Gefühl, geborgen und lebendig zu sein, äußert sich dialogisch, auch wenn ich alleine bin: Bin ich in einer rezeptiven Stimmung, dann fällt mir etwas ein, ich nehme den Einfall auf, «bespreche» ihn in meinem Innern, und der Einfall und ich gehen miteinander ein Stück Weges. Wir sind in einem Dialog, und daraus ergibt sich schließlich das, was ich niederschreibe.

Besinnlichkeit und schöpferische Tätigkeit in den gemütlichen Stunden am Schreibtisch machen eines meiner Heimatgefühle aus. Selbstverständlich gibt es andere: das Zusammensein mit einem lieben Menschen, einsame Wanderungen in der Natur, die

Beschäftigung mit Tieren, das Schlendern in einer fremden Stadt zum Beispiel. – In all diesen Situationen, ob allein oder mit Menschen und Tieren, bin ich, wenn ich wirklich Heimat empfinde, im Dialog.

Heimat in diesem Sinne ist letztlich innere Heimat, eine innere Angelegenheit, ich bin bei mir und bleibe bei mir, auch wenn ich im Dialog mit der Außenwelt bin. Heimat so gesehen ist unabhängig von der Fremde, von fremden Menschen, Heimat ist ein Bei-sich-Sein, ein sicherer innerer Ort, wo ich mich lebendig fühlen kann. Heimat in dieser Sicht heißt in sich verankert sein, bedeutet Glück, Freude, Beweglichkeit, Sicherheit und Hoffnung.

Nun bin ich, wie jeder andere Mensch wohl auch, nicht immer bei mir, sondern bisweilen außer mir. Meine Persönlichkeit ist nicht so «gebaut», daß ich immer bei mir sein kann, die Welt ist nicht so eingerichtet, daß sie mir diese gute Befindlichkeit ununterbrochen erlaubt. Als Menschen sind wir oft gestreßt, müssen uns von Termin zu Termin jagen, kennen wir Ängste, Unsicherheit, Zerrissenheit, werden wir in destruktive Situationen geführt, die uns aufregen, gefangennehmen, einengen. Wir haben dann das Gefühl, nicht wirklich wir zu sein, wir müssen überleben, Strategien anwenden, uns durch gewisse Haltungen schützen, nach Sachlichkeit streben, obwohl wir innerlich toben.

Nüchtern betrachtet, gehören solche Situationen und Zustände zum normalen Lauf des Lebens, und wir sind einigermaßen in Ordnung – gesund könnte man vielleicht sagen, wäre das Wort nicht so befrachtet –, wenn wir diese dem Dasein eigene Unregelmäßigkeit und Zerrissenheit ertragen können. In Ordnung sind wir außerdem deshalb, weil es uns gelingt, in all dem Auf und Ab immer mal wieder ein Stückchen Heimat im oben beschriebenen Sinne zu finden, es uns gelingt, solche Heimat-Zeit-Räume abzustecken, um in ihnen auftanken zu können. In diesem Sinne ist Heimat etwas in uns Auffindbares, ein sicherer, guter Ort in uns, den wir benötigen, um das Leben in seinen schwierigen Aspekten zu ertragen.

So gesehen ist Heimat aber auch etwas ganz Subjektives, nicht beliebig Austauschbares, Heimat ist immer privat, ist «meine» Heimat. Nicht für jeden ereignet sich Heimatgefühl am Schreibtisch. Indessen kann Heimat alles sein, was Heimatgefühl erlaubt.

Wer immer wieder Heimat erreicht, zum Dialog des «share and care» hinfindet und dem es gelingt, davon auch absehen zu können, der empfindet Dankbarkeit.

(> 6, 18, 20, 70)

27

In Neuengland befinde ich mich in jenem Teil der Vereinigten Staaten, wo am deutlichsten die amerikanische Architektur der Neuzeit, eine Mischung zwischen europäischem Erbe und dem Pioniergeist der ersten Siedler, zum Ausdruck kommt. Verstreut in der sanften Landschaft und in den Wäldern, leuchten viele helle Holzhäuser auf. Sind sie alt, so sind sie weiß und haben eine offene Veranda nach vorne hin, die das Dach durch Säulen abstützt. Neuere Bauten sind asymmetrischer und oft bunt – hellblau, blaßrosa, lindengrün.

Weiße, weithin leuchtend kleine Kirchen nehmen das Zentrum der Dörfer ein. Aus Distanz betrachtet, muten mich diese Gotteshäuser wie weiße Segel an. Schaut man sich dann in ihrem hellen, freundlichen Innern um, bekommt man vollends den Eindruck eines Schiffes: Die Kirchenbänke sind so angeordnet, daß sie nach vorn an Breite verlieren. Alle Reihen zusammen betrachtet, bilden eine Art Schiff, ein stolzes Schiff, das seine Gemeinde siegreich zur vorn in der Mitte errichteten Kanzel «hinfährt».

Am Kirchturm von Brimfield habe ich heute auf einem Mauervorsprung unterhalb des Daches einen großen Vogel stehen sehen. Lange blickten wir in die Höhe, meine Freundin und ich, der Nacken wurde steif, doch der Vogel wollte und wollte nicht wegfliegen. Meine Freundin meinte dann, es müsse sich um eine täuschend ähnliche Nachbildung handeln, um eine Eule wohl.

Im Weitergehen ließen mich die Gedanken an den Vogel nicht los, und ich wunderte mich: Die Eule, ein Tier der Nacht, steht für weibliche Weisheit. Einst war sie der Göttin Athene heilig, und der Spruch, man solle keine Eulen nach Athen tragen, erinnert an ihr Heiligtum auf der Akropolis. Später galt Eulenweisheit nicht mehr viel, und der Nachtvogel, der im Dunkeln sieht, wurde zum Hexenvogel. Weibliche Werte, das Ahnen und Wissen aus anderer als vernünftiger, objektiver Perspektive wurden dämonisiert oder gerieten in Vergessenheit.

Es ist kaum anzunehmen, spann ich den Gedankengang weiter, daß es sich bei der Eule an diesem Kirchturm um ein Hexensymbol handeln kann. Viel eher wurde sie intuitiv in ihrer positiven Bedeutung erfaßt, und die Menschen hier könnten das Bedürfnis gehabt haben, ein weibliches Weisheitssymbol irgendwo, wenn auch nur auf der obersten Rampe des Kirchturms, anzubringen. Modern und durchaus im Sinne der wiederentdeckten weiblichen Weisheit durch die feministische Theologie mutete mich diese Eule am weiß glänzenden, lichtstrahlenden Kirchturm von Brimfield an.

Später fiel mir dazu das Grimm-Märchen «Die Eule» (Grimm, KHM 174) ein. Genaugenommen handelt es sich um einen weitverbreiteten Schwank, der sich um ein Tier dreht, das, zum Ungeheuer gemacht, samt der Scheune, in der es sich aufhält, verbrannt wird. Bei Grimm ist das Untier eine Eule. Da sie aus der Scheune nicht wieder hinausfinden konnte, schlug sie ein ohrenbetäubendes Geschrei an. Rießengroß und schauderhaft erschien sie den Leuten, bald einmal hieß es, ein vergiftender Hauch gehe von ihr aus.

Alsbald rüsten sich alle Mannen des Dorfes mit Spießen und Speeren und wollen dem Ungetüm den Garaus machen. Später kommen sie, vor Angst schlotternd und unverrichteter Dinge, wieder aus der Scheune heraus. Nun besorgt sich ein ganz Beherzter eine Leiter und begibt sich auf Augenhöhe des Untiers, um es abzustechen. Doch gepackt von Furcht und Schrecken, läßt auch er davon ab. – Daraufhin beschließt der Bürgermeister eine Sammlung, mit diesem Geld wird der Besitzer der Scheune abgegolten, und Eule und Scheune gehen in Flammen auf, und man wird auf diese Weise dem Untier – wie den Frauen in den Hexenverbrennungen – Herr.

Man kann in dieser Geschichte die Aufbauschung eines Vorfalls in eine «Lügende», das Produkt einer Gerüchteküche, sehen. Man kann sie aber auch als Ausdruck der Verachtung des Weiblichen im Patriarchat begreifen, wobei die Männer zu Opfern ihrer Angst vor dem Weiblichen und ihrer heroischen Identifizierung werden. Die Männer schießen recht eigentlich mit Kanonen auf Spatzen, als sie wie ein geeint und trutzig Heer gegen den verirrten Vogel losgehen. Ihr Vernichtungszug gründet in der geglaubten Dämonisierung der Eule, und zu guter Letzt scheint es klug und richtig gehandelt, die Eule zu opfern und sie samt der Scheune zu verbrennen. Das hat man mit dem weiblichen Wissen seit jeher getan, indem Frauen zu Hexen gemacht, verfolgt und verbrannt wurden. Das geht einher mit der Unterdrückung des Weiblichen an sich, also nicht nur der Frau, sondern auch des weiblichen Anteils im Mann.

Die Eule auf dem Kirchturm hat mich darum so gefreut, weil ich dachte, daß das weibliche Wissen einen, wenn auch kleinen Platz bekommen habe. Dem war aber nicht so, denn anderntags hatte ich Gelegenheit nachzufragen. – Nein, meinte man, die Eule sei da, um die Tauben zu verjagen, da sie das Weiß der Kirche beschmutzen würden. Mein kurzer Augenblick des Nachdenkens führte zu keiner objektiven Erklärung, das «Fenster», das eine neue Sicht erlaubte, schloß sich wieder. Trotzdem machte mir die Phantasie Sinn, die eine Erklärung der Eule braucht die andere nicht auszuschließen. Es geht um zwei Wirklichkeiten, denn es gibt nicht nur die faktische, rationale. Wirklichkeit ist immer mehr; *ist:* Wirklichkeit*en,* vieles in einem.

28

Elia am Berg Horeb: «Er aber sprach: Geh hinaus und tritt auf den Berg vor den Herrn! Siehe, da ging der Herr vorüber: ein großer, gewaltiger Sturm, der Berge zerriß und Felsen zerbrach, kam vor dem Herrn her; aber der Herr war nicht im Sturm. Nach dem Sturm ein Erdbeben; aber der Herr war nicht im Erdbeben. Nach dem Erdbeben ein Feuer; aber der Herr war nicht im Feuer. Nach dem Feuer das Flüstern eines leisen Wehens» (1. Könige, 19,11–12, Zwingli-Bibel; «stilles, sanftes Sausen» bei Luther). – Gott ist nicht im Sturm, ist weder im Erdbeben noch im Feuer, er ist im sanften Wehen des Windes.

Beim Lesen dieses biblischen Textes muß ich unwillkürlich daran denken, daß wir dazu neigen, Gott im Großen zu suchen. Auch wenn wir heute das Wort Gottes weniger gebrauchen, uns profaner, nüchterner ausdrücken, die Neigung bleibt, das Ziel unserer Sehnsucht und Wünsche als großartig zu sehen. Wir ersehnen uns die plötzliche Erleuchtung, die einmalige Sinnfindung, die schnelle und dauerhafte Lösung von Problemen, hoffen, eine Partnerschaft mache alle bisherige Not wett, meinen, ein Berufswechsel bringe nicht nur Neues, sondern mache uns neu, glauben, eine andere Wohnung erlöse uns von allen Schwierigkeiten. Nein, Gott ist im leisen Wehen, im sanften Wind. Im Kleinen also, im Unsichtbaren, im Stillen. Innerpsychisch kommt dem die leise Stimme gleich, die oft im Getöse von lauten und gewaltigen Komplexeäußerungen unterzugehen droht.

Drei Beispiele kommen mir in den Sinn: Eine Frau erzählte mir von ihrer Zeit in der psychiatrischen Klinik, in der sie wegen Alkoholabusus und seelischem Zusammenbruch hospitalisiert war. Als sie sich auf dem absoluten Nullpunkt angekommen fühlte und, wie sie sagte, die Wellen der Verrücktheit und der Erschöpfung durch ihren Körper wogen spürte, da habe sie ein sanftes

Säuseln des Windes gespürt und nur eines gewußt, nämlich wieder leben zu wollen.

Ich wußte aber nicht, wie, fuhr sie in ihrer Erzählung weiter, und so rief ich Gott an, die letzte Karte, die ich auszuspielen hatte; Gott, den ich immer so sehr gehaßt hatte, gleich wie ich mich und alle anderen Menschen haßte, ihn rief ich an. Inmitten dieser gänzlich verrückten Lage, körperlich, geistig und seelisch, sah ich ein weißes Licht am Ende eines schwarzen Tunnels leuchten, und die mich schüttelnde Erregung mit ihrer seelisch-geistigen Unruhe ging allmählich zurück. Daran schloß sich eine lange Periode der Besserung an, und ich fand nach Ablauf zweier Jahre wieder zu den Menschen zurück und konnte mir einen beruflichen Neuanfang schaffen.

Das andere Beispiel entnehme ich der Lektüre des Buches *Nobody's Child* von Marie Balter, das ihr Leben erzählt. Fast dreißig Jahre lang war sie psychiatrisch hospitalisiert gewesen aufgrund einer schizo-affektiven Psychose, die außerdem durch langzeitliche Überdosis von Medikamenten kompliziert wurde.

Ihre schlimmste Zeit verbrachte sie in Fötuslage im Bett. Sie fühlte sich von Monstern verfolgt, nahm das Pflegepersonal verzerrt wahr, die Menschen erschienen ihr als Dämonen, und von Zeit zu Zeit fühlte sie sich derart vom Grauen verfolgt, daß sie, auf den Fersen gehend, laut schreiend durch Schlafsäle und Korridore lief, bis sie zusammenbrach.

Eines Tages nahm sie in einem Moment der Klarheit ganz bewußt wahr, daß sie sich auf der anderen Seite der Welt befand, im Land der Verrückten, und daß die Krankenschwestern und Ärzte nicht diesem Land angehörten. Deutlich fühlte und erkannte sie: Ich bin in dieser anderen Welt, ich will aber nicht in ihr sein, lieber Gott, ich weiß nicht, wie ich da rauskomme.

In der Folge beginnt sie ihr eigenes Programm aufzustellen und fängt damit an, Gegenstände zu berühren. Ihre Finger, die ihr wie Schlangen vorkommen, tasten, ertasten die Welt, und allmählich kehrt der Sinn für die Wirklichkeit zurück. Sie realisiert, daß es ihre Finger sind, die eine Matratze berühren, und sie weiß wieder, daß sie ein Bett betastet, und spürt ihre Hände, ihre Finger, die sie aufrecht halten und für sie arbeiten.

Sie kämpft für ihr Leben und nicht mehr in Angst und Panik gegen die Monster, und langsam wächst etwas in ihr, was sie auf immer verloren gewähnt hatte: Hoffnung. Es ist ihr nicht klar, was diese Wende zur Hoffnung bewirkt hatte, sie weiß aber, daß sie in die Kapelle gehen muß. Dort bittet sie Gott, ihr auf dem Weg aus der Krankheit zu helfen. Friede kommt über sie, und es gelingt ihr, auf einem langsamen, mühseligen Weg aus der Klinik zu kommen, die Schulen nachzuholen, zu studieren, zu heiraten und ihr Leben ganz in den Dienst psychiatrischer Patienten zu stellen.

Die Erkenntnis, auf der anderen Seite der Welt zu sein und von da weg zu wollen, auch das kommt dem sanften Wehen des Windes inmitten der Schreie, dem Grausen und der destruktiven Gewalt ihrer Krankheit gleich.

Abschließend möchte ich noch einen Traum eines Analysanden beifügen. Er träumte zu Beginn der Analyse:

Ich befinde mich in einem Verließ unter der Erde. Es ist ein Raum, der einfach in die Erde gegraben ist, Wände und Boden sind Erde, oben ist notdürftig eine Decke aus Holz eingezogen. Aus Lehm forme ich eine lebensgroße menschliche Gestalt, dabei weine ich vor Kummer und Schmerz. Unter meinen Tränen wird die Figur lebendig, und es handelt sich nun darum, diesen Raum so schnell wie möglich zu verlassen, denn wir sind bedroht.

Dieser Mann hat wenig Gutes in seinem Leben erlebt, sein Vater war Alkoholiker und erkrankte später an Schizophrenie, seine Mutter war taub und konnte sich wegen Überforderung nur mangelhaft um die fünf Kinder kümmern. Früh hatte er sich selbständig gemacht und war als Dealer und Drogenkonsument ins Drogenmilieu geraten. Es gelang ihm schließlich, sich davon zu befreien und dank Stipendien ein Studium aufzugreifen und es erfolgreich zu Ende zu führen. Psychisch ging es ihm weiterhin schlecht, doch konnte er sich trotz heftiger Depressionen immer wieder einigermaßen auffangen. Wegen großer Arbeitslosigkeit in seinem Heimatland und aufgrund seiner unstabilen inneren Lage hatte er mit beruflichen Schwierigkeiten zu kämpfen.

Im Traum gestaltet er aus Lehm eine Figur, die während seiner Klage lebendig wird. Er tut eigentlich das, was Gott in unzähligen, weitverbreiteten Schöpfungsmythen tut. Die Menschen, die Gott jeweils aus Lehm formt, werden in dem Moment lebendig, wo Gott ihnen Leben einhaucht. Dieser Mann formt sich ein neues Leben, und man kann aus dem Traumbild folgern, daß es seine Klage ist, die ihm neues Leben gibt, ihn neu werden läßt.

Es ist ein hoffnungsvolles Traumbild, das auf Wiedergeburt hinweist, was auch deutlich durch das Erdloch unterstrichen wird, das man als Symbol des Uterus der großen Mutter Natur interpretieren kann. Im Traum geht es für ihn nun darum, aus der ungemütlichen Lage herauszufinden und sein bedrohtes Leben in die Hände zu nehmen. Die Botschaft des Traumes, daß die Klage einen Menschen neu macht, ihm neues Leben schenkt, ist wichtig und bestätigt meine Beobachtungen in der psychotherapeutischen Praxis. Das Annehmen des eigenen Leids und der eigenen Not ist wesentlich und wandelt den Menschen. Der erwähnte Analysand hatte sein eigenes Leid zeitlebens weggesteckt, verdrängt, eine notwendige Überlebensstrategie. Jetzt, spät im Leben, er war 40jährig, als er seine Analyse begann, wandte er sich seinem Leid zu, begann er seine Gewordenheit zu begreifen und zu betrauern. Er, der sich bis anhin haßte, die Menschen überhaupt haßte, fing ganz leise an, sich zu verstehen, besser zu akzeptieren, Sympathien für andere Menschen zu entwickeln. Auch hier tat sich in einer gewissen Weise «das Flüstern eines leisen Wehens» kund.

Sylvia Lutz (S. 169) formuliert in ihrem Gebet zu Psalm 129:

Du Gott bist die leiseste Stimme in mir
du bist dort
wo ich mit Vertrauen aufbreche
und die fremden Vorstellungen verlasse
die mich seit meiner Kindheit bedrängen.

Du Gott bist dort
wo ich mich finde
und sanft werde
weil ich mir nahe bin.

Amen

(> 8, 40, 48)

29

Meine Mutter sagte nie: Sei klug wie die Schlange und sanft wie die Taube (in Anlehnung an Matth. 10, 16). Nie sagte sie das Ganze, sondern nur: Sei sanft wie die Taube. Sie sagte es oft. Was sie damit wollte, war klar: Ich sollte meinen Zornesmut bändigen, sanft werden und es vor allem auch bleiben. – Wie ich ihn haßte, diesen Ausspruch! Immer kam er zur Unzeit, dann, wenn ich brodelte vor Ärger. Sie besänftigte mich nicht damit, im Gegenteil, sie goß Öl ins Feuer, und mein Zorn entbrannte von neuem.

Später erst merkte ich, daß mir meine Mutter den Teil mit der Schlange unterschlug. Schlangen mochte ich nie, ich hatte panische Angst vor ihnen, obwohl ich bis weit ins Erwachsenenalter nie einer im Freien begegnet bin. Im Zoo faszinierten und ängstigten sie mich. Doch wenn ich es recht bedenke, gründete meine Schlangenangst nicht auf realen, sondern eingebildeten Schlangen. Von innen kam sie, die Angst. So erinnere ich mich, daß ich in einer Zeit, als ich wegen Abwesenheit der Eltern bei meiner Tante wohnte, auf dem Schulweg, der eine lange, steile Straße hinabführte, mir plötzlich einbilden mußte, eine Schlange sei hinter mir her, nicht etwa eine kleine, sondern eine so riesige wie die Straße; je weiter ich lief, desto größer wurde die Schlange und war am Schluß so lang wie die eben hinabgesprungene Straße, gut und gern einen Kilometer. Als die Eltern von ihrer Fernostreise zurückkehrten, erzählten sie, sie seien einmal in der Dämmerung über eine baumstammdicke Boa-Constrictor-Schlange gefahren, erst als es zu spät war, hätten sie bemerkt, daß es sich nicht um einen Ast gehandelt habe. Die Schlange habe sich aufgebäumt. Immer wieder tauchte dieses schauerlich faszinierende Bild vor meinem innern Auge auf, gruselte, ängstigte.

Auch die Papierschlange machte mir Angst. Meine Großeltern hatten sie einst aus China mitgebracht: eine Schlange mit Gipskopf und einem Leib aus gefälteltem schwarz-weiß bedrucktem Papier. Kopf und Schwanz waren mittels eines Fadens an einem kleinen Stock befestigt. Je nachdem, wie man das Stöckchen schwenkte, ergaben sich täuschend echte, plötzliche Schlangenbewegungen. Man konnte mich damit zu Tode erschrecken, aber auch ich war davon im geheimen angetan, anderen Schrecken einzujagen. Was ich eigentlich an den Schlangen fürchtete, war das Plötzliche, Unvermutete, die Unberechenbarkeit. Heute sehe ich noch klarer: Sie waren für mich mit Katastrophe verbunden, entzogen sich der Kontrolle, waren mir Symbol für all das, was nicht voraussehbar und deshalb die Sicherheit störend sein kann. Die Schlangenangst entwickelte sich bei mir indes nicht zu einer Phobie, in der Kindheit war ihr Auftreten mit unsicheren und ungeborgenen Situationen verbunden. Davon gab es welche, aber auch nicht übermäßig viele. Wie das halt so ist.

An der Vernissage von Gaby Rüfenachts Bildern und Skulpturen heute entdeckte ich einen Schlangenstock, bemalt, ungefähr zwei Meter lang. Ich war spontan berührt und erkundigte mich bei Gaby. Ein Medizinstock, ein Zauberstab sei dies. Lachend sagte ich zu Freunden: Es gibt drei Frauenängste: Spinnen, Mäuse und Schlangen. Und ganz plötzlich fiel mir das Grauen meiner Kindheit ein, meiner Mutter Ermahnung, sanft zu sein, nicht der halbe, sondern der ganze Spruch . . . Ich legte den Schlangenstab auf den Boden: Die Linie ist leicht geschwungen. Nicht die ganze Schlange ist sichtbar, sondern nur Schwanz, Kopf und ein Stück Hals. Dann muß man sie in einem Stab mutmaßen, an dessen Enden Schwanz und Kopf herausragen. Bei der Bemalung des Schlangenstocks ließ sich Gaby, die lange in Kanada lebte, von der Kunst der Inuit inspirieren. Ich kaufte ihn.

Der Caduceus, der Zauberstab des Hermes, ist uns bekannt. Er schenkt Reichtum, mit ihm schläferte der Gott die Menschen ein und sandte ihnen Träume. Später wurde aus diesem Stab der Heroldsstab, stilisiert in zwei gewundenen Formen der 8, aus denen dann zwei miteinander verschlungene Schlangen wurden, die heute noch als Apothekerzeichen verwendet werden.

Im Laufe des Tages wurde mir immer deutlicher, daß ich beim spontanen Kauf des Schlangenstockes nicht nur einer vorübergehenden Eingebung folgte, sondern etwas sehr Wichtiges erworben hatte. Der Schlangenstock wurde zu einem «Fenster im Alltag», brachte längst Vergessenes herauf, ließ meine Gedanken zum Zauber- und Medizinstock wandern, suchte sich in meiner Vorstellung, wo er denn in meinem Haus Platz fände, manchen Ort aus, um sich dann auf den endgültigen festzulegen, nämlich den Mauervorsprung vor meinem Praxisfenster. Was mache ich denn den lieben langen Tag anderes, als mich mit Träumen und seelischen Schwierigkeiten zu beschäftigen? Da gehört er hin. – Später ließ ich diesen Platz wieder fallen, der Unberechenbarkeit der Schlange entspricht es besser, den Stab mal hier, mal dort im Haus aufzustellen, ihm also keinen festen Ort zu geben.

30

Auf dem Grabstein C. G. Jungs steht, allerdings in lateinischer Sprache, eine Textstelle aus dem ersten Brief an die Korinther: «Der erste Mensch ist von der Erde, irdisch, der zweite Mensch ist vom Himmel» (1. Kor. 15,47).

Diese Aussage läßt sich trefflich mit einem Visionsbild Hildegard von Bingens (12. Jh.) aus ihrem Werk *Scivias* illustrieren. Das Bild gibt den Weg der Seele wieder (Tafel 15, Schau I, 4). Auf der linken Bildhälfte zeigt sich der im Korintherbrief genannte doppelte Ursprung des Menschen: Vom goldenen Himmel herab senkt sich zu Beginn eines jeden Menschenlebens die Seele als goldene Kugel in das Kind im Mutterleib herab. Hinter der schwangeren Frauenfigur sind Menschen erkennbar, die runde Gegenstände tragen. Hildegard spricht von diesen als «Käse» und meint damit die, wie wir heute sagen würden, soziobiologische Vererbung, die irdische Abkunft des Menschen.

Hinter den Menschen ragt links eine braune Figur ins Bild hinein: Es ist der Teufel, der die Käse impft, das heißt, dem von Haus aus für das Böse anfälligen Menschen von seinem Bösen mitgibt. Der Mensch ist somit himmlischer und irdischer Abstammung und durch deren soziobiologische Determiniertheit auch ein Erbe des Bösen.

Die rechte Bildhälfte zeigt die Seele, nunmehr als menschliche Figur dargestellt, auf ihrem beschwerlichen Gang durch die Welt, sie ist den verschiedensten Qualen ausgesetzt und wird aber und abermals vom Teufel bedrängt und versucht. Die siegreiche Seele im obersten Abschnitt der rechten Bildhälfte hat es geschafft, sich ein «Zelt» zu bauen, das allen Fährnissen und allen Versuchungen des Teufels trotzt.

Jungs Interesse galt der goldenen Kugel, in seiner Sprache dem Selbst, vor allem in seinem ewigen Anteil als «Imago Dei» in der menschlichen Seele. Es ist Jungs vornehmstes Ziel gewesen, ein auf empirischen Untersuchungen fußendes Menschenbild zu entwerfen, das auf die Transzendenz bezogen ist, und dem Menschen zu helfen, sich wieder auf Ewiges zu besinnen und zu beziehen.

Für Jung war, um es plakativ zu sagen, das große Wunder das Selbst; ich meine, das Ich, welches das Selbst trägt, in die Entfaltung überführen, es realisieren muß, sei ebenfalls ein Wunder. Mein Interesse gilt dem Träger und Ausführer des Selbst, dem Ich im Sinne von Identität, deren Basis der Mutter-Archetypus im Sinne einer als genügend gut erfahrenen Mütterlichkeit ist. Anders ausgedrückt, und dem würde Jung wohl nicht widersprechen, benötigt der Mensch zu seiner Individuation ein starkes Ich und Identitätsgefühl: keine Individuation ohne Identität. Erich Neumann formuliert in diesem Zusammenhang, daß die Voraussetzung der Individuation die narzißtische Libido sei (Neumann, 1949, S. 50). Das heißt, daß der Mensch sich in genügender Weise bejahen und lieben muß, damit er die Strebungen des Selbst in seinem Dasein optimal entfalten kann. Ist das Ich geschädigt, schwach, fragil, so bedeutet das gleichzeitig eine fragile Ich-Selbst-Achse (Neumann, 1963, S. 47 ff.), eine nur rudimentäre Rückverbindung zum Selbst. Es bedeutet ferner ein «beschattetes Selbst» bei narzißtischer Störung (vgl. Asper, 87) und ein «hilfloses» oder gar «totes Selbst» bei Borderline-Symptomatik (vgl. Schwartz-Salant). In diesen Fällen ist das Selbst im Sinne des eigenen Wesens in ungenügender Weise konstelliert (aus welchen inneren und äußeren Gründen auch immer). Entwicklungspsychologisch gesehen, ist die liebende und fürsorgliche Zuwendung zum Kind von größter Bedeutung für das sich entwickelnde Selbst und die Entfaltung des Selbstwertgefühls und der Identität. Um sich lieben zu können, braucht das Kind das Gefühl, genügend geliebt worden zu sein. In diesem Sinne ist die Selbstliebe eine wichtige Bedingung für die Beziehung zu sich, zum Du und zu Gott. Auf emotionaler Ebene fühlen sich Menschen mit narzißtischer Problematik oder einer Borderline-Störung unsicher, voller Zweifel und ohne Lebensrecht.

Diese Störungen basieren, archetypisch betrachtet, auf einer schwierigen Konstellation des Mutter-Archetyps, was sich erschwerend auf die Kreation der eigenen Geschichte auswirkt. Es ist in diesem Zusammenhang auch auffallend, daß der Bezug zur eigenen Biographie recht unbelebt ist, diese wird als «Irgendeine»-Geschichte und nicht als die wirklich eigene Geschichte erlebt.

Bezeichnenderweise wurde man auf diese Störungen direkt im Anschluß an den Zweiten Weltkrieg in einem vermehrten Maße aufmerksam, wo Millionen von Menschen aus ihrer Geschichte, ihrem Wertsystem und ihrer inneren und äußeren Heimat herausgerissen wurden. Kinder verloren ihre Eltern und ihr kollektives «support system» und wuchsen ohne Kenntnis ihrer familiären und kollektiven Geschichte heran. Erinnert sei an John Bowlby und die Deprivationsforschung, an Anna Freud und Dorothy Burlingham, an Karen Horney und Germaine Guex, um nur einige Pioniere zu nennen, welche die «Post War Psychology», die Psychologie nach Auschwitz, begründeten, welche dann später in die Narzißmuspsychologie und die entsprechende Forschung überging.

Meine Auffassung der Geschichte eines Menschen ist die: Zu Beginn des Lebens findet die Seele Dinge, Situationen, Menschen, Probleme vor, die lange vor ihr da waren, diese sind ihr auf den Weg gelegt worden, mit ihnen muß sie umgehen, und sie muß versuchen, sie zu beantworten. Es handelt sich dabei meist um Lebensthemen, welche die Melodie eines Daseins ausmachen. Therapeutisches Ziel ist es, diese Themen als zum eigenen Leben gehörig anzunehmen. Ist der Beginn eines Lebens beschattet, das «support system» ungenügend, so wird das Selbstverständnis negativ beeinflußt, der Betroffene tut sich schwer zu lieben und hat Mühe, sein Selbst zur Darstellung zu bringen.

«When childhood dies, its corpses are called adults» (Wenn die Kindheit stirbt, werden ihre Leichen Erwachsene genannt), heißt es auf einem schwarzen T-Shirt, das mir eine amerikanische Kollegin kürzlich geschickt hat.

Das Ernstnehmen und Kennenlernen der Geschichte eines Menschen ist überall dort von Bedeutung, wo obiges Zitat zutrifft. Das Kind, das einer einst war, entspricht nicht allein einer früheren biographischen Zeit, sondern es war darüber hinaus auch Träger des Selbst, und die Wiederverbindung mit dem Kind von einst heißt auch, den Kontakt zum Selbst wieder aufzunehmen, damit der Erwachsene im Sinne des obigen Zitates sich nicht innerlich tot erlebt, sondern seine Lebendigkeit wiederfinden kann. Anders ausgedrückt kann man sagen, daß in vielen Fällen die reduktive Analyse die Voraussetzung für die finale ist.

«Woher?» und «Warum?» gehören zu den ältesten Fragen der Menschheit, das Interesse an Geschichte gehört zum Menschsein, ist archetypisch angelegt. In vielen Fällen ist die Auseinandersetzung mit dem Warum die Voraussetzung für eine förderliche Einstellung zur Finalität, zum Wohin und zum Wozu.

«Kinder sterben leise» hieß der Slogan auf dem Prospekt einer Sammelaktion für die Kinder der Dritten Welt. Ich meine, dieser Ausspruch gelte auch für die Kinder und ihr Erleben, die uns im Laufe des Aufwachsens verstummen. Damit sich das Kind in uns wieder belebt, ist es nötig, seine/unsere stumme Geschichte kennenzulernen. Kennenlernen der Geschichte bedeutet nicht, den Schuldigen auszumachen, sondern heißt bezeugen und ernst nehmen der emotionalen Erfahrung, und erst wenn diese gespiegelt wird, lernt der Mensch, seiner Wahrnehmung zu vertrauen, vorher setzte er jene der Bezugspersonen über seine eigene und wird möglicherweise jene des Analytikers über seine eigene setzen.

Das Kind von einst in seiner emotionalen Realität ist weit mehr als ein infantiler Schatten, der zu bekämpfen ist, dieses Kind ist eine wichtige Seite des Kind-Archetyps. Der Anschluß an dieses Kind und die Sorge für es machen später unsere Lebendigkeit aus und verbinden uns mit dem Selbst im Sinne des eigenen Wesens. Das Kennenlernen des irdischen Menschen im Sinne der eingangs genannten Stelle aus dem 1. Korintherbrief kann mithelfen, das Ich zu stärken, es aus neurotischen Verbiegungen zu befreien, damit der «himmlische Anteil» des Menschen sich im Dasein besser verwirklichen kann. So verstanden benötigt der himmlische Mensch den irdischen, das Selbst das Ich, ist, um es noch anders zu sagen, Gott auf den Menschen angewiesen: «Gottes Hände sind unsere Hände» (vgl. Sölle).

31

Es gibt manche Dinge, auf die wir mit Erstaunen und in der Folge kritisch reagieren. Frau S. war eine notorische Zuspätkommerin, zum Rendezvous, zur Arbeit, zum Arzt, zu Vorträgen, stets traf sie unpünktlich ein und ließ andere warten. Man reagierte mit Kopfschütteln und Unverständnis.

Wenn man es jedoch recht bedenkt, machte ihr Verhalten subjektiv gesehen Sinn. Ohne jedes Selbstvertrauen, depressiv und mit niedrigem Selbstwert, verbrachte sie jeweils lange Zeit vor dem Spiegel, ordnete ihre Haare, zupfte das Kleid zurecht, betrachtete ihre Gesichtszüge, mußte sich, wie sie es nannte, «ganzsehen», «in die Ordnung sehen» und kam deshalb zu spät.

Frau M., in ihrem Selbstwert ebenfalls gestört, hatte die Gewohnheit angenommen, sich jeweils nach den Analysestunden im Selbstbedienungs-Photostand photographieren zu lassen. Kindisch? Eitel? – oder etwas anderes?

Seinerseits liebte es Herr I., auf Tonband zu sprechen, um dann seine Stimme wieder und wieder zu hören. Selbstverliebtheit? – oder etwas anderes?

Alle drei Personen gaben sich Gesehenwerden und affektive Unterstützung, indem sie schöne Ausdrucksformen von sich selber festhielten, um sie stets von neuem anzusehen beziehungsweise zu hören. Frau M. ließ sich bezeichnenderweise nach den Analysestunden photographieren. In den Stunden mit ihrer Analytikerin erfuhr sie sich aufgewertet, gesehen und empfand sich dadurch in guter Stimmung, was sie festhalten wollte.

Um es vorwegzunehmen, diese zunächst befremdend anmutenden Verhaltensweisen dürfen keineswegs moralisierend beurteilt werden. Sie erfüllen eine wesentliche psychische Funktion im Bereich der Identität. Alle drei Analysanden waren in ihrem Selbstwert versehrte Persönlichkeiten, was unter anderem bedeutet, daß sie sich von jeher als zu wenig willkommen geheißen, nicht angemessen geliebt und gespiegelt erfuhren. Wer ein solches Defizit an mütterlich bestätigender Zuwendung (diese kann auch vom Vater und anderen Bezugspersonen kommen, sie ist nicht ausschließlich an die Mutter gebunden) erlebte, der entbehrte einen wichtigen «Aufbaustoff» zur Entwicklung seiner Identität.

Was diese drei Personen in ihrem erwachsenen Leben taten, war deshalb nichts anderes, als sich das an Spiegelung zu geben, was sie einst entbehrten. Sie holten nach, was eine genügend gute Bezugsperson an mutterspezifischer Zuwendung ihnen hätte geben sollen. Der Vorgang des Spiegelns ist Ausdruck der auf instinktiven Vorgängen beruhenden Bindung zwischen dem Kind und seinen Eltern. Der Impuls, sich zu binden, um dadurch gesehen und willkommen geheißen zu werden, war zum Glück noch immer in diesen drei Personen lebendig und äußerte sich in den zunächst Erstaunen und Unverständnis auslösenden Verhaltensweisen. Das tiefe Bedürfnis, gesehen zu werden im weitesten Sinne, hatten sie als zu wenig gestillt erlebt, es starb indes nicht gänzlich ab, sondern setzte sich auf die eben beschriebenen Weisen durch.

Die Gründe für mangelndes Gespiegeltwerden sind vielfältig und komplex und können nicht einfach in elterlichem Versagen gesucht werden, indessen ist die Feststellung wesentlich, daß jeder Mensch große Sehnsucht hat, gesehen zu werden. Wird dies anerkannt, so können Mittel und Wege gesucht werden, diese Sehnsucht zu stillen und in der Therapie therapeutische Zugänge eingesetzt werden, die geeignet sind, den Mangel auszugleichen.

Herr E. erzählte mir inder ersten Sitzung einen zeit seines Lebens mehrmals geträumten Traum und schenkte mir dadurch ein weiteres Beispiel zu diesem Thema:

Ich öffne ein Fenster und blicke in den schönen Garten hinaus, in welchem einige Apfelbäume mit reifem Obst stehen. Auf der Wiese sind Hühner und Gänse, die eifrig hin und her gehen, und in der Ferne steht eine weiße Bank am Waldrand, dessen Laub schon braun und golden gefärbt ist. Ich bin von der Schönheit der Natur ergriffen und möchte einige Leute, die neben mir stehen, darauf aufmerksam machen. Leider sind sie nicht daran interessiert. Meine anfänglich frohe Stimmung schlägt in Niedergeschlagenheit um, der Garten verliert seinen Glanz und die lockenden Farben. Er wirkt nun flach, unbelebt, grau und wie erstorben.

Die emotionale Erfahrung in diesem Traum besteht im Wechsel von Freude zum Bedürfnis, die Freude mitzuteilen, über das Erlebnis von Desinteresse zu Enttäuschung. Das Abfallen der Gefühle bewirkt schließlich, daß der Garten seinen Glanz verliert und nicht mehr als schön erfahren werden kann.

Ich frage Herrn E., ob es sich dabei um bekannte Erfahrungen handle. Er bejaht und erzählt mir verschiedene Szenen aus seiner Kindheit, wo seine Freude in Momenten, in denen ihm etwas aufging, er sich für etwas begeisterte oder etwas schön fand und dies mitteilen wollte, er auf Desinteresse stieß, was jeweils dazu führte, daß seine Stimmung umschlug und das Interesse verlorenging. Später im Leben, fügte er hinzu, habe ich oft Pläne und Projekte gehabt, die mich anfänglich begeisterten, doch das hielt nicht lange vor, und ich ließ sie jeweils fallen.

Das erlahmende Interesse an seinen Vorhaben und die sich daraus entwickelnden beruflichen Schwierigkeiten und seelischen Verstimmungen depressiver Art können mit mangelndem Gesehenwerden seitens seiner frühen Bezugspersonen und einer eventuellen Schwäche seinerseits, Aufmerksamkeit zu holen, in Zusammenhang gebracht werden. Ein Kind bedarf es, in seinen Äußerungen gesehen und willkommen geheißen zu werden. Geschieht dies nicht, aus welchen Gründen auch immer, sieht es sich und seine Vorhaben später in einem wenig freundlichen Licht. Trotzdem kann das Bedürfnis dazu erhalten bleiben und sich, wie eingangs gezeigt, auf verschlungene, manchmal bizarr anmutende Art und Weise äußern.

Ein weiteres, bemerkenswertes Beispiel dazu fiel mir unlängst in die Hände. Eine amerikanische Kollegin schickte mir – in der Annahme, es würde mich interessieren – ein Photobuch mit dem Titel *Odella* (Duarte). Wer ist Odella? frug ich mich und erfuhr dann aus dem Begleittext, daß Odella ein sexuell mißbrauchtes Kind gewesen und wegen Unterversorgung von den Behörden in ein Heim eingewiesen worden war.

Nicht allein ihre Kindheit, sondern ihr halbes Leben verbrachte Odella in Institutionen, auch in psychiatrischen. Sie war dreimal verheiratet gewesen und hatte sieben Kinder auf die Welt gebracht. Allerdings wurden ihr die Kinder weggenommen und der Fürsorge übergeben. Später konnte Odella selbständig leben und brachte das Kunststück fertig, von der kleinen sozialen Unterstützung ein für sie befriedigendes Leben zu führen.

Eines Tages begegnete sie der Photographin Carlota Duarte, die sich im Rahmen ihrer Kongregation, der sie als Nonne angehörte, um soziale Mißstände kümmerte. Odella fragte Carlota, ob sie sie photographieren würde. Carlota tat dies. Das war der Anfang einer langjährigen Beziehung, während welcher Carlota Odella regelmäßig ablichtete. Allerdings handelte es sich dabei nicht um gewöhnliche Portraitaufnahmen, sondern Odella verkleidete, schmückte sich, verwandelte sich stets aufs neue und schlüpfte bisweilen auch in die Haut berühmter Persönlichkeiten wie zum Beispiel Marilyn Monroe, die sie in verschiedenen Posen imitierte.

Aus den vielen, vielen Photographien entstand eine Ausstellung in Boston (USA) und später ein Buch mit einer Auswahl von Photographien und Texten von Odella. Hinter Odellas Wunsch, photographiert zu werden, steht das Bedürfnis der lebenslänglich mißachteten Frau, gesehen zu werden. Darüber sagt sie selber:

«Ja, die Bilder, ich mag sie. Ich mag es, wenn Leute mich ansehen. Spät erst entkam ich den Heimen und Anstalten, nun will ich die verlorene Zeit wettmachen, ja, und wissen Sie, ich bin schön. Ich will, daß das Buch herauskommt und auch, daß das, was ich zu den Photos zu sagen habe, gedruckt wird. – Dann können alle Menschen auf der ganzen Welt die Bilder sehen, und sie können sich die Geschichte ausmalen, die Geschichte eines Mädchens, das von nirgendwo her kam. Ein Mädchen aus der Hölle, das Leben eines Kindes von der Hölle bis zur erwachsenen Frau.»

Das ist auch der Grund, warum sie photographiert werden will. Nun kann sie jemand sein. Menschen auf der ganzen Welt können sie sehen, Frauen und Männer, alle, Kinder und Teenager.

«Sie werden auf mich aufmerksam werden und vielleicht dankbar sein für das, was sie haben, ihr Zuhause, ihre Eltern (...). Die müssen keine verlorene Lebenszeit aufholen, so wie ich das muß. Ich will ein Buh haben, wie es eines über Marilyn Monroe gibt (...)» (frei übersetzt, d. A.).

Das Posieren, die Photographien und Gespräche mit Carlota Duarte waren für Odella eine notwendige Kompensation für mangelndes Gesehenwerden. Odella konnte sich bei Carlota das holen, was sie zeitlebens vermißt hatte. Carlota, sagt sie, «gab mir das Gefühl, jemand zu sein».
Odella, so denke ich, konnte sich auf diese Weise Therapie holen, eine nicht als solche deklarierte Form, aber eine kreative, ungewöhnliche und wahrscheinlich auch wirksame.
Die Photos, aber auch die Tonbandaufnahme und das Spiegelbild dürfen als Symbole eines guten Selbstbildes aufgefaßt werden. Sie haben den Sinn, die einzelnen Personen, deren Selbstbild vornehmlich negativ geprägt war, daran zu erinnern und die damit verbundenen Gefühle aufrechtzuerhalten.

32

Zu einer Tagung bin ich etwas früher angereist und wohne in einem Hotel mit dem seltsamen Namen «Rotschuo», zwischen Vitznau und Gersau am Vierwaldstättersee gelegen. Ich liebe es, in einem Hotel zu sein, fernab von allem, im Niemandsland sozusagen. Da fühle ich mich in guter Weise aufgehoben und doch frei.

Nun bin ich also in diesem Hotel am See, habe es eben ausgekundschaftet und dabei an einem Anschlagbrett die kurze Sage gelesen, die dem Hotel den Namen gab. «Rotschuo» meint «Rotschuh», und damit verhält es sich so: Ein Spielmann, Haudegen und Trinker in einem, empfand nach dem Tode seiner Frau sein Töchterchen als lästige Bürde. Eines Abends setzte er von Seelisberg nach Gersau über und ließ sein Kind vergeblich um Brot betteln. Später fragte er es, was weicher sei als Flaum, süßer als Honig und härter als Stein. Das Kind sagte: Weicher als Flaum ist die Mutterbrust, süßer als Honig ihre Milch und härter als Stein das Vaterherz. Zornentbrannt packte er sein Kind und schmetterte es an die Felsen des nahegelegenen Ufers. Ein Schuh des Kindes hatte sich losgemacht und schwamm später als einziger Zeuge der Tat auf dem Wasser.

Nicht immer, wie sich gleich zeigen wird, ist das Ende so tragisch wie in dieser Sage vom «Rotschuo», doch gewiß ist, die Tochter, die den Vater mit etwas Minderwertigem vergleicht, hat ein schweres Schicksal. In Gedanken ziehe ich die Verbindung zu dem Vater im Märchen, der seine drei Töchter fragte, wie lieb sie ihn hätten, wobei die dritte Tochter sagte, «so lieb wie Salz», und dafür verstoßen wird. Das Motiv erscheint beispielsweise in «Die Gänsehirtin am Brunnen» (Grimm, KHM 179), in «Prinzessin Mäusehaut», welches die Grimms nicht in die definitive Sammlung aufnahmen (Grimm, 1975), und in «Das Unentbehrlichste» in Bechsteins «Neuem Märchenbuch» (Nr. 24) und fand schließlich auch Eingang in die Hochliteratur in «König Lear» von Shakespeare (vgl. Scherf, S. 142ff.). Das Salz wird vom Vater als etwas Minderwertiges aufgefaßt, doch wie es sich ganz klar im Märchen «Das Unentbehrlichste» zeigt, hat es hohen Wert. In diesem Märchen wird dem Vater eine ungesalzene Speise vorgesetzt, und er muß erkennen, daß der Vergleich mit dem Salz kein Spott war.

Der Vaterkomplex der Tochter, geht es mir weiter durch den Sinn, kann tödlich sein, wie in der Rotschuo-Sage, er kann aber auch in einem förderlichen, wenn auch nicht einfachen Sinne schicksalsbestimmend sein: Die jüngste Königstochter in «Die Gänsehirtin am Brunnen» (Grimm, KHM 179) wird auf ihre Aussage («so lieb wie Salz») verstoßen und weint Perlen. Bei einer weisen Frau wird sie für drei Jahre aufgenommen und muß Gänse hüten. Ein Prinz, den die weise Frau arg beutelt und der diese eine Weile auf dem Rücken tragen muß, kommt später an den Königshof, gibt der Königin eine Smaragddose, die er von der weisen Frau bekommen hatte. Darin befindet sich eine der Perlen, welche die Königstochter einst geweint hatte. Nun weiß man am Königshof, daß die Prinzessin noch am Leben ist. Prinz und Prinzessin finden zusammen und heiraten.

Ein Vater kann tödlich sein. In der Sage tötet er sein Kind, im Zaubermärchen, das immer auf eine Lösung des Problems angelegt ist, schickt der Vater sein jüngstes Kind in den Tod. Dieses aber überlebt dank der weisen Frau, einer Vertreterin des weiblichen Prinzips. Von einer Mutterfigur ist in der Sage die Rede nicht.

Die ätiologische Sage löst keine Probleme, sie erklärt aber, wie es zu Unglück und Katastrophe kommt, ergründet Unerklärliches und Ungewöhnliches, und ungewöhnlich ist es schon und die Phantasie zum Nachdenken und Vermuten anregend auch, wenn man, stellt man sich das einmal vor, einen roten, kleinen Kinderschuh auf dem Wasser schwimmen sieht. Da muß eine Erklärung her, und es ergab sich daraus die Sage, die vielleicht auch einen

Kern Wahrheit in sich trägt. Heute, fände man einen Kinderschuh auf dem Wasser, brächte die Polizei den Fund mit einem ihr gemeldeten verschwundenen Kind in Zusammenhang, und Taucher würden das Kind möglicherweise finden, und dank Aktenzeichen XY könnte man sogar den Mörder dingfest machen. Psychologisch ergänzen sich die Sage und das Zaubermärchen: Während die eine Form das Problem erklärt, löst es die andere. Das Problem des strafenden Vaters ist ein weitverbreitetes menschliches Thema, ist ein Thema des Menschseins an sich, mythologisch vorgeformt durch Uranos, der seine Kinder nicht ans Tageslicht kommen ließ, durch seinen Sohn Kronos, der zwar seinen Vater entmannte und so überwand, letzlich aber in seine Fußstapfen trat und seine Kinder ebenso am Leben hinderte, indem er sie verschlang, auffraß. Auch hier ist es das weibliche Prinzip, das letzlich das Problem des verschlingenden Vaters wandelte: Rhea gab Kronos einen in Windeln gewickelten Stein zum Fraß und versteckte das Kind Zeus in einer Höhle auf Kreta, wo es von der Ziege Amaltheia, auf die das segenspendende Füllhorn zurückgeht, ernährt wurde.

Nun, was sagen solche Geschichten aus? Was sehe und erfasse ich davon auf psychischer Ebene? Wie wird das strafende väterliche Prinzip erlebt, und welche Folgen hat es?

In wessen Seele der strafende Vater dominant ist, der tut sich mit dem Leben schwer, er straft sich selber mit lebenshemmenden Gedanken, erlebt seine Umwelt als lebensfeindlich, kennt Bedrückung als ständige Begleiterin, und Depressionen sind ihm nicht fremd. Er fragt sich unablässig, was er falsch gemacht hat, und ist um Auflistung, was er denn alles nicht richtig machte und macht, nie verlegen. Außerdem merkt er nicht, daß das Streben, sich zu verbessern und keine Fehler mehr zu machen, nicht zur ersehnten Perfektion und Erlösung führt, sondern ihn im Gegenteil immer mehr einengt, verängstigt und am Leben hindert. Das richtende Element kann gigantische Formen annehmen, so träumte einst eine Analysandin, der schwarze Talar des Richters bedecke den ganzen Himmel. Eine andere träumte, ein Skelett drücke ihren Brustkorb immer mehr zusammen. Erst wie sie einen Schrei ausstößt, läßt das Skelett von ihr ab. Der Schrei als Ausdruck des Leidens in Form der Klage verändert die Situation zum Positiven hin.

Im obenerwähnten Märchen von der Gänsehirtin konstellierte ihr Weinen über die Verstoßung die weise Frau, diese muß die zu Perlen geweinten Tränen gesammelt haben, denn sie gibt eine davon als Erkennungszeichen dem Prinzen mit, und der bringt sie der Mutter, was zur Folge hat, daß die Gänsehirtin wieder ihren Platz als Prinzessin einnehmen kann. Schreien, Weinen, Klagen sind Ausdrucksformen leidvoller Gefühle und Emotionen, stehen, anders ausgedrückt, mit dem weiblichen Prinzip, dem die Gefühlsseite zugeordnet wird, in Bezug. Schreien, Weinen und Klagen haben indes im Patriarchat untergeordnete Bedeutung, man hat klaglos anzunehmen, verbietet sich das Schreien, nimmt Abstand von der Klage. Kurz, man darf sich nicht wichtig nehmen, wozu auch der als meisterlos bezeichnete Ausdruck leidvoller Gefühle gehört.

Das Märchen und der Traum meiner Analysandin indessen zeigen sehr deutlich, wie wesentlich es für Menschen sein kann, ihren traurigen Gefühlen Ausdruck zu geben. Wo in einer Seele allein das strafende patriarchale Prinzip herrscht und keine Modulierung durch andere Faktoren mehr Platz haben darf, ist es für den Betroffenen von ausschlaggebender Bedeutung, den verlorenen Bezug zu den Gefühlen wieder aufzunehmen, ihnen Raum und Zeit zu gewähren und sich zunächst einmal zu verbieten, gleich etwas mit ihnen zu «machen», wie dies vielen Menschen antrainiert worden ist. Geschieht dies nicht, kann man tatsächlich am Vaterkomplex scheitern, sterben, wie die Rotschuh-Sage zeigt. Vielleicht stirbt man dabei nicht wirklich, aber man kann innerlich erstarren und absterben.

Zu diesen Gedankengängen paßt ein Traum, den mir eine Bekannte kürzlich mitteilte:

Ich stand, schrieb sie, im Traum am Fuß einer Burg (es ist die Urzelle meiner Heimatstadt, wie sie auf alten Stichen dargestellt ist), und da sind große, alte Bäume, und darunter steht eine uralte Frau, in dunkelbraune Kleider wie aus Baumrinde gekleidet, und ich lehne meine Stirne an ihre Brust und weine herzzerreißend.

33

Ich bin wütend – ich habe eine Wut.

Zwischen den zwei Ausdrucksweisen besteht ein großer Unterschied: Bin ich wütend, dann bin ich in der Wut, mein Ich ist Wut, ich wüte. Habe ich eine Wut, habe ich einen mehr oder minder großen Abstand zur Wut, sind Ich und Wut zweierlei Dinge. Das Wörtchen «bin» symbolisiert ein durch die Emotion affiziertes Ich, das «habe» eine gewisse Distanz zwischen Ich und Emotion. – Will ich diesen Unterschied klarmachen, so liegt meine flache Hand auf meiner Körpermitte, wenn ich das «bin» ausdrücken will. Nun löse ich die Hand vom Körper ab und drehe die Handfläche nach oben, so daß meine Augen auf die Handinnenfläche blicken, womit ich das «habe» ausdrücke. Mit diesen Gesten bezeichne ich den Schritt vom «bin» zum «habe».

Nun habe ich, bildhaft gesehen, die Wut auf der Hand, es liegt auf der Hand, daß ich Wut habe. Nun ist uns aber allen gelehrt worden, sofort etwas damit zu machen, zu tun. Immer mußten wir etwas mit unseren Gefühlen tun: verleugnen, verschweigen, verdrängen, rationalisieren, projizieren, sublimieren. Sie einfach zu haben, einfach so, ohne gleich danach handeln zu müssen, lag nicht drin.

Wenn es nun aber auf der Hand liegt, daß ich Wut habe, dann kann ich mir ja einmal die Wut ansehen: Wie sieht sie aus? Ist sie heiß, kalt, lau, beißend, lärmend, schäumend, eruptiv, verbissen? Woher kommt sie? Aus einer Beleidigung, einer Kränkung, einem Übergangenwerden, einem Angriff, einer Ungerechtigkeit? Wohin will sie gehen? Ins Jemanden-Schütteln, Schlagen, Anbrüllen? Ins Gifteln? Ins abschätzig Reagieren? Ins Sie-sich-Verklemmen? In den Rückzug? In die Autoaggression? In die Depression? Ferner: Ich kann für die Wut Bilder finden. Wenn ich's nur aushalte, auf sie zu warten, sie zu haben, melden sich nämlich aus der Tiefe auch Bilder an, ich muß nicht mit dem Kopf nach ihnen suchen wollen, sie fallen meistens ein– Wolfshund, Kläffer, Stier, Vulkan, Gewehr?

Es ist wichtig, die Wut zu haben, ihr Platz zu geben, was nicht gleich heißt, nach ihr zu handeln. Wut ist, bildhaft gesprochen, ein psychischer Stoff, ein Seelenstoff.

Schließlich kann ich die Wut und den Umgang mit ihr in meiner persönlichen Geschichte erforschen. Welchen Platz nahm sie im Wertsystem meiner Familie ein? Ich kann untersuchen, zu welchem Umgang mit ihr ich in der Regel neige, und auch andere Möglichkeiten, mit der Wut umzugehen, ausprobieren, es kann spannend werden, ich kann experimentieren. Ich kann mir, vielleicht zum ersten Mal im Leben, Zeit geben, bis ich den mir passenden Umgang mit ihr finde. Und möglicherweise gibt es den ein für allemal passenden Umgang gar nicht, vielleicht gibt es Umgänge und verschiedene Situationen, ich werde freier und kann wählen. Ich kann mit mir, meinem Umgang und der Wut fortan unterwegs sein.

Wie eingangs gesagt, beschreibt die sprachliche Formel «ich bin wütend» den direkten Ausdruck der Wut, die in der Regel nicht dabei stehenbleibt, sondern in Beschimpfungen, Flüche und bisweilen Tätlichkeiten übergeht. Die Wut wird erlebt, direkt ausgedrückt, bricht sich Bahn. Menschen, die solcherart Opfer ihrer blinden Wut werden und denen diese Eruptionen regelmäßig geschehen, werden als meisterlos bezeichnet. Der oben beschriebene Weg zum «Ich habe Wut» kann für sie und ihre Umgebung heilsam sein.

Wer mit sich selber umgeht und das auch aus Neigung will, wer Bewußtsein anstrebt und vor allem wer in Analyse ist, lernt diese Schritte und nimmt sich Zeit, sich kennenzulernen. Man übt sich darin, nicht jedem Impuls direkt und naiv Ausdruck zu verleihen, hält ihn zurück und schaut ihn an und gibt einen Teil Spontaneität auf. Das ist nicht einfach, aber spannend. Indes: Kopf und Bauch genügen nicht, das heißt, Reflexion und Direktausdruck der Affekte sind lediglich die zwei Pole des Spannungsnungsfeldes. Wer gelernt hat, sich weder von der einen noch von der anderen Seite automatisch vereinnahmen zu lassen, kann besser wählen, wie er mit der Wut umgeht. Dazu braucht er das Herz – ein Gefühl für die Situation –, benötigt er Bezogenheit.

Wer lange so mit sich umgeht, findet allmählich wieder zu einer neuen Spontaneität. Goethe sprach von der «zweiten Naivität». Psychologische Einsichten im Umgang mit sich und anderen sollten optimalerweise in diese «zweite Naivität» münden, denn nichts ist künstlicher und lebenshemmender als das leidige Steckenbleiben im ständigen Psychologisieren.

34

In den Exerzitien des Ignatius von Loyola lese ich im Kapitel über die Unterscheidung der Geister, daß der gute Geist «Mut und Kraft, Tröstungen, Tränen, Einsprechungen und Ruhe zu geben (vermag), indem er alle Hindernisse leicht macht und weghebt, damit man im Tun des Guten weiter voranschreitet». Dem bösen Geist indessen ist es «eigen, zu beißen, traurig zu stimmen und Hindernisse zu legen». Außerdem gibt er keinen Trost, sondern verführt zu «Verfinsterung der Seele, Verwirrung in ihr, Hinneigung zu den niedrigen und erdhaften Dingen, Unruhe, verschiedenen Getriebenheiten und Anfechtungen, die zum Mangel an Glauben, an Hoffnung, an Liebe bewegen, wobei sich die Seele ganz träg, lau, traurig findet und wie getrennt von ihrem Schöpfer und Herrn, denn wie der Trost das Gegenteil der Trostlosigkeit ist, so sind auch die Gedanken, die der Trostlosigkeit entspringen, entgegengesetzt den Gedanken, die aus dem Trost entstehen» (S. 82 f.).

Diese Ausführungen von Ignatius haben mich sehr angesprochen; ich kann ihnen unbefangen begegnen, als Protestantin wurde ich nie durch andere Aussagen dieses Jesuiten bedrängt, zum Beispiel durch seine Forderung nach Kadavergehorsam, was bedeutet, sich den Gesetzen und Tugenden so zu unterwerfen, als wäre man selbst ein Leichnam, ohne Gefühle, eigene Gedanken, Wünsche und Bedürfnisse.

Die Unterscheidung der Geister gehört zum festen Bestandteil katholischer Glaubenslehre. Berühmt ist eine Stelle im Prozeß um Jeanne d'Arc. Jeanne hörte bekanntlich Stimmen der Engel, die ihr befahlen, zum Dauphin zu gehen und Frankreich zu retten. Beim Prozeß wurde ihr nicht ohne Hinterhalt die Frage gestellt, ob sie sicher sei, daß es sich um Engelsstimmen und nicht um Stimmen des Teufels gehandelt habe. Und weiter fragte man sie, ob sie sich im Stand der Gnade glaube, denn dies ist die Voraussetzung, um echte Engelsstimmen zu hören und mit Sicherheit Einflüsterungen des Teufels in Engelsgestalt ausschließen zu können.

Jeanne gibt auf diese spitzfindige Frage (ob sie sich im Stand der Gnade glaube) des Klerus die wundervolle Antwort: «Wenn ich es nicht bin, möge mich Gott dahin bringen, wenn ich es bin, möge mich Gott darin erhalten!» (Schirmer-Im Hoff, S. 49f.; 91). Auch hier ging es um die Unterscheidung der Geister: Engelsstimme? Teufelsstimme?

Was will ich mit dem Text von Ignatius sagen? Nun, soviel: Wenn wir Heutigen von Geistern sprechen, so meinen wir damit meist so etwas wie Gespenster. Das ist hier nicht gemeint. Um den Text zu verstehen, ersetze man Geist mit Gedanke. Und nun kann er uns etwas bedeuten. Wir können nämlich beginnen, das, was wir denken, zu hinterfragen, und uns zum Beispiel bei dem (vielen Menschen geläufigen) Gedanken «ich bin unfähig» fragen: Welcher Geist spricht aus ihm? Ein mir förderlicher oder ein mich klein machender?

Meist ist es so, daß wir unsere eigenen Gedanken unbesehen glauben und sie nicht hinterfragen. Es ist indes für unser seelisches Wohlbefinden von größter Wichtigkeit, die eigenen Gedanken zu reflektieren. Sich zu fragen, ob mir dieser Gedanke Steine in den Weg legt, mich hindert, mich «beißt», um den Ausdruck Ignatius' zu gebrauchen, mich traurig stimmt, unruhig macht, kann hilfreich sein. Weiter kann ich mich auch befragen, ob ein Gedanke mich tröstet, mir Ruhe gibt, Hoffnung eröffnet.

Auf einen einfachen Nenner gebracht, ist die Frage, ob mir ein Gedanke guttut oder nicht guttut, stets dann wesentlich, wenn ich von negativen Gedanken über mich selber gequält und «gebissen» werde. Für diese Qual gibt es den altertümlichen Begriff der Heimsuchung. Ein guter Begriff, wenn man es recht bedenkt: Wenn mich ein negativer Gedanke heimsucht, dann soll ich ihn mir bewußt machen, ihn hinterfragen, die traurigen, quälenden Gefühle, die er in mir auslöst, wahrnehmen und sehen, daß dem

Gedanken ein «böser Geist» Pate stand. Tue ich dies, so verwandle ich das Heimgesuchtwerden bereits ein bißchen in ein Heimfinden, in ein Zu-mir-Finden.

Nun kann ich noch ein weiteres tun: Ich kann nämlich mit dem negativen Gedanken (Geist) in ein Gespräch treten, kann zum Beispiel sagen: Jawohl, für das und das bin ich unfähig, für jenes aber bin ich nicht unfähig, das kann ich. Dadurch nehme ich dem negativen Gedanken Terrain weg und bringe meine Ich-Position vermehrt in den Bezirk meiner Seele zurück, wo die guten «Geister» wohnen, wo positivere Gedanken sprießen. Das ist Seelenarbeit, «soul-work», das bringt mich zu mir, führt mich heim und gibt mir Ruhe nach der Bedrängnis der Heimsuchung.

Die ganze Angelegenheit ist nicht so einfach, denn es handelt sich meist nicht nur um einen negativen Gedanken, sondern um eine Vielzahl. Ein negativer Gedanke löst den andern ab, immerzu und immerfort, bis ich durch diese «bissigen» Geister in «Trostlosigkeit» falle, es mir eng wird und ich in große innere Unruhe gerate.

Dann fühle ich mich, als ob ich Stund um Stund vor einem inneren Richter auf der Anklagebank säße und kein guter Geist mir hilfreich zur Seite stünde. Einen solchen Zustand bezeichnen wir heute als Depression. Zwischen einem einzigen negativen Gedanken und der quälenden Übermacht negativer Gedanken in der Depression gibt es die verschiedensten Abstufungen. Während der Mensch in tiefer Depression einen anderen Menschen und in vielen Fällen auch Medikamente benötigt, ist es bei minderer Häufung negativer Gedanken möglich, daß man sich auf den inneren Dialog einlassen und sich in der oben gezeigten Weise von den negativen Gedanken abgrenzen kann.

In der Analytischen Psychologie kennt man dieses Phänomen unter dem Begriff «negativer Animus», und eine wesentliche Weise, diesem Übeltäter in der eigenen Seele beizukommen, ist die Hinterfragung und Beantwortung der negativen Gedanken, besteht ferner darin, sie sich bewußt zu machen und sie nicht mehr einfach zu glauben. In diesem Sinne kann die alte religiöse

Anweisung, die Geister zu unterscheiden, auch für uns Heutige noch hilfreich und tröstlich sein.

Das Märchen kennt diese Unterscheidungsarbeit auch. In einem der wenigen uns aus dem Altertum überlieferten Märchen «Amor und Psyche» von Apuleius (*124 n. Chr.; vgl. Neumann, 1971) begegnet uns das Motiv des Getreideverlesens, das uns vom bekannten Märchen «Aschenputtel» (Grimm, KHM 21) vertraut ist. Hier muß die Heldin Linsen sortieren. Sie lernt unterscheiden – setzen wir die Linsen mit Gedanken gleich –, welche Gedanken ihr förderlich und welche ihr hinderlich sind.

(> 25, 39, 41, 62, 68)

35

Während der Autofahrt hierher mußten sich meine Augen an die Unendlichkeit der kanadischen Landschaft erst gewöhnen. Weite, Wälder, die Hügelzüge bedecken, Felder, so weit das Auge reicht, und eine Straße, auf der uns nur ganz selten ein anderes Auto entgegenkommt. Einsam? Fühlt man sich einsam in dieser Landschaft? Meine Freunde fühlen sich nicht einsam in ihr, sie umgibt ihr Haus in der Wildnis, das einzige weit und breit, wie eine gute Mutter, sie fühlen sich aufgehoben, ich merke das, die unendliche Weite der Natur hält sie geborgen.

Nun ist es gegen Abend. Ich bin allein, merke von keinen anderen Gästen in der großen Lodge am See, umgeben von Wäldern und blauen Bergen. Ich fühle mich einsam, aber auch weit, beginne mich, zögernd nur, als Teil dieser Landschaft zu empfinden, kein Mensch weit und breit, kein Lärm, keine Autos, tiefe Stille, und ich weiß schon jetzt: Das werde ich gernbekommen. Zunächst allerdings war ich mir fremd hier, fühlte ich mich verfremdet und griff, unüblich für mich, zum Telefon und rief verschiedene Freunde an. Es war gut, mit ihnen zu sprechen, vertraut. Ich bemerkte in mir auch eine gewisse Unruhe, eine Geschäftigkeit, und ich rief – ebenfalls ungewohnt – meine Kontaktpersonen in Vancouver, Portland und Eugene (Oregon) an, «to touch ground», wie man hier sagt, mich anzumelden, sie zu versichern, daß ich nächste Woche für Vorträge und Seminarien zur Stelle sein würde, womit ich mir auch selber Sicherheit gab.

Das Land in seiner Unendlichkeit ruft danach, sich menschlicher Kontakte zu vergewissern. Noch nie habe ich diese Notwendigkeit so klar und unverfälscht wahrgenommen und ohne die übliche Scheu vor dem Telephon, das in dieser Situation Symbolwert annahm, entsprechend gehandelt.

(> 16, 24, 44)

36

Bekanntlich entdeckte Freud, daß viele seiner hysterischen Patientinnen in ihrer Kindheit sexuell mißbraucht worden waren. Später hat Freud diese Befunde anders gesehen und meinte, die Betroffenen hätten das Vorkommnis lediglich phantasiert (vgl. Masson).

Daß es phantasierten Inzeste auch gibt, ändert nichts an der schmerzlichen Tatsache, daß Freud, und mit ihm seine Epigonen, den Inzestopfern und ihrem Erleben nicht gerecht werden und dadurch nicht nur manche Menschen zu Lügnern gestempelt, sondern auch die Traumen, die Schädigungen der psychischen Struktur und das furchtbare Erleben der Betroffenen vom Tisch gefegt werden. Klar, an etwas, das furchtbar ist, schaut man vorbei. Die Verleugnung der Inzesttraumen ist deshalb als Abwehr zu verstehen. Was war, ist nicht, darf nicht sein.

Was aber, so läßt sich fragen, kommt auf der Opferseite hinzu, daß Verleugnungen des Traumas so häufig sind? Es gehört zu den Überlebensstrategien der Kindopfer, daß sie während den traumatischen Übergriffen innerlich «abschalten», von sich wegtreten, spalten und ihren Körper zur Verfügung stellen, sie sehen dann das Geschehen von außen sich ereignen und empfinden ihren Körper als Puppe, als tot. Auch in Träumen und Zeichnungen von Menschen, die Übergriffe erlitten haben, taucht die Puppe als Symbol für den Teil des Kindes auf, der gefühllos wurde.

Daraus entsteht das Phänomen – es zeigt sich wiederholt in der psychotherapeutischen Praxis –, daß die Betroffenen später nicht mehr wissen, ob der Täter sie wirklich mißbrauchte oder ob sie sich das bloß eingebildet haben. Dazu kommt, im Sinne einer Verstärkung des Unwirklichkeitscharakters, daß die Betroffenen in der Regel nie mit jemandem über die Ereignisse und das damit verbundene Erleben sprechen konnten, durften: aus Angst, der Täter bringe sie um, wegen Wegblickens des anderen Elternteils und weiterer Menschen, die darum wußten und gleichzeitig weder wissen wollten, noch zu wissen wagten.

Schließlich fügt sich dem noch die Tatsache hinzu, daß Gefühle und Erfahrungen des Kindes, werden sie nicht gesehen, im Kind den Eindruck hinterlassen, seine Wahrnehmungen, seine Gefühle, sein Erleben seien nicht ganz wirklich, gehörten nicht zu ihm, es stimme, weil Widerhall und Anteilnahme seitens der Erwachsenen fehlen, etwas mit seinem subjektiven Erleben nicht. Damit Erfahrungen Teile der Identität werden, zu wirklich eigenen Erfahrungen werden, braucht der Mensch, vor allem aber das Kind, Zeugen, Menschen, die bezeugen: Ja, das sind deine Gefühle.

Wer als Therapeut mit Inzestopfern arbeitet, kennt entsprechende Gegenübertragungen. Aufgrund dieser Reaktionen fragt man sich wiederholt, ob das Berichtete wirklich wahr ist. Das kann (muß nicht) eine syntone Gegenübertragungsreaktion sein. Eine solche hat mit dem Analysanden zu tun, in diesem Fall mit der Spaltung in einen anästhesierten Puppenteil, dem der Übergriff angetan wird, und in einen beobachtenden, weggetretenen Teil. In der Gegenübertragungsreaktion erlebt der Analytiker zeitweilig den Puppenteil, der den Inzest als unwirklich erfuhr. Anders ausgedrückt bildet sich der Puppenteil in ihm ab.

Daraus läßt es sich erklären, daß der Analytiker die Geschichte bisweilen nicht glaubt, ist abzuleiten, daß vielleicht auch Freud einer syntonen Gegenübertragungsreaktion verfiel und die wirkliche Inzestgeschichte schließlich ins Reich der Phantasie verbannte.

Es ist deshalb wichtig, daß der Analytiker seine Zweifel an der Tatsächlichkeit des Geschehens hinterfrägt und sie nicht zum Schaden der Betroffenen einfach ausspricht.

(> 18, 45, 46, 57, 58; > 15, 20, 64, 66)

37

In Selbsterfahrungsgruppen, die ich zur Zeit im englischsprachigen Raum über das Kind, das wir einst waren, und über das Kind an sich als Symbol des Lebens halte, brauche ich nicht selten zur Einstimmung Kinderverse. Das bekannte Gutenachtlied «The Star» (Ohrbach, S. 17) wähle ich deshalb, weil es in den einfachsten Worten von der Geborgenheit im transzendenten Sinne spricht. Es entspricht unserem deutschen Lied «Weißt du, wieviel Sternlein stehen», ganz besonders der Zeile, wo von Gott die Rede ist und es heißt: «Kennt auch dich und hat dich lieb.»

> Twinkle, twinkle little star,
> How I wonder what you are,
> Up above the world so high,
> Like a diamond in the sky.
>
> When the blazing sun is set,
> And the grass with dew is wet,
> Then you show your little light,
> Twinkle, twinkle, all the night.
>
> Then the traveller in the dark
> Thanks you for your tiny spark,
> He could not see where to go
> If you did not twinkle so.
>
> In the dark blue sky you keep,
> And often through my curtains peep,
> For you never shut your eye
> Till the sun is in the sky.

As your bright and tiny spark
Lights the traveller in the dark,
Though I know not what you are,
Twinkle, twinkle, little star.

*

Leuchte, leuchte, kleiner Stern,
denn ich wundere mich, was du bist,
du bist so weit oben
und leuchtest wie ein Diamant am Himmel.

Wenn die strahlende Sonne untergegangen
und das Gras naß ist vom Tau,
dann erst zeigst du dein kleines Licht,
leuchte, leuchte durch die ganze Nacht hindurch.

Dann dankt dir der Wanderer in der Dunkelheit
für dein kleines Licht,
er hätte nicht gewußt, wohin zu gehen,
ohne dein kleines Leuchten.

Du stehst am dunkelblauen Himmel,
manchmal guckst du gar durch meine Vorhänge,
denn du schließest deine Augen erst,
wenn die Sonne am Himmel aufgegangen ist.

Obwohl dein kleines Leuchten
dem Wanderer in der Dunkelheit den Weg weist,
weiß ich trotzdem nicht, wer du bist,
leuchte, leuchte kleiner Stern. (Frei übersetzt, d. A.)

Mit der Erwähnung dieses Kinderliedes möchte ich an die Kindheit erinnern, das ist das eine. Das andere ist, daß ich die Teilnehmer darauf aufmerksam machen will, daß wir Menschen lebenslänglich Geborgenheit suchen. Haben wir Geborgenheit erfahren, so wissen wir, was das ist, und unsere Sehnsucht danach bewegt sich in einem angemessenen Rahmen. Außerdem ist es aufgrund genügend erfahrener Geborgenheit möglich, solche dort zu suchen, wo sie «erhältlich» ist, ferner kann man Geborgenheit anderen schenken, und schließlich wird die Ausrichtung auf geistliche Geborgenheit in religiöser Erfahrung möglich oder zumindest möglicher.

Genügend erfahrene Geborgenheit in der Kindheit ist an Menschen gebunden, an eine Mutter, an einen Vater, die emotional anwesend sind. Jemand muß dem Kind Geborgenheit schenken, damit es diese erleben kann. Aus ihr entwickelt sich Vertrauen in sich und die Welt, Vertrauen in Gott schließlich. In diesem Sinne gehören früh erfahrene Geborgenheit und späterer vertrauensvoller Glaube an einen guten Gott zusammen. Dieses Vertrauen bildet in der Folge die Grundlage und Voraussetzung für Identität und Integrität.

Nun erfahren aber bei weitem nicht alle Menschen genügend Geborgenheit in ihrer Kindheit. Dann bleibt ihre Sehnsucht danach deshalb unermeßlich, weil sie etwas suchen, was ein jeder Mensch nicht nur dringend zum Leben benötigt, sondern auch darum braucht, weil man sich allein auf dem guten Grund der Geborgenheit in sich selber gut fühlen kann, sich mit sich selber identisch erlebt und über einen gewissen Schutz (keine Versicherung!) verfügt, den Fährnissen des Lebens nicht total ausgeliefert zu sein.

Die nie gestillte Sehnsucht nach Geborgenheit ist ein ständiger Begleiter und wirft sich auf alles, was nur ein Quentchen auf Erfüllung hoffen läßt. Enttäuschungen sind dabei vorprogrammiert, weil die Erwartungen übermäßig sind. In der Therapie nun können unter Umständen Geborgenheitserfahrungen nachgeholt werden, kann Identitätsgefühl nachwachsen und ein neuer Weg eröffnet werden.

Allerdings bedeutet dies, daß Therapeuten die überhöhten Erwartungen an sie als Mutter, Vater und Geborgenheitsspender nicht als kindisch abtun, sondern begreifen, daß für das Kind und den Erwachsenen Geborgenheitserfahrung zunächst an einen Menschen gebunden ist.

Nun vermögen Therapeuten Mutter und Vater von einst nicht zu ersetzen, aber sie können die unausweichlichen Enttäuschungen des Analysanden an ihnen, daß sie eben die Eltern von damals nicht ersetzen können, einfühlend begreifen. In diesem Sinne können sie gefühlsmäßig verläßlich sein. Gehen Therapeuten emphatisch (und nicht moralisierend) mit ihren Klienten durch viele entsprechende Erfahrungen hindurch, werden sie allmählich ihre für den erwachsenen Menschen überhöhten Geborgenheitserwartungen relativieren und die harte Wirklichkeit erträglicher finden können.

Das Kind von einst indes hat das Recht, absolute Geborgenheitserwartungen zu haben. Das muß ihm zugebilligt werden, sie gehören zu den Bedürfnissen seiner instinktiven Grundausstattung, die darauf warten, eine Person zu finden, die sie optimal erfüllt und nicht traumatisiert. Daß dies nicht geschah, ist nicht des Kindes Schuld, es ist auch nicht seine Verfehlung, daß die entsprechenden Erwartungen noch immer im Erwachsenen leben.

Im Gegenteil, ist die Sehnsucht nach Geborgenheit im Erwachsenen immer noch lebendig, so ist die Chance gegeben, daß sie in der Therapie zumindest verstanden, teilweise erfüllt, teilweise frustriert und so relativiert wird. Dadurch verliert sie ihren Absolutheitscharakter, und es wird dadurch dem einzelnen möglich, die Kluft zwischen Ideal und Wirklichkeit als weniger unvereinbar erleben zu müssen und vielleicht Brücken über sie bauen zu können.

Solche Brücken sind zum Beispiel die Fähigkeit, Frustrationen aushalten, Kompromisse leben und das Entweder-Oder in ein Sowohl-als-Auch abwandeln zu können. Eine weitere Brücke ist die Gelassenheit, welche erlaubt, Gefühle und Emotionen als etwas Vorübergehendes zu erleben und nicht als Aufforderung, gleich danach handeln zu müssen. Brücke ist auch – und das ist nun eine ganz wichtige Brücke –, unterscheiden zu können, was einem guttut beziehungsweise nicht guttut, zu merken, was man ändern kann, was man nicht ändern kann. Brücke schließlich ist, zu wissen, wann ich jemandem schade, und zu begreifen, wann ich jemandem nicht schade, auch wenn ich meine, es zu tun.

Das sind Realitätsfunktionen, diese können wir indes erst dann voll leben und das Beste aus den Gegebenheiten machen, wenn die übersteigerten Geborgenheitswünsche und andere Überhöhungen verhältnismäßig geworden sind. Sind sie einmal relativiert, dann können wir uns finden lassen, vom Glück, von der Hoffnung, von Menschen, Dingen und auch von Gott. Dann müssen wir nicht mehr meinen, alles selber tun zu müssen, für alles verantwortlich zu sein, für alles schuld zu sein. Dann können wir akzeptieren, daß die Welt zwar nicht «aufgeht», es aber manches gibt, was froh macht, vieles uns als Geschenk zufallen kann und immer einiges bleibt, wofür wir dankbar sein dürfen. «Twinkle, twinkle little star, how I wonder what you are» – dann dürfen wir uns auch wieder wundern wie Kinder.

Darf man, so sei abschließend gefragt, daraus den Schluß ableiten, die Eltern seien schuld, wenn Geborgenheitserfahrungen ungenügend verlaufen sind? Zunächst stelle ich fest, daß es durchaus Betroffene gibt, welche die Schuld nicht auf die Eltern schieben, sondern sich die Schuld selber zuschreiben. Andere indessen klagen die Eltern an und kommen oft lebenslänglich nicht davon ab, ganz so, als ob sie sich nur durch die ständig erneuerte Reibungsenergie der Elternanklage einigermaßen wohl fühlen können. Beide Haltungen sind ungünstig, wird hier zu wenig Ursächlichkeit gesehen, so dort zu viel.

Persönlich bin ich der Meinung, daß Schuldzuweisungen an die Eltern vorübergehend oft wichtig sind, schließlich aber einem Kurzschluß gleichkommen und der Komplexität von Lebensläufen nicht gerecht werden können. Ich denke gerne im Sinne von Lebensthemen: Mangelnde Geborgenheit ist ein Lebensthema, ein ewig menschliches Thema, das sich je und je wiederholt. Günstig ist es – Glück? –, Ungeborgenheit als «mein» Lebensthema zu begreifen und daran zu reifen.

Das Kausalitätsdenken mag Entlastung bringen und Anlaß zu präventivem Verhalten geben, die Welt indessen wird dadurch weder erklärt noch verbessert. Der Lauf des menschlichen Daseins erscheint oft rätselhaft. Wir können uns indes bemühen, uns zu diesem Rätsel je und je angemessen zu verhalten, damit Sinn aufleuchtet, Sinn daraus gemacht wird, und schließlich können wir versuchen, offen dafür zu sein, Sinn geschenkt zu bekommen.

38

An einer Tagung bat mich eine Teilnehmerin um ein persönliches Gespräch. Dabei erfuhr ich, daß sie adoptiert worden war. Bereits drei Tage nach der Geburt kam sie in ihre Adoptivfamilie. Zur Zeit der Lebensmitte wurde ihr die Unkenntnis über die biologischen Eltern zum Problem, vorher nicht. Sie hatte aber immer gewußt, daß sie ein adoptiertes Kind war; darüber bestand, solange sie sich zurückerinnern kann, kein Zweifel.

Indessen zog sich durch ihr ganzes Leben wie ein roter Faden das Gefühl, nie richtig dazuzugehören, was sich nicht nur auf ihre Adoptiveltern bezog, sondern alle ihre Beziehungen mehr oder weniger prägte. Trauer und Wut, einst einfach fortgegeben worden zu sein, hatten sie ein paar Monate vor unserem Gespräch bewogen, sich auf die Liste adoptierter Kinder zu setzen, mit der in ihrem Land nach den biologischen Eltern gesucht wird.

Der Anlaß zu unserem Gespräch bestand darin, daß sie nicht verstand, warum sie sich nicht dazu entschließen konnte, aktiv nach ihren Eltern zu suchen. Bekanntlich gibt es dafür viele Möglichkeiten, man kann Ämter, Adoptionsstellen, Heimatgemeinden zum Beispiel um Auskunft angehen. Sie aber hatte lediglich eine recht passive Weise gewählt, indem sie ihre Personalien in die Liste Adoptierter aufnehmen ließ.

Im Laufe unseres Gesprächs ergab sich die wichtige Einsicht, daß sie gefunden werden wollte. Anders als bei durch Scheidung oder durch Tod verlassenen Kindern, wo das Kind bleibt und Vater und/oder Mutter fortgehen, war sie weggegeben und im Unbekannten verloren worden. Das erklärt folgerichtig, daß sie im Grunde nicht selber suchen wollte, sondern unbewußt die Sehnsucht genährt hatte, daß ihre Eltern das tun würden. Nicht sie sollte suchen müssen, sie wollte gesucht und gefunden werden.

Dieses Beispiel unterstrich meine Beobachtungen, daß Menschen nicht bloß eine, sondern zwei Geschichten haben, eine bewußte und eine unbewußte, stumme. Die eine Geschichte betrifft die Fakten und all das, was ein Mensch über sich und seine Geschichte gehört hat wie zum Beispiel: Du warst schon immer ein braves Kind, oder: Du warst ein ausgesprochen schwieriges Kind. Lange Zeit glaubt das Kind und später der Erwachsene solche Aussagen. Erst allmählich taucht das subjektive Erleben aus dem Vergessen auf, beginnt die stumme Geschichte zu sprechen, und die emotionale Biographie, wie man auch sagen könnte, wird wieder gefühlt und dadurch ans Leben angeschlossen.

In der sie unerklärlich anmutenden Weigerung, selber aktiv zu werden und Schritte in der Suche nach den biologischen Eltern zu unternehmen, wurde bei dieser Frau ein Stück der zweiten Geschichte, die subjektiv, stumm, emotional und unbewußt war, sichtbar. Die Sehnsucht, gefunden zu werden, ging ihr auf und machte ihr aus der Sicht ihres innern, einstigen Kindes großen Sinn. Andererseits sah sie aus erwachsener Perspektive auch ein, daß eine Suche mittels Liste wahrscheinlich nicht sehr effektiv sein würde.

Ich dachte bei mir, daß sie diese Einsicht wahrscheinlich nochmals in die Trauer darüber, fortgegeben worden zu sein, führen würde und sie danach womöglich den Wunsch, ihre biologischen Eltern zu finden, aktiver in die Tat umsetzen könne.

39

Anläßlich der 700-Jahr-Feier der Schweizerischen Eidgenossenschaft fand in Küsnacht (bei Zürich) eine Ausstellung über den Schweizer Mann aus der Sicht von Künstlerinnen statt (Oktober 1991). Darzustellen, wie sie den typischen Schweizer Mann, eben den «Homo helveticus», sehen, war der Auftrag, der an 300 Schweizer Künstlerinnen erging. 60 Künstlerinnen stellten ihre Werke aus.

Ein hochinteressantes Thema, das, wie wäre es anders zu erwarten gewesen, vor allem die Schattenseite des Mannes zur Darstellung brachte. Vom Scherz bis zur tief eindrücklichen Plastik war alles zu sehen. Die mich am meisten beeindruckende Plastik war ein aus rötlichem Sandstein geschaffener Mann, am Boden liegend, verzweifelt, krank, müde, mit schlaffem Penis: «Die Mühsal der permanenten Potenz!», geschaffen von Renata Flury (geb. 1953).

Komisch hingegen wirkte der «Exhibitionischt» von Margot Güttinger (geb. 1947). Da steht er, mit vorgestrecktem Dickbauch, breitbeinig auf einem Sockel, die Hosen sind heruntergelassen, weit öffnet er seinen Mantel und steht da, machohaft, und statt eines erigierten Penis ragt eine Schweizerfahne heraus.

Man konnte sich angesichts dieser Fülle meist negativer männlicher Züge einige Gedanken machen. Die Grandiosität, komme diese nun durch permanente Potenz im Sinne von Leistungsstreben oder machohafter Großmäuligkeit zum Ausdruck, ist nicht allein ein unangenehmer Wesenszug des Mannes. Auch Frauen haben solche Seiten der heroischen Identifikation, anders ausgedrückt, kann ihr Animus solche Haltungen aufweisen. Auch Frauen reiben sich in permanenter «Potenz» auf, auch für sie ist genug nicht genug. Und die machohafte Großmäuligkeit der Frau gibt es auch, man nennt sie, dezenter gewiß, Animusmeinung,

Behauptungen ohne Grundlage, und tadelt eine Frau genauso, wie man den Mann dafür verurteilt.

Die beschriebene heroische Identifikation, die eine mit Inhalt gefüllt, die andere leeres Geschwätz, basiert auf der inneren Forderung, daß ein Mensch mehr sein und tun muß, als er kann und vermag. Dies tut er aus Gründen mangelnden Selbstwertgefühls, was indessen meist nicht bewußt ist und nicht bewußt werden kann, solange die grandiosen Kompensationen funktionieren. Und sie funktionieren, solange es genügend Personen im Umfeld gibt, die sich davon beeindrucken lassen, denn vom Widerhall dieser Beeindruckungen leben grandiose Menschen, er ernährt sie seelisch und gibt ihnen das Gefühl, wer zu sein.

(> 25, 34, 41, 62, 68)

40

Zwischen zwei wenig gepflegten Hochhäusern liegt ein kleiner, bekiester Platz, mit einigen welken Pflanzen und Unkraut bewachsen. Trostlos – wäre da nicht eine silbern leuchtende Flamme. Auf dem Sockel dieser Skulptur heißt es neben dem Namen des Künstlers: «Flame of Hope» (Flamme der Hoffnung). Am Boden liegen Zeitungen, eine Überschrift meldet das Näherrücken des Hurrikans «Andrew». Meine Schuhspitze stößt an eine leere Coca-Cola-Dose.

Ich befinde mich in einer amerikanischen Großstadt, in der Nähe eines international geführten Hotels. Armut und Reichtum stehen bedrohlich nebeneinander und grenzen sich feindlich aus. Flamme der Hoffnung . . . Hoffnungsflamme! Sie ist hier nötig, stelle ich nüchtern fest, und meine Gedanken beginnen zu wandern. Erinnerungen stellen sich an diesem sehr frühen, bereits schwülen Morgen ein. Ich bin allein, fühle mich fremd auf der noch unbelebten und irgendwie unheimlichen Straße.

Auch zu Hause, in der Umgebung, befindet sich auf einer Anhöhe eine solche Flamme der Hoffnung. Diese Flamme, aus Kupfer gemacht und gut fünfzehn Meter hoch, steht auf einer stufenförmig erhobenen Plattform und ist weithin sichtbar. Das Denkmal wurde zur Erinnerung aller im Ersten Weltkrieg Gefallenen errichtet und erlangte im Zweiten Weltkrieg wiederum große Bedeutung als Mahnmal und als Ort geistigen Widerstands inmitten einer aus den Fugen geratenen Welt.

Verschiedentlich lenkte unsere Mutter den sonntäglichen Spaziergang zu dieser kupfernen Flamme, die mich beeindruckte. Weshalb wir dahin gingen, verstand ich nicht; ich erinnere mich aber an eine gewisse eigenartige, feierliche Stimmung. Als mein zu jedem Spaß und Unfug bereiter großer Bruder uns seine Stärke demonstrieren und mit dem Daumen das Kupferblech etwas eindrücken wollte, wurde meine Mutter ernstlich böse und verbat ihm das mit knappen, harten Worten. Das verstand ich nicht und begann zu weinen.

Daran schließt sich eine andere Erinnerung aus den Kriegsjahren an. Die zweite Variation des sonntäglichen Spaziergangs führte uns zu einem recht großen Weiher. Er war vollständig ausgetrocknet, auf seinem Grund konnte man gehen, und die schlammige Erde lag, zerfurcht und mannigfach gespalten, offen da. Unzählige nunmehr tote Muscheln lagen, in geteilten Schalen, da und dort herum. Das Wasser war verschwunden. Der einst liebliche, verträumte Weiher war nicht mehr; eine wüstenähnliche, stinkende Landschaft umgab uns, über welche die Schatten dieses späten Nachmittags dunkle Bahnen zogen.

In der dritten erinnerten Variation des Sonntagsausflugs sehe ich mich allein auf einer schrecklich langen und staubigen Straße gehen. Mir war heiß, das Licht gleißte. Dann kam endlich die ersehnte hohe Mauer, auf den Zehenspitzen stehend, tauchte mein Blick sehend und staunend in einen großen, fremdländischen Garten hinein. Zwei hohe, bunte, rot und golden verzierte chinesische Pagoden standen einsam auf der Wiese, die auf allen Seiten von einer Mauer begrenzt wurde. Es war mittagsstill, kein Vogellaut, kein Mensch und weder Hund noch Katze waren in diesem Geviert um die Chinesenhäuschen zu sehen.

Da wurde ich von hinten auf die Mauer gehoben, das war schön, später schrie ich, weil ich auf ihr alleine gehen sollte. Jahre danach, die Pagoden waren schon verschwunden, erfuhr ich, ein Schweizer, der in China reich geworden war, habe die Pagoden bauen lassen.

Diese Erinnerungsbilder symbolisieren eine ganz bestimmte Atmosphäre meiner frühen Jahre. Da war Hoffnung, gewiß, aber auch große Betrübnis, bisweilen zur Bitternis erstarrt. Und doch – über die Jahre hinweg –, die Hoffnung blieb, an kleinem Ort zwar, ein Flämmchen der Hoffnung.

(> 8, 28, 48)

41

Am Ende des ersten Arbeitstages anläßlich eines Fortbildungs-
seminars zur Psychotherapie bringt ein Teilnehmer das Problem
des narzißtisch gestörten Menschen ganz richtig auf den zentralen
Punkt und sagt: Das Ganze ist doch ein Problem der Liebe.
Das ist es in der Tat. Es handelt sich darum, daß das Kind zu wenig Liebe erfuhr, sich emotional verlassen erlebte (aus welchen inneren und äußeren Gründen auch immer) und zutiefst in seinem
Unbewußten davon überzeugt ist, weder Liebe zu verdienen noch
ein Lebensrecht zu haben. Mit diesem Hintergrund ist die tragische Unfähigkeit, zu lieben, zu bejahen, zu akzeptieren, zu einem
wesentlichen Teil verbunden. Wer nicht akzeptieren kann, akzeptiert zu sein, kann Bejahung auch keinem anderen Menschen
geben.
Aber, fügte dieser Arzt noch hinzu: Gibt es denn kein kognitives
Programm, wonach diese Menschen Liebe lernen können, sie lernen, zwischen echter und falscher Liebe zu unterscheiden?
Ich meinte darauf, daß die Differenzierung, die Verfeinerung der
Wahrnehmung dessen, was in ihm und um ihn vor sich gehe,
wohl das zentralste Anliegen der Therapie mit einem narzißtisch
gestörten Menschen sei. Wir täten hier ja wohl nichts anderes, als
echte von falschen Gefühlen unterscheiden zu lernen. Ein Programm zur Erlernung dieser Unterscheidungsfähigkeit, ein Programm, Liebe zu erlernen, sei mir indessen noch nie begegnet.
Liebe und die Liebesfähigkeit sind zur Vermittlung an einen
Menschen gebunden, Liebe ist nicht Liebe, wenn sie losgelöst ist
vom Menschen, der sie erfährt und der sie gibt. Das angesprochene kognitive Programm, nach welchem diesem Teilnehmer
der Sinn stand, erscheint mir an diesem Nachmittag Symbolwert
zu bekommen. Das kognitive Programm ist manch einem, der
sich in der Ausbildung zum Psychotherapeuten befindet, Symbol

für all das, was man machen kann und könnte, Symbol für das Tun und Handeln, das Machertherapeuten anzieht, von dem sie heilende Kräfte, magischen Einfluß erwarten, weshalb sie wohl viel Zeit und Energie aufbrächten, ein solches Programm aufzustellen, anzuwenden, um den Fortschritt in der Liebe ihrer Klienten messen zu können.

Damit können sie sich auch aus der direkten Beziehung zu ihren Klienten und Patienten heraushalten, und somit wird das kognitive Programm auch zum Symbol der Abwehr der emotionalen Bedürfnisse ihrer Patienten und zur Abwehr ihrer eigenen emotionalen Bezogenheit auf den Klienten hin.

Indessen gibt es durchaus Bereiche, wo in der Analyse kognitiv gearbeitet werden kann. Als bisweilen stark patriarchal identifizierte Menschen fühlen wir uns angesichts psychischer Probleme ohnmächtig, wenn wir darauf vertrauen sollen, daß das Entscheidende bei psychischer Neuorientierung etwas ist, was wächst, nachwächst, und wir gut beraten sind, nicht zuviel tun zu wollen. Wir wollen eben auch etwas tun, etwas machen können, der Natur nachhelfen, «corriger la nature», wie man sagt.

Bei Animusproblematik kann getan werden, und das ist zudem etwas, was der Animus gern tut. Die meisten Leute, fragt man sie, ob sie wüßten, was sie denken, weisen diese Frage als etwas anmaßend zurück und meinen, sie wüßten es doch. Sicher, das stimmt, es gibt das bewußte, integrierte Denken. Sozusagen dahinter läuft indessen ein Denken mit, das relativ unbewußt ist und verhältnismäßig leicht bewußt gemacht werden kann. Es sind dies unhinterfragte Annahmen, Meinungen, eine stillschweigende Übereinkunft mit sich selber. Gedanken also, über die man staunen kann, wenn man sie ans Licht hebt.

Diese Annahmen haben sich über Jahre und Jahrzehnte angesammelt, Niederschläge des familiären und kollektiven Wertsystems meist, Gedanken, die unsere Vorvordern bewußt gedacht haben, nun aber zu Meinungen herabgesunken und «Bodensatz» geworden sind.

Es ist aber von großer Bedeutung, in diesen Dschungel hineinzugehen, zu merken, was sich denn da so alles denkt und unser Fühlen, bewußtes Denken und Handeln unbemerkt, heimlich und leise beeinflußt.

Dazu möchte ich ein Beispiel anführen, das ich beim Zuhören eines Gespräches aufgeschnappt habe: Eine Frau sagt, es sei doch für einen Mann sehr schwer und könne ihm Minderwertigkeitsgefühle bereiten, wenn seine Frau mehr verdiene als er selber.

Darüber könnte man nun nachdenken, innehalten und sich sagen: Das also denke ich! Will ich das eigentlich denken? Die unbewußte Annahme hinter dieser Aussage ist nämlich die: Als Frau darf ich einem Mann keine Minderwertigkeitsgefühle bereiten und nicht mehr verdienen als er. Zu merken, was man unbewußt denkt, ist bereits ein kognitiver Vorgang. Dazu kann nun noch ein weiterer kommen, der Widerspruchsgeist kann sich anmelden, und ich darf auch das denken: Männer haben über Jahrhunderte den Frauen durch ihr Mehrverdienen Minderwertigkeitsgefühle bereitet, warum soll das Mehrverdienen der Frau nicht auch mal dem Mann Minderwertigkeitsgefühle bereiten? Zur Abwechslung.

Was ich hier detailliert und umständlich beschreiben mußte, weil die Dinge so kompliziert sind, nennt man Animus, das unbewußte Denken in der menschlichen Psyche. Den Animus bewußt machen heißt eigentlich nichts anderes als merken, was man denkt, sich im Ich vom Gedanken zu unterscheiden, sich zu fragen, ob man das wirklich denken will, über den Gedanken nachdenken, und zwar solange nachdenken, bis er ins Bewußtsein paßt, sich anpaßt an die Bewußtseinslage, zu einem paßt und man ihn mag.

Das sind kognitive Prozesse, die machbar sind, und man kann dafür sogar ein «Programm» aufstellen und sich vornehmen, während einer Weile einmal aufzupassen, hinzuhorchen, hinzusehen, was sich da denn alles auch noch denkt, ohne daß ich es neben meinem gerichteten, bewußten Denken so genau weiß.

Das ist nicht ganz einfach, aber machbar. Am besten steckt man sich ein Notizbüchlein in die Tasche und schreibt sich die Gedanken auf, um dann später, wenn mehr Zeit vorhanden ist als während der Arbeit des Tages, darüber nachzudenken. Beim Nachdenken darüber findet man auch heraus, woher die Gedanken kommen, man kann ihr Herkommen meist ein Stück weit verfolgen, sie als Vaters oder Mutters Gedanken erkennen, sie in einen bestimmten Zeitgeist einbinden und sie bisweilen einem ganz bestimmten archetypischen Thema zuweisen.

Zum Beispiel kann man in Gedanken, daß man tapfer sein muß und seine Gefühle nicht zeigen darf, einen Ausdruck des bürgerlichen Erziehungsstils erkennen und sie dem saturnischen, lebensverneinenden archetypischen Thema zuordnen.

Und wer noch ein weiteres tun will, kann sich zu diesem Thema Bücher beschaffen, in der griechischen Mythologie nachlesen, was Kronos' (Saturn) Taten waren: Er fraß seine Kinder bis auf Zeus (Jupiter) auf, was psychologisch gesehen bedeutet, daß dort, wo ein saturnisches Prinzip in der Psyche vorherrschend ist, Lebensregungen unterdrückt und vom inneren Richter «aufgefressen» werden. Unter diesem Aspekt gesehen, kann absolute Tapferkeit zu gewissen Zeiten und in bestimmten Situationen lebenshemmend sein, werden dabei doch wichtige Befindlichkeiten wie Schmerz, Schwäche und Ohnmacht unterdrückt. Deren Erleben ist wichtig, ihr Ausdruck in der Klage und im Gebet zum Beispiel kann weiterhelfen.

Erkennt man seine unbewußten Überzeugungen, darf man sich auch die Freiheit nehmen, andere unbewußte Gedanken ans Licht zu heben und sie zu hinterfragen. Ferner kann man die Schriften über die sogenannte «schwarze Pädagogik», den repressiven Erziehungsstil, zur Kenntnis nehmen, Katharina Rutschky oder Carl-Heinz Mallets Buch *Untertan Kind* lesen. Tut man dies, so hat man nicht nur etwas ins Bewußtsein gehoben, neu gedacht, seinen Horizont erweitert, man ist auch auf etwas aufmerksam geworden und macht die beglückende Erfahrung, daß man dann dies und jenes zum Thema da und dort im kleinen, im Alltag, erkennt. Und schließlich hat man mit dem Neudenken alter Gedankenmeinungen (man könnte auch sagen gedankenloser Meinungen) Platz geschaffen, Beengendes zurückgedämmt, hat «gerodet», und nun kann auch Neues nachwachsen. Dieses Neue ist: Gefühl des Vertrauens, Interesse, Neugierde – ein Stück Freiheit. (> 25, 34, 39, 62, 68)

42

Kürzlich bin ich auf ein Gedicht Goethes gestoßen, das mich
merkwürdig berührte:

Du bist Schöpfer
Der du an dem Webstuhle sitzest,
Unterrichtet, mit behenden Gliedern
Fäden durch die Fäden schlingest, alle
Durch den Taktschlag aneinander drängest,
Du bist Schöpfer, daß die Gottheit lächeln
Deiner Arbeit muß und deinem Fleiße.
Du beginnest weislich und vollendest
Emsig, und aus deiner Hand empfänget
Jeglicher zufrieden das Gewandstück;
Einen Festtag schaffst du jedem Haushalt.

(zit. nach Lukas, S, 72)

Goethe schrieb dieses Gedicht anläßlich der Eröffnung des Wei-
marschen Theaters und pries damit seinen Landesherrn. Beim
Lesen dieser Zeilen wird man allerdings den zwiespältigen Eindruck nicht los, daß Gott und der angesprochene weltliche Herrscher vermischt werden. Das wird besonders deutlich in den letzten beiden Zeilen, in denen vom Gewandstück und vom Festtag
die Rede ist. Ob Goethe damit nicht auch die soziale Seite seines
Landesvaters preist, der mit dem Bau des Theaters ganz konkret
seinen Untertanen eine kulturelle Einrichtung übergab? Damit
wird Gott herabgeholt und der Landesfürst von Gottes Gnaden,
wie es damals hieß, erhöht.
Außerdem wird die weibliche Tätigkeit des Webens einer männlichen Figur zugeschrieben. Mythologisch gesehen weben die
Schicksalsgöttinnen, die Nornen und die Parzen, die menschlichen Geschicke. Die Verschiebung dieser Tätigkeit auf den

Fürst/Gott illustriert die Entleerung weiblicher Werte in einem patriarchalen Kontext.

Zum Thema paßt der folgende Traum:

Auf der Terrasse einer mächtigen Burg steht der Herrscher und grüßt freundlich sein Volk, das sich unten versammelt hat, um ihm Beifall zu spenden. Im Hintergrund – auch auf der Terrasse – steht Martin Luther, der – obwohl vom Fürsten abhängig – zu diesem sagt: «Diese Welt, Fürst, ist zu schwer, als daß Ihr sie stützen könntet.»

Das Gespräch drehte sich in der Folge um den Fürsten, den mein Analysand, ein in der Ausbildung zum Psychotherapeuten stehender Arzt, als eine Figur verstand, die durch ein politisches System die Welt stützen kann, was soviel bedeutet, als daß der Gang der Welt vom Fürsten abhängig ist. Je und je erliegen Regierende und Regierte der Macht und damit der Illusion, der Lauf der Welt sei kontrollierbar.

Mein Analysand erwähnte den Kommunismus, der die Hoffnung von Millionen von Menschen auch nicht erfüllt hat, wie das seit dem Fall der Mauer und der Öffnung des Ostens gerade in unserer Zeit deutlich wird. Der Fürst repräsentiert aber auch den, fuhr er weiter, der als Psychologe einem tiefenpsychologischen Meister – Freud, Jung – verfällt und der Illusion erliegt, durch diese Lehren den Menschen, die Menschen und schließlich die Welt retten zu können. Es ist nicht unbekannt, daß die Kirche mit Psychologie vertauscht und eine tiefenpsychologische Schule zur Kirche wird, deren Meister vergottet wird und deren Schüler sich auf diese Weise Sicherheit holen. Die Gefahr, Fürst zu spielen, laufe auch er als Arzt und Psychotherapeut, auch er könnte leicht der Inflation verfallen, die Welt und seine Patienten retten zu wollen, und sogar daran glauben. Die Gefahr, sich dieserart zu verrennen, werde außerdem durch die Patienten gefördert. Sie brächten uns ein gerüttelt Maß an entsprechenden Erwartungen entgegen, idealisierten uns, sähen in uns Atlas, der ihr Dasein stützt und trägt.

In der Seele vieler Menschen lebt die irre Hoffnung auf einen Menschen, der sie trägt, der weiß, wie die Welt funktioniert, ihre Tücken erkennt und letztlich gegen eine Welt, die eben nicht «aufgeht», versichert. Es ist die uralte Hoffnung, tausendfach ausgesprochen, umrankt von den Bemühungen vieler, mit stets neuen Rezepten versehen, die hier am Werk ist.

Der Mensch des Mittelalters erlebte sich als in eine Heilsgeschichte eingebunden und verstand sein Dasein als Beitrag zur Wiederherstellung der durch Luzifer und Eva gefallenen Welt. Sein Selbstverständnis war nicht individuell und diesseitig, sondern kollektiv und jenseitig ausgerichtet. Mit der Renaissance begann ein Säkularisierungsprozeß, und der auf Gott ausgerichtete «Homo religiosus» wurde mehr und mehr durch den «Homo politicus» abgelöst, dessen Zentrum im Diesseits verankert ist. Damit einhergehend begann sich der Mensch als ein Subjekt, als Individuum zu begreifen. Die regierenden Häupter verstanden sich zunächst noch als von Gott in ihre Ämter eingesetzt, als von Gottes Gnaden. Dadurch konnte es dazu kommen, daß, wie im Traum meines Analysanden, der Fürst meint, er stütze die Welt und bestimme ihren Gang. «Homo faber»! Allerdings mahnt ihn der «Homo religiosus», Martin Luther, und weist darauf hin, daß für ihn zu stützen die Welt zu schwer sei. Die Ausschaltung Gottes und die Zuschreibung letzthinniger Machtfülle an die Regierenden ist Hybris: Der Mensch setzt sich an die Stelle Gottes.

Es ist interessant, daß Luther den Fürsten nicht anklagt und etwa sagt: Du, Fürst, bist der Macht verfallen. Nein, er sagt recht eigentlich: Du, Fürst, das ist zu schwer für dich. Er nimmt des Menschen Hinfälligkeit in Schutz, so etwas wie Erbarmen mit einem Menschen, der sich zuviel vorgenommen hat, klingt an. Er meint jedoch nicht: Du, Mensch, du bist zu schwach; nüchtern weist er darauf hin, daß die Welt zu schwer ist. Des Menschen Hybris hat man schon immer gesehen (Louis XIV, Hitler zum Beispiel), und man hat dem Menschen schon lange seine Vergottung vorgeworfen, seinen Hochmut und Stolz gegeißelt, daß aber die Welt zu schwer ist, das wurde weniger betont.

Luther scheint in diesem Traum aber auch zu sagen: Du, Mensch, du mußt sie auch gar nicht tragen. Sehr fein weist das Unbewußte im Traume dieses Mannes darauf hin, daß der Mensch diese Welt letztlich weder stützen kann noch ihren Gang in der Hand hat.

Was nun? Heißt das, die Hände in billigem Defätismus in den Schoß legen? Wohl kaum. Es bedeutet, daß der Mensch über sich hinaussehe, religiöse Ausrichtung anstrebe, was nicht allein im konfessionellen Sinne verstanden werden muß, sondern meint, daß er noch etwas anderes als sein beschränktes Ich anerkenne, zu ahnen vermag, glauben und sich zurücknehmen kann, wenn er getan hat, was zu tun ist, wenn er sich zu Menschen, Dingen und Situationen in bestmöglicher Bezogenheit verhalten hat, kurz, wenn er anheimstellen kann. Er mag sich dabei sagen, daß alles fließt, sich an Vergänglichkeit erinnern, Dankbarkeit über Geglücktes und Gelungenes empfinden, seine Sorgen und Nöte nach des Tages Einsatz überantworten, in Krisen und Zerrissenheit versuchen, am Glauben, das Gute möge überwiegen, festzuhalten.

Nun möchte ich die Frage stellen, warum der Mensch denn je und je einen Menschen braucht, den er idealisieren und emporstilisieren kann. Weshalb benötigt der Mensch einen anderen Menschen, der ihn und die Welt stützt und Garant ist für eine Welt, die «aufgeht», die leicht zu bestehen ist?

Immer wieder benötigt der Mensch einen anderen, der ihm das für ihn absolut Gute darstellt, auf den er seine Bedürfnisse nach Gehalten-, Enthaltensein, Fürsorge und Anerkennung projizieren kann. Er braucht einen solchen Menschen, damit er sich als Teil von ihm empfinden kann, zugehörig zum Glanz eines anderen, das wertet ihn auf. Dieses Bedürfnis ist recht eigentlich ein unbewußtes Streben nach Paradies, das um so unbewußter und autonomer ist, wenn es früh im Leben in nicht genügend guter Weise – aus welchen inneren und äußeren Gründen auch immer – erlebt werden konnte.

Ist der Mensch aber der Überzeugung, ein anderer müsse ihm das

Ersehnte geben, dann ist er identifiziert mit einer tiefen Sehnsucht nach Paradies, die ihm niemand vollumfänglich erfüllen kann, ihm jedoch Schmerz und Enttäuschung beschert. Einem Menschen diese Sehnsucht ausreden zu wollen, sie gar kindisch zu nennen, hilft indessen nicht weiter. Was not tut, ist empathisches Verständnis für dieselbe und schrittweise Relativierung, Stärkung des Identitätsgefühls und Hilfeleistung bei der Unterscheidung von Idealität und Realität.

Die Sehnsucht nach dem Paradies (vgl. Jacoby), ausrotten kann man sie nicht, wir wären um vieles ärmer, hätten wir sie nicht. Außerdem entwirft wohl jede Religion ein Bild für diesen idealen Zustand und verlegt ihn wie zum Beispiel im Christentum ins Jenseits.

Indessen, was heißt eigentlich Paradies psychologisch verstanden? Paradies in diesem Sinne ist auf Erden punktuell möglich, in Sternstunden etwa, Paradies realisiert sich in einer genügend guten Mutter-Kind-Beziehung, etwas vom Paradies erleben wir, wenn wir uns im Einklang mit uns selber fühlen, bei uns sind, um einen «Ort» in uns wissen – ich nenne ihn das «grüne Plätzchen» –, wo gut sein ist, den wir im Laufe der Jahre immer besser kennenlernen, über den wir bewußter werden, den aufzufinden uns allmählich leichter wird. Dieser Ort ist innere Heimat, hier halten wir Zwiesprache, finden wir Dialog: mit uns selber, mit Menschen und schließlich mit unseren Vorstellungen über das Göttliche. An diesem Ort sind wir, wenngleich allein, bezogen in vielfältiger Weise, hier sind wir allein und doch nicht allein. Dieser innere Ort ist ein kleines Paradies, könnte man sagen. Ihn anzuerkennen als das, was er in seiner ganzen Bescheidenheit ist, bedeutet Abschied nehmen von überhöhten und großartigen Paradiesesphantasien, heißt die Ansprüchlichkeit lassen können zugunsten ab und an auffindbarer innerer Heimat.

Wer indessen mit fast heilig zu nennender Überzeugung am Recht auf Erfüllung von Paradieseswünschen festhält, wird enttäuscht, das wurde bereits gesagt, ebenso ist darauf hingewiesen worden, daß frühe Störung in der Mutter-Kind-Beziehung, aus welchen Gründen auch immer, den absolut geäußerten Wunsch nach Paradies bis weit ins Erwachsenenalter aufrechterhält. Das Kind, dessen angeborenes Bindungsverhalten frustriert wird, bleibt an die psycho-biologische Intention fixiert, einen anderen Menschen zu finden, der ihn genügend gut bemuttert. Die Frustration hebt die so lebenswichtige Intention nicht auf, sie bleibt bestehen und ist auch später die wohl wichtigste Triebfeder für überhöhte, autonome und unbewußte Paradieseswünsche.

Auf diesem Hintergrund gesehen, ist es verständlich, daß Paradieseswünsche auf einen anderen Menschen projiziert werden, und es ist gleich noch einmal verständlich, daß ein Mensch – im Traum der Fürst – sich von diesen Projektionen fangen läßt, sich mit ihnen identifiziert und dem Glauben verfällt, er sei ein Retter, Heilsbringer, eine Stütze der Welt. Diese Interaktion zwischen Anbeter(n) und Angebetetem(n) kann sich oft lange halten, und beide Seiten können dauerhaft diesen idealen Vorstellungen anhängen und negative Abweichungen davon – zunächst jedenfalls – großzügig übersehen zur Aufrechterhaltung der Paradiesesphantasie. Der Mensch, der anbetet und idealisiert, braucht aufgrund von früh frustriertem Bindungsverhalten die Vorstellung eines guten, idealen Menschen, nicht zuletzt zur Aufrechterhaltung der Hoffnung, das Gute werde sich erfüllen.

Eine Seite dieser Angelegenheit, die meines Erachtens meist übersehen wird, ist die, daß nämlich der Anbeter dem Angebeteten nicht allein Fehler verzeiht, er nimmt auch alle Schuld auf sich. So hatte ich einst einer Analysandin, die sich in einer idealisierenden Übertragung auf mich befand, zu sagen versäumt, daß ihre Stunde ausfallen würde. Vergebens war sie dann zur Stunde gekommen. Als wir die Angelegenheit besprachen, nahm sie alle Schuld auf sich und entschuldigte mich. Warum eigentlich, fragte ich, laut vor mich hindenkend. Schweigen – dann sagte sie: Ich brauche einen Menschen, der nur gut ist, darum nehme ich die Schuld auf mich. Diese Aussage berührte mich nicht nur, sie machte mir auch einen wichtigen Aspekt der Schuldpsychologie klar: Darum also muß einer Schuld auf sich häufen, damit ein guter Mensch ohne Abstriche rundherum gut bleibt und so die auf frühkindlichem Bindungsverhalten basierende irre Hoffnung aufrechterhält, es gäbe das Gute an sich hier auf Erden, nicht etwa nur hie und da, sondern immer, dauerhaft, ungeschmälert. Therapeutisch gesehen ist es nicht günstig, diese hoffende Intention allein reduktiv zu deuten und sie vielleicht gar kindisch zu nennen, in ihr ist etwas zu Wichtiges, zu Zentrales enthalten, als daß man sie als infantil, blödsinnig und unrealistisch abtun sollte. Mit ihr ist nämlich etwas verbunden, was wir Menschen anheimstellen müssen, Gott zum Beispiel. Von dort, von einer transzendenten Kraft her gesehen, wird die irre Hoffnung wieder menschlich. Auf Gott kann man bauen, von ihm kann man sich vieles erhoffen, an ihn kann man auch glauben. Da ist die Hoffnung auf das Rettende, auf das Gute aufgehoben. Hoffnung und Glaube bedeuten aber nicht, daß man das Recht auf Erfüllung des Guten hat, man sich das Gute verdienen kann aufgrund des «Wenn-Dann» und, stellt es sich nicht ein, schuld daran ist. Hoffen und glauben heißt sehr oft auch ins Leere hinaus hoffen und glauben, es sind Versuche des Menschen, die Hand nach Gott auszustrekken, ohne ihn berechnen zu können.

43

«History repeats itself», sagt der Engländer und beklagt damit Wiederholungen von negativen Ereignissen. Ich wende diesen Satz bisweilen auch auf die Analyse an, und zwar dann, wenn der Analytiker unbewußt die Geschichte seines Analysanden wiederholt und mitinszeniert. Das geschieht oft und unbemerkt. Grundsätzlich ist es nicht die Aufgabe des Analysanden, dies zu merken, es gehört zur Aufgabe des Analytikers, hier aufmerksam zu werden.

Zwei Beispiele seien angeführt:

Eine Analysandin sagte mir heute, daß ich sie bereits zum dritten Mal auf andere Ausdrucksmöglichkeiten als die Sprache aufmerksam machen würde, auf Malen, Modellieren, Zeichnen zum Beispiel. Sie habe sich in der letzten Stunde geärgert, als ich schon wieder damit gekommen sei, und nun geschehe es heute wieder. Als ich ihr wieder ein solches Medium vorgeschlagen hatte, war ich mir nicht bewußt gewesen, daß ich davon bereits gesprochen hatte. Wie sie mich darauf hinwies, kam es mir wieder in den Sinn. Ich hatte die Analysandin darauf angesprochen, weil sie über ihre Schwierigkeiten, sich auszudrücken, sprach.

Spätestens hier muß ich als Analytikerin innehalten, nachdenken, mir die Frage stellen: Was geschieht da?

Die Analysandin erzählte mir nun, daß sie eine Abneigung gegen Malen und anderen averbalen Selbstausdruck habe, sie fühle sich bei solchen Tätigkeiten blockiert. Auch habe sie immer kalte Hände, und das würde wahrscheinlich zum angeschnittenen Thema passen. Nicht nur die Sprache, sondern auch die Hände würden ihr den Dienst versagen. Meinerseits stellte ich fest, daß ich sie nicht ernst nahm. Ob sie das kenne, fragte ich sie, ob man ihr nicht zugehört habe, wenn sie etwas habe sagen wollen? Ja, das sei schon so gewesen. Keiner habe dem anderen zugehört in der Familie, der Vater nicht der Mutter und umgekehrt, und sie habe sich auch nicht ernstgenommen gefühlt.

Wie man sich denn in der Familie geholfen habe, um ernstgenommen zu werden, fragte ich weiter. Nun, die Mutter habe mit dem Vater nicht mehr gesprochen, tagelang, dann sei er jeweils wieder auf sie zugekommen. Der Vater sei bei Schwierigkeiten und wenn es ihm zuviel geworden sei zu Hause, weggegangen, abendelang und habe die Mutter mit den Kindern allein gelassen. Die Mutter ihrerseits habe dann die Kinder ermahnt, artig zu sein, damit der Vater wieder vermehrt daheim bliebe.

Da hat man sich also gegenseitig unter Druck gestellt, bemerke ich. Druck war also das Mittel, den anderen wieder zu erreichen. Und nun: Was habe ich anderes gemacht, als Sie unter Druck zu setzen mit meiner unbesonnenen, mehrmals wiederholten Aufforderung, sich averbaler Ausdrucksmittel zu bedienen, um sich in der Analyse auszudrücken!

«History repeats itself!» Diese Analysandin hatte reagiert und hatte mir gesagt, was sie an mir ärgerte. Das ist nicht immer der Fall. Als Analytiker werden wir oft unmerklich zu Protagonisten auf der Bühne der Lebensgeschichte unserer Klienten, das heißt, wir wiederholen die Geschichte, wie ich das hier mit meinen Aufforderungen zu averbalem Ausdruck getan hatte. Das kam einem Druckausüben gleich. Wir agieren die Geschichte mit und inszenieren sie unbewußt.

Ich meine aber, daß sich das nicht vermeiden läßt, ja, daß es sogar notwendig ist, daß der Analytiker arglos, spontan ist, denn dadurch wird die Geschichte in den Raum «gezogen», wird Seelisches des Analysanden zum erlebbaren «Stoff» in der Interaktion zwischen den beiden Analysepartnern. Das ist gut so, das bringt Leben und Lebendigkeit in die Analyse, und wir erfahren Geschichte aktuell zusammen. Nicht gut hingegen ist, wenn die Analytikerin es nicht nach geraumer Zeit merkt und ihr Verhalten und die Geschichte der Analysandin zu hinterfragen und zu reflektieren beginnt. Dann wiederholt sich Geschichte wirklich, und dies zum Schaden der Analysandin.

Was auch noch geschehen war zwischen uns, ist, daß die Analysandin mir zunächst nicht sagte, daß sie Widerwillen habe gegen averbalen Ausdruck. Sie hatte sich verweigert, nichts gesagt und mit stummem Druck gearbeitet, um mir mitzuteilen, daß sie averbalen Ausdruck nicht möge. Auch das ein Verhalten wie gehabt in ihrer Geschichte. Allerdings beantwortete sie meinen unbewußten Druck nicht zu lange mit Gegendruck, sondern fand Worte, mir ihr Unbehagen mitzuteilen, was ich als außerordentlich positiv empfand.

Das zweite Beispiel: Frau D. berichtete in der Supervisionsstunde über Schwierigkeiten mit einer Analysandin. Frau D. hat großes Verständnis für ihre sehr fordernde Analysandin und arbeitet sehr gut mit ihr. Nach den Schwierigkeiten gefragt, zeigte es sich, daß eigentlich keine konkret faßbare aufgetreten waren. Es war deshalb zu vermuten, daß sich Frau D. mit schwierigen Gegenübertragungsreaktionen herumschlug. Sind diese nämlich negativer Art, so hat man Mühe damit und versinkt in Scham- und Schuldgefühle. Ich ermunterte Frau D. deshalb, ihre Reaktionen auf ihre Analysandin einfach einmal ungeschminkt und unzensuriert darzulegen.

Es sei ihr verleidet, mit ihr zu arbeiten, sie ärgere sich, habe genug, sie ausgepowert, könne nicht mehr. Sie komme sich vor, als füttere sie die Analysandin ständig wie eine junge Amsel, die nur den Schnabel aufsperre. Die Analysandin erzähle viel, aber eigentlich nur von äußeren Dingen und Situationen, sie gänzlich in die äußere Welt eingebunden.

Es war Frau D. unangenehm, diese Reaktionen offenzulegen. Als Analytiker müssen wir indessen lernen, mit solchen Gefühlen, die unsere Analysanden betreffen, umzugehen. Die Reaktion von Frau D. waren bei Lichte besehen ganz einfach Gefühle und Affekte, die man gegenüber einem Menschen hat, der alles von außen erwartet und nicht über sich und seine Situation selber nachdenken will (oder kann). In der Analyse liegen die Dinge nun aber anders, als Analytiker dürfen wir nicht einfach unseren Gefühlen entsprechend reagieren. Sie sind zunächst einmal als solche wahrzunehmen, und das tat Frau D. Dann können wir beginnen, darüber nachzudenken. Die oben beschriebene Gegenübertragungsreaktion von Frau D. auf ihre Analysandin soll richtig «gelesen» werden. Im Klartext hieß sie:

Introspektion ist für die Analysandin sehr schwierig. Es ist nicht so, daß sie nicht über sich und ihre Situation nachdenken will, sondern sie kann es nicht. Innenschau, die Fähigkeit, den seelischen Innenraum wahrzunehmen, ist für manche Menschen nicht einfach gegeben, es handelt sich nicht darum, daß sie Widerstände haben, es vermeiden wollen, nach innen zu schauen. Introspektion ist dann schwierig, wenn einem Menschen die subjektive Erfahrung schon sehr früh aberzogen worden ist und Fremdwahrnehmungen dem Kind die Eigenwahrnehmung schwierig machten. Damit ist emotionale Verlassenheit des Kindes verbunden, das in seinen Gefühlen nicht beantwortet, gespiegelt, gesehen, verstanden oder bezeugt wurde.

Das war bei dieser Analysandin in hohem Maße der Fall, außerdem kam ein früher Muttertod dazu – als sie elf Jahre alt war. Ein früher Elterntod ist dann für ein Kind neurotisierend, wenn das Kind nicht in die Trauer einbezogen wird und es in der Folge keine neue Bindung eingehen kann. Geschieht dies, und es ist oft der Fall, daß Kinder – wohlmeinend gewiß – von den Erwachsenen geschont werden, so ereignet sich eine pathologische Trauer, eine unvollständige Trauer, in der viele Gefühle verdrängt und verleugnet werden müssen und außerdem dieser Lebensabschnitt oft ins Vergessen fällt, das heißt, weitgehend von Amnesie geprägt ist.

Auf diese Weise «lernen» das Kind und der spätere Erwachsene, Eigenwahrnehmungen und Befindlichkeiten nicht mehr ernst zu nehmen, innerlich «zuzumachen» und den Blick nach außen zu richten und zu sehr eingepaßt in die äußere Welt zu leben.

Solche Analysanden bedürfen in hohem Maße Zeit und Raum, sich wahrzunehmen, das geht langsam vor sich und erfordert große Geduld von beiden Seiten.

Die Analytikerin, Frau D., schilderte mir in der Folge eine Vignette aus der Analyse mit der betreffenden jungen Frau: Die Analysandin habe sie gefragt, welche Bücher sie in die neue Wohnung mitnehmen solle. Darauf habe sie ihr gesagt, Bücher würden einem doch etwas bedeuten, sie solle die mitnehmen, die ihr gefallen würden.

Da war es nun, dieses Füttern, das die Analytikerin erschöpfte. Auch sie macht bei der Weiterführung der Lebensgeschichte mit, gibt ihr Fremdwahrnehmung, statt Eigenwahrnehmung zu ermöglichen. Sie hätte hier vielleicht Raum geben können mit Fragen wie: Welche Bücher bedeuten Ihnen etwas? Wann haben Sie dieses Buch gekauft? Hat es Ihnen gefallen? usw. Das hätte der Analysandin Raum gegeben, sich selber wahrzunehmen.

Dies nicht zu tun bedeutet, Fremdwahrnehmung aufzuoktroyieren. Für die Analytikerin haben Bücher bestimmte Bedeutungen; zu meinen, die Analysandin könnte das einfach so übernehmen und auf sich anwenden, ist ein Trugschluß, handelt es sich doch um einen Menschen, dessen Eigenwahrnehmung schwach ist und der einen traumatischen Verlust, den frühen Tod der Mutter, erlitten hat.

Auch hier geschah das «history repeats itself», und es war wichtig, darauf aufmerksam zu werden. Die Analytikerin hatte sich darin erschöpft, ihre Wahrnehmung der Analysandin übergeben zu wollen, wurde ärgerlich, als sie merkte, daß diese gar nichts damit anzufangen wußte, und deutete dieses Verhalten als Widerstand ihren Interventionen gegenüber.

Es handelt sich dabei aber, ich betone es nochmals, nicht um einen Widerstand, vielmehr geht es um die Schwierigkeit, den seelischen Innenraum wahrzunehmen und die eigene Erfahrung ernst zu nehmen. In dieser Analyse ist Ermunterung zur Eigenerfahrung therapeutisch fruchtbar, und ein Ziel könnte es sein, die Analysandin darin zu unterstützen, sich wieder an die subjektive Erfahrung anzuschließen.

Zu diesem Thema gehört auch die folgende Beobachtung: Es geschieht meistens, wenn ich angehende Analytiker in der Supervision auf ein solches Mitmachen im Sinne der sich wiederholenden

Geschichte aufmerksam mache, daß sie mit Schuld- und Scham-
gefühlen reagieren. Sie sagen dann etwa: Da war mein Komplex
konstelliert, und denken, wie ich meine, stumm weiter: Das hätte
nicht passieren dürfen!

Nun, es geht gar nicht anders, wenn Analyse etwas Lebendiges
sein und der emotionale «Stoff» in die Analyse hineinkommen
soll. Die Aussage, «mein Komplex war konstelliert», macht meinen Komplex fälschlicherweise allein zu «meinem». Das ist er
aber nicht, die meisten Komplexe gehören uns allen, und in einer
gegebenen Konstellation der Analyse sind eben beide am Komplex beteiligt, konstelliert er sich.

Da Frau D. ihrer Analysandin gesagt hatte, Bücher würden
einem doch etwas bedeuten, sie solle die mitnehmen, die ihr gefallen, stellte sich uns die Frage, wie Frau D. diesbezüglich eine
Korrektur anbringen könnte, sollte sich dafür die Gelegenheit
bieten. Sie könne, fanden wir, durchaus die Rede auf den Vorfall
bringen und etwa sagen: Ich hatte den Eindruck, daß ich Ihnen
auf die Frage, welche Bücher Sie in die neue Wohnung mitnehmen sollen, aus meiner Beziehung zu Büchern antwortete und dabei gar nicht auf Ihre Beziehung zu Büchern einging. Eine andere
Möglichkeit, darauf zu sprechen zu kommen, läge aber auch in
der Frage: Wie war es für Sie, als ich Ihnen einfach sagte, Bücher
würden einem doch etwas bedeuten, Sie sollten die mitnehmen,
die Ihnen gefallen? – Beide Interventionen sind darauf ausgerichtet, der Analysandin Raum für Eigenwahrnehmung zu geben.

Man soll die Analysanden nicht dafür verantwortlich machen,
daß sie einen Komplex in uns konstellieren oder hervorrufen,
noch soll man sie verantwortlich machen, daß man ihn (ein Stück
weit) ausagiert, das heißt lebt. Er gehört zum Feld, in dem sich
die beiden Analysepartner bewegen. Es gehört indes zur Aufgabe
der Analytiker zu merken, wann eine solche unbewußte Konstellation auftaucht, ihre Aufgabe ist es, darüber nachzudenken und
die Rede darauf zu bringen, wenn es für sie stimmt und wenn sie
glauben, der richtige Moment dafür sei gekommen.

Mit der Auffassung, die Komplexkonstellation hätte Frau D.

nicht passieren dürfen, ist nichts gewonnen, höchstens die Vorstellung gerettet, daß die Analyse eine Trockenübung ist, und das bliebe sie, wenn nie ein Komplex konstelliert ist. Gott sei Dank ist das nicht möglich, es bleibt lediglich zu hoffen, daß die Analytiker genügend bewußt sind, die Konstellationen zu bemerken.

44

Kanada, 1993: Es ist schön, nach Tagen der Ruhe eine Menge von heiteren, intelligenten und anregenden Menschen um sich zu haben. Die Vorträge haben begonnen. Wir sind drei Sprecher, jeder hat zwei Stunden täglich zu lesen. Ich habe mich gut gefühlt. Dazwischen blieb Zeit, um im See zu schwimmen und mich an diesem, einem der wohl letzten Sonnen- und Ferientage des Jahres an die warme Sonne zu legen und, ausgebreitet in der Stille, die Wärme aufzunehmen, sie einfach wirken zu lassen.

Abends im Wald bei den Tipis, die zur Lodge gehören, brennt ein Lagerfeuer, und es wird gesungen, reihum weiß stets die oder der eine oder andere ein Lied anzustimmen. Ein Gefühl von Gemeinschaft kommt auf, hier in diesem Wald, in der Unendlichkeit der kanadischen Wälder. Und zuletzt will ich noch auf ein indianisches Gebet mit dem Titel «Communitas» hinweisen:

O Great Spirit, whose voice I hear in the winds, and whose breath gives life to all the world, hear me. I am a man before you, one of your many children. I am small and I am weak. I need your strength and wisdom.

Let me walk in beauty and make my eyes ever behold the red and purpel sunset. Make my hands respect the things you have made, my ears sharp to hear your voice. Make me wise, so that I may know the things you have taught my people, the lesson you have hidden in every leaf and rock.

I seek strength, not to be superior to my brothers, but to be able to fight my greatest enemy myself. Make me ever ready to come to you with clean hands and straight eyes, so when life fades as a fading sunset, my spirit may come to you without shame.

*

Du Geist, dessen Stimme ich im Wind höre und dessen Atem den Dingen Leben einhaucht, höre mich. Ich bin ein Mensch, eines Deiner vielen Kinder, und ich bin klein und schwach und benötige Deine Kraft und Deine Weisheit.

Laß mich Schönheit finden, und bewirke, daß meinen Augen auf ewig der purpurrote Sonnenuntergang eingeprägt bleibt. Laß meine Hände die Dinge respektieren, die Du gemacht hast, schärfe meine Ohren, damit ich Deine Stimme höre. Mach mich weise, damit ich all das, was Du mein Volk gelehrt hast, bewahre und die Botschaft verstehe, die Du in jedes Blatt und jeden Felsen eingesenkt hast.

Ich benötige Kraft, um mich als meinen größten Feind zu besiegen, nicht jedoch um mich über meine Brüder zu stellen. Mach mich bereit, damit ich zu Dir mit reinen Händen und offenem Blick kommen kann. Bereite mich vor für die Zeit, wenn das Leben schal wird, wenn die Sonne meines Lebens untergeht, damit mein Geist ohne Scham zu Dir gelangen kann. (Frei übersetzt, d. A.)

Mich berührt die Zeile, in welcher der Betende darum bittet, seinen Augen möge für immer das Bild der untergehenden Sonne eingeprägt bleiben. Wir brauchen gute innere Bilder. An sie erinnert sich der Betende und bittet darum, dieses Bild möge nie aus seinen Augen weggehen.

Wenn wir aber sagen, wir sollen uns an sie erinnern, so ist das viel aktiver ausgedrückt als in diesem indianischen Gebet, in dem es heißt, die Augen mögen auf immer das Bild behalten. Da ist es nicht mehr das Ich, das sich erinnern will oder auch nicht, da ist das Auge Träger des Bildes und stellt es zur Verfügung, läßt es ins Bewußtsein einfallen.

Die andere Zeile, die mich beeindruckt, spricht von der Lehre oder der Botschaft eines Blattes und Steines. Von den Dingen lernen heißt unvoreingenommen an sie herangehen, schauen, beobachten, lauschen, hinhorchen, bedeutet tasten, ertasten, darüber nachdenken, vergleichen, sie auf sich wirken lassen, mit ihnen in ein inneres Gespräch kommen, über sie phantasieren. Die Dinge tragen Botschaften in sich, aus Abwehr bloß sagen wir sofort über sie aus, ordnen sie ein, deuten sie, projizieren auf sie das, was wir hören, sehen wollen. Doch Dinge, was sind sie? Situationen, Begebenheiten mit Menschen, Landschaft, Natur, Tiere, Steine,

Wolken, Himmel, Blumen, Gräser. Die häßlichen Dinge wie Krieg, Unfall, Hintertreppengeschichten, Pissoir-Situationen, Drogenelend, Aids-Probleme, Gemeinheiten, Rohheiten gibt es auch – wie sollen wir von ihnen das Gelingen lernen?

45

Kürzlich sagte mir eine Frau, sie habe heute viel mehr für Silber als für Goldschmuck übrig. Silber sei weiblicher, meinte sie.

Ein paar Tage später sprach ich mit einer Kandidatin in der Supervision über die Gegenübertragung. Sie schien nicht viel davon zu verstehen. Ich durfte dann allerdings feststellen, daß es ihr überhaupt nicht schwerfiel, sich an ihre mannigfaltigen Reaktionen auf ihre Analysanden hin zu erinnern. Mit Leichtigkeit konnte sie diese nach anfänglicher Hemmung reproduzieren.

In der Folge zeigte ich ihr, was man als Analytiker mit diesen Reaktionen – in der Fachsprache Gegenübertragung genannt – alles anfangen kann. Die Reaktionen haben nicht nur mit ihr zu tun, sondern sagen bisweilen etwas über das unbewußte Seelenleben der Analysanden aus. Im weiteren bilden sich in unseren Gegenübertragungsreaktionen manche wichtige biographisch erlebte Erfahrungen der Analysanden ab. So ist es zum Beispiel wesentlich, wahrzunehmen und zu hinterfragen, wenn man etwas den Analysanden betreffend vergißt, eine Stundenabmachung, einen Traum, eine biographische Begebenheit und anderes. Darüber schämt man sich leicht und geht als Anfänger oft darüber hinweg.

Allerdings sollte man da nicht stehenbleiben, sondern sich verschiedene Fragen stellen: Hat das Vergessen mit mir selber zu tun, und/oder könnte es etwas über den Analysanden aussagen. Ist, um beim Beispiel zu bleiben, Vergessen und Vergessenwerden für ihn ein Thema? Wurde er vergessen? War er vielleicht das jüngste Kind?

Bemerke ich als Analytikerin wiederholt Vergeßlichkeiten im Zusammensein mit und in bezug auf einen bestimmten Analysanden, ist es bei sich bietender Gelegenheit fruchtbar, diese Anlässe zu thematisieren und etwa zu sagen: Merkwürdig, ich beobachte bei mir, daß ich in bezug auf Sie und das, was Sie mir erzählen, oft etwas vergesse. Das tut mir leid, anderseits finde ich das interessant, und wir sollten uns vielleicht gemeinsam darüber Gedanken machen und uns fragen, welchen Stellenwert dieses Thema hat.

Wichtige, unbewußte Themen im Selbst- und Welterleben des Analysanden können sich im Analytiker abbilden, er wird davon, bildlich gesprochen, «gefärbt», und es kommt vor, daß er unbewußt danach handelt und, wie im genannten Fall, Dinge vergißt.

Diese Themen haben mit Komplexen zu tun, das sind durch schmerzliche, traumatische Erfahrungen gefühlsmäßig aufgeladene Bereiche im Unbewußten. Die belastende Gefühlsbefindlichkeit, Komplexreaktion genannt, hat die Neigung, sich zu wiederholen. Diese Wiederholungen geschehen meistens durch Auslöser. Zum Beispiel kann es geschehen, daß beim Zahnarzt vergessen wurde, den Patienten in die Agenda einzutragen. Der Patient kann also seine Sitzung nicht wahrnehmen, Zahnarzt und Praxisfräulein werden sich entschuldigen.

Geschieht indes Vergessen in der Analyse, so entschuldigt sich der Analytiker ebenfalls, doch darüber hinaus wird er bei auffälliger Häufung des Themas die Angelegenheit auch unter dem Aspekt der Gegenübertragung betrachten und sich fragen, ob die Sache vielleicht zum Leben des Analysanden gehört und ob er, unbewußt, Aspekte der Geschichte des Analysanden fortführt, indem er, wie eventuell eine wichtige Bezugsperson im Leben des Analysanden, Wichtiges, diesen betreffend, vergißt.

Die komplexe Gefühlsreaktion auf Vergessen hin kann Traurigkeit, kann aber auch Zorn sein oder beides zusammen. Diese Reaktionen und die diesbezüglichen lebensgeschichtlichen Umstände werden in der Analyse bewußtgemacht. Ein Weg zu dieser Bewußtmachung ist der eben beschriebene, nämlich die Beobachtung des Analytikers, daß er auf den Analysanden verschiedentlich durch Vergessen reagiert, anders ausgedrückt, in seiner Gegenübertragung das Thema Vergessen vorkommt.

Ich erwähne oben, daß es leicht geschehen kann, daß sich der

Analytiker über gewisse Gegenübertragungsreaktionen schämt, Scham empfindet, daß er wiederholt etwas bezüglich seines Analysanden vergessen hat. Da, wie gesagt, das Vergessen nicht allein mit dem Analytiker zu tun haben muß, sondern auch ein wesentliches Thema des Analysanden sein könnte, ist es angebracht, dieselben Überlegungen auch auf die Scham auszudehnen. Scham über Vergeßlichkeit kann unter Umständen die unbewußte Scham im Analysanden ausdrücken: Wurde er vergessen, schämte er sich, und vergaß er etwas, löste das große Scham bei ihm aus.

Immer noch im Bemühen, der Kandidatin das Wesen der Gegenübertragung verständlicher zu machen, bemerkte ich, daß ich glaube, daß Frauen eine besondere Begabung für die Wahrnehmung der Gegenübertragung haben. Frauen würden es eher zulassen, daß das Seelenleben anderer sich in ihnen abbilde. Es affiziere sie, sie würden sich davon ganz selbstverständlich bewirken lassen.

Es sei damit wie beim Silber, dem man weiblichen Symbolwert zuschreibe im Gegensatz zum Gold, das zum männlichen Formkreis gehöre. Silber, anders als Gold, bilde über die Zeit einen Beschlag aus.

Meistens lassen wir unsere Reaktionen einfach unhinterfragt geschehen. In der therapeutischen Arbeit geht es darum, etwas mit dem «Beschlag» anzufangen. Man kann ihn sorgfältig «ablösen», das heißt thematisieren, was einem als Analytiker im Zusammensein mit dem Analysanden in «Beschlag» nimmt, geschieht. Neben dem erwähnten Vergessen können es auch Gefühle sein, die der Analytiker spürt: Scham, Schuld, Langeweile zum Beispiel, aber auch positive: Zärtlichkeit, Hoffnung, Stolz, Freude. Die Kunst besteht darin, die Gegenübertragungsreaktionen so zu besprechen, daß sie dem Analysanden etwas sagen können, und zwar etwas Förderliches und nicht etwas ihn Schädigendes oder Kränkendes.

Stelle ich zum Beispiel fest, daß ich im Zusammensein mit einem Analysanden regelmäßig furchtbar müde werde und ich nach guter Prüfung, ob die Müdigkeit eventuell allein mit mir zu tun hat (eigene Übermüdung), und auch aufgrund von anderen Beobachtungen zum Schluß komme, daß die Müdigkeit mit dem Analysanden zu tun haben könnte, sage ich natürlich nicht: Sie machen mich furchtbar müde.

Eine solche Aussage wäre kränkend und nicht fair, denn kaum ein Analysand macht einen bewußt müde. Ich kann aber zum Beispiel sagen: Ich bemerke, daß ich oft müde werden, wenn ich mit Ihnen zusammen bin, kennen Sie das auch bei anderen Menschen, mit denen Sie zusammenkommen? Wollen wir schauen, was das bedeuten könnte?

Der Möglichkeiten sind viele, zum Beispiel: Ich mache ihm angst, und er hat einen Erzählstil angeschlagen, der mich auf Distanz hält, müde macht. Oder umgekehrt: Sein Erzählen machte einst seine Mutter, seinen Vater oder eine andere wichtige Bezugsperson furchtbar müde, so daß er sie erlebte, als wären sie nicht an ihm interessiert.

Silber «läuft an», sagen wir im Schweizerdeutschen. Übertragen auf die therapeutisch-analytische Situation ist es wesentlich, daß wir als Analytiker bemerken, wie, wann, warum und wo wir «anlaufen», dann diesen «Beschlag» nicht sofort wegpolieren, das heißt zum Beispiel verdrängen oder rationalisieren, sondern ihn sorgfältig von uns «ablösen» und ihn betrachten, zu «lesen» versuchen. Dasselbe können die Analysanden machen, auch sie können schauen, wie, wann, warum und wo sie «anlaufen», und dann ihrerseits den «Beschlag» anschauen und thematisieren.

Wir reagieren aufeinander, und der «Beschlag», der sich bildet, ist recht eigentlich der Stoff, das Material der Analyse, ein wichtiger Bestandteil derselben.

(> 18, 36, 46, 57, 58)

46

In der ersten Stunde nach den Ferien erzählte mir Frau A., daß meine Abwesenheit schlimm für sie gewesen sei. Es fiel ihr nicht leicht, dies zu sagen. Möglicherweise könnte ich es als Kritik auffassen, wenn sie etwas nicht unbedingt «Nettes» sagt.

Stets wurde sie dazu angehalten, ihre natürlichsten Regungen, Gefühle und Gedanken zugunsten der Anpassung im Sinne von freundlich, bescheiden, hilfsbereit, christlich und tapfer zurückzubinden.

Danach gefragt, wie sich meine Abwesenheit auf sie auswirkte, kam nach und nach heraus, daß sie mit Angst und Katastrophenphantasien reagiert hatte, befürchtet habe, ich könnte einem Unfall oder einer tödlichen Krankheit zum Opfer gefallen sein. Weiter stellte sich heraus, daß sie Magenkrämpfe hatte und kaum mehr habe essen können. Wie wir dann die Träume anschauten, hieß es in einem, sie habe einen sehr stacheligen Kaktus gegessen. Das sei wohl ein Bild für die Magenprobleme, die sie wegen und während meiner Ferien gehabt habe, fügte sie hinzu.

Ich dachte auch daran, daß sie vielleicht «sauer» auf mich gewesen sei und diesen Ärger habe herunterschlucken müssen. Tatsächlich ist die Wahrnehmung von Aggression und Ärger für sie außerordentlich schwierig, und diese Emotionen sind vom Bewußtsein zur Zeit noch weit entfernt. Sie spüre nichts dergleichen. Ja, traurig sei sie gewesen und Angst habe sie gehabt, Ärger auf mich habe sie nicht gespürt, sie habe mir keinen «Kaktus der Woche» geben wollen, wie er in der *Schweizer Illustrierten* wöchentlich zum Zeichen der Kritik an Politiker und andere Leuten im Rampenlicht verteilt werde. Wir ließen das auf sich beruhen. – Für sie war meine Abwesenheit etwas schwer Schluckbares, ein harter Brocken gewesen.

Nun fiel mir aber auf, daß ich während unseres Gesprächs über den Kaktus zwar wohl immer das Wort Kaktus gebraucht hatte, in der Vorstellung jedoch klar und deutlich das Bild einer Distel im Kopf hatte. Ich thematisierte diese merkwürdige Verwechslung meinerseits. Distel meinte sie, sei wohl weniger schlimm als ein solcher kugelrunder, schwerer Kaktus mit starken, scharfen Spitzen.

Die Reflexion meiner Gegenübertragung ergab: Die weniger schlimme Vorstellung Distel (statt Kaktus) korrespondierte mit Frau A.s starker Neigung, Dinge, die sie schmerzlich berühren, zu verharmlosen. Meine Gegenübertragung korrespondierte also mit Frau A.s Neigung zur Verharmlosung.

Distel statt Kaktus hieß vielleicht aber auch: Decke als Analytikerin nicht zu schnell Aggressionen auf, sie sind noch unerträglich und weit weg. Eine Mahnung also, die Klientin emotional nicht zu überfordern. Diese Überlegung machte ich mir erst nach der Stunde, gehandelt hatte ich aber entsprechend, indem wir das Thema der Aggression einmal auf sich beruhen ließen. Natürlich könnte man auch sagen, die Distel(statt Kaktus)-Vorstellung entspringe der Abwehr der Analytikerin, also meiner Verharmlosungstendenz. Das macht mir indessen in diesem Zusammenhang keinen Sinn, weil ich nicht entsprechend handelte und Aggression durchaus ansprach. Ich ließ allerdings den Gedanken daran fallen, weil ich der Auffassung bin, daß ich als Analytikerin zunächst einmal dort sein muß, wo meine Analysandin ist, und es niemals darum geht, dem anderen etwas aufzuoktroyieren, eine Deutung «hineinzustopfen», die im gegebenen Moment als gefühlsmäßig unpassend empfunden wird.

(> 18, 36, 45, 57, 58)

47

Es regnet und windet; mein Ferienort, am nördlichsten Zipfel
Dänemarks gelegen, lädt nicht ein, radzufahren oder am Strand
zu spazieren, also gehe ich zu Fuß im Städtchen herum und
komme zur Kirche: ein imposanter, gelb getünchter Bau aus dem
17. Jahrhundert, gut erhalten, geschmackvoll renoviert. Durch
die Kirchenfenster sehe ich ein Schiff von der Decke hängen und
gehe hinein, mir das näher anzuschauen. In der Tat hängen hier
drei Schiffe von der Decke des Kirchenschiffs herunter, Modelle
von großen Segelschiffen. Ein Brauch, wie ich mir später sagen
lasse, überall im hohen Norden, wo die Menschen zur See fahren,
im Meer Reichtümer an Fischen finden, aber auch durch Sturm
in Seenot geraten und sogar vom gierigen Meer und seinem vor-
rückenden Sand in ihrer Landnahme bedroht sind.
Das Meer nimmt Land, und der Mensch baut Dämme dagegen,
muß aber bisweilen auch Gebiet aufgeben. So wurde im 17. Jahrhundert eine große Kirche, außerhalb der heutigen Ortschaft
Skagen gelegen, vom Sand eingedeckt. Sonntags mußten die
Gläubigen den Weg zur Kirche und diese selber vom Sand frei-
schaufeln. Dann gab man den Kampf auf, riß das Kirchenschiff
ein und brauchte seine Steine und Balken zum Bau von Wohn-
häusern. Den großartigen Turm ließ man stehen, heute ist er ein
Wahrzeichen dieser Gegend.
Die drei Schiffe in der Skagener Kirche mahnen an Seemannsnot
und fordern auf zum Gebet um Angehörige und zur Bitte für
Reichtum an Fischen.
Das Schiff im Kirchenschiff weckt mancherlei Gedanken: Wir
sind im selben Boot, sagt man bisweilen so dahin und denkt an
Glück und Leid, und wer genau hinhört, meint Hoffnung zu vernehmen, nicht auf Verderb drinnen zu sein, sondern auf Gedeih,
glaubt Vertrauen in das Boot zu hören, es möge tragen und Fähr-

nisse durchschiffen. Die Gemeinschaft im selben Boot klingt an, daß sie tragfähig sei, keinen ausstoße, Zwistigkeiten und Streit unter sich schlichte und Friede, Gemeinsamkeit und Freundlichkeit bewahre.

Das Symbol des Schiffes läßt auch den Gedanken an ein Ziel, eine Destination aufkommen, was wäre es denn, ein Schiff ohne Ziel? Verschaukelt, ein Korken auf den Wellen, preisgegeben aller Unbill. Und dann noch das: Ein Schiff mit Ziel braucht einen Fährmann, einen Kapitän, benötigt Navigationskenntnisse, Kompaß, braucht Mannschaft. Bin ich bloß Passagier? Matrose? Gehöre ich zur Mannschaft? Kann ich in gewissen Situationen Kapitän sein, Verantwortung übernehmen? Und auch das noch: Wer ist letztlich mein Schiffer, mein Kapitän? Christlich gesehen Jesus Christus; und das Boot ist meine Kirche, und wir im Boot sind die Gemeinschaft der Gläubigen.

Nun, dazu gehöre ich nicht mehr im konfessionellen Sinne. Und doch, wo ist denn meine Ausrichtung, wo ist mein Schiff, das mich trägt? Getragen fühle ich mich, wenn ich mich in Verbindung mit Menschen erlebe, auch dann, wenn ich nicht mit ihnen zusammen bin. Sie kommen mir in den Sinn, ich bin mit ihnen unterwegs, möchte dem einen dies sagen, dem anderen jenes zeigen. Sie wohnen mir inne, um ein altmodisches Wort zu benutzen, sie sind bei mir. Wirklich getragen kann ich mich allerdings nur dann fühlen, wenn ich mich auch in mir selbst getragen fühlen darf, ich mich in einer guten Seelenlandschaft befinde und vertrauend bin, kurz, mich gut fühle; dies ist ein Zustand guter innerlicher Befindlichkeit, ich bin «im Strumpf» (wie man schweizerdeutsch sagt), im Boot und fühle mich aufgehoben.

Sind wir nicht mit diesem guten inneren «Ort» verbunden, wohnen uns andere nicht inne, und schlagen die Wellen innerer Not hoch, können wir uns nur noch anheimstellen. Wem? Was? Dem Glauben und dem Vertrauen, das Gute möge wiederkommen und wieder gefunden werden, möge uns finden. Wir können auch rudern und vorsichtig durch die wilden Wasser fahren und auf Rettung hoffen. Wer rettet? Gelernt haben wir, daß Jesus Christus uns rettet. Wie sehe ich diesen Glaubenssatz heute? Das Bild des nackten Mannes am Kreuz und das Bild des femininen tröstenden Mannes verbauen mir in der Regel den Zugang zur religiösen Empfindung. Allerdings ist Vertrauen an sich bereits eine solche Erfahrung. Um es in Zeiten, in denen wir es verlieren, wieder zu erlangen, benötigen wir eine liebende Haltung zu uns selber oder, um das altmodische Wort zu gebrauchen, Barmherzigkeit. Als eines der zentralen Worte der christlichen Liturgie (Kyrie eleison! = Herr, erbarme dich!) ist Barmherzigkeit im Sinne der barmherzigen Zuwendung zu sich und anderen Menschen, die das Vertrauen verloren haben, eine Haltung, die hilft, indessen aber gar nicht so leicht gefunden werden kann. Wer das Vertrauen verloren hat, ist oft befangen in Selbstanklage (was habe ich falsch gemacht?) und versucht, sich durch Vorwürfe und entsprechende Selbsterziehung aus dem resignativen (manchmal gar depressiven) Zustand zu befreien. Gelingt es indessen, sich von einer barmherzigen und ermunternden Zuwendung zu sich selber finden zu lassen, hat man in einer bescheidenen Weise an der Kraft, die Jesus Christus zugeschrieben wird, Anteil. Hat man diese Zuwendung gefunden, kann man sie auch weitergeben.

48

Gestern in der Märchengruppe wollte ich wegen dem Ausscheiden von zwei Teilnehmerinnen etwas Besonderes vorlegen und wählte das Grimm-Märchen «Liebe Mili». – «Liebe Mili» ist indessen etwas ganz Spezielles. 1983 ging, ausgelöst von der *New York Times*, ein Rauschen durch den Blätterwald. Ein bislang unbekanntes Grimm-Märchen war gefunden worden. Damit verhielt es sich so: 1816 schrieb Wilhelm Grimm einen Brief an ein kleines Mädchen namens Mili und erzählte ihm ein Märchen. Mehr als 150 Jahre verblieb der Brief im Besitz der Familie des Mädchens. 1974 wurde er auf einer Auktion in New York von einem amerikanischen Käufer ersteigert. Knappe zehn Jahre später, 1983, wurde der bekannte Märchen-Illustrator Maurice Sendak auf die Geschichte aufmerksam, und 1988 erschien das Märchen «Dear Mili», reich bebildert durch Sendak, in New York.
Kurz nach dem Erscheinen hatte ich die wunderschöne Ausgabe von einem amerikanischen Kollegen geschenkt bekommen. Ich fand das Märchen viel zu christlich und konnte zunächst nur wenig damit anfangen. Gestern abend jedoch entfaltete es in unserer Gruppenarbeit seinen ganzen Reichtum.
Nun zum Inhalt: Eine Mutter – von einem Vater ist die Rede nicht –, die alle ihre Kinder bis auf ein Töchterchen verloren hat, schickt dieses Kind, weil ein verheerender Krieg herrscht, zu seinem Schutz in den Wald. An dieser Stelle wird im Märchen darauf hingewiesen, daß es Gottes Wille war, daß das glückliche Leben von Mutter und Kind zu einem Ende kommen sollte, was bildhaft durch Verdunkelung des Himmels und mächtig tosenden Sturmwind überhöht wird.
Schwarze Wolken geben den Hintergrund ab zur einsamen Wanderung des sich fürchtenden Kindes im Wald. Das Gebet des Kindes nach Schutz erfüllt sich indessen, und sein Schutzengel

begleitet es von nun an in Form einer Taube und führt es zur Hütte eines alten Mannes. Dieser hatte das Kind erwartet und nimmt sich seiner an, es darf bei ihm wohnen, muß aber Wurzeln und Beeren sammeln und das Essen zubereiten. Das Mädchen tut das und mischt den Mahlzeiten jeweils ein Stückchen von dem Kuchen bei, den die Mutter ihm noch mitgeben konnte. Auch für Kurzweil ist gesorgt: Sein Schutzengel hat sich in ein gleichaltriges Mädchen verwandelt, und die Kinder spielen zusammen. Beim Abschied gibt sich der alte Mann als heiliger Josef zu erkennen und schenkt dem Mädchen eine Rosenknospe. Wenn die Rose blühe, fügt er hinzu, dann werde es wieder bei ihm sein.

Geleitet von seinem Schutzengel, findet das Kind zu seiner Mutter zurück. Es meint, lediglich drei Tage lang weggewesen zu sein, in Tat und Wahrheit sind aber dreißig Jahre vergangen. Die Mutter hatte immer gehofft, ihr Töchterchen noch einmal zu sehen. Nun sitzen sie in großer Freude wiederum beisammen und gehen dann gelassen zu Bett. Doch am nächsten Morgen werden die beiden durch die Nachbarn tot aufgefunden. Sie waren glückselig verschieden, und zwischen ihnen lag die Rose des heiligen Josef in voller Blüte.

Das Motiv des verlassenen und ausgesetzten Kindes leuchtet hier auf. Auf wunderbare Weise geht das Kind nicht verloren, der Schutzengel behütet es, und Josef nimmt sich seiner an, und zu guter Letzt findet es zu seiner Mutter zurück. Allerdings sterben dann beide. Ein merkwürdiger Schluß fanden wir alle und sicherlich kein Trost für das Kind, dem die Geschichte ursprünglich zugedacht war, und auch keiner für Kinder, denen man heute die Geschichte erzählt. Nun gut, sagten wir, so ist halt die Geschichte.

Wir schauten das Märchen dann aber auch von einer anderen Warte her an: Das Kind kann als ein symbolisches Kind aufgefaßt werden. So gesehen, handelt es sich bei der ganzen Geschichte um die Mutter und deren verlorene und wiedergefundene Hoffnung.

Doch was wird unter einem symbolischen Kind verstanden? Das Kind als Symbol bedeutet neues Leben, Hoffnung, Glaube an das Leben und seine Fülle. Diese Bedeutung haben die vielen göttlichen Kinder, die in Mythologien und Religionen vorkommen und über die Zeitläufte hinweg immer wieder weltweit Anlaß gegeben haben zu künstlerischer Darstellung und literarischer Ausformung. Man denke in diesem Zusammenhang an das Jesusknäblein, Buddha, Hermes, Re. Sie alle erschienen in Kindgestalt und läuteten die Hoffnung auf eine neue Zeit, Frieden und Wohlergehen ein (vgl. Asper, 1988).

In der privaten Vereinzelung erscheinen solche besonderen Kinder in Träumen und Visionen. In der seelischen Wirklichkeit entsprechen ihnen Gefühle der Hoffnung, stehen sie für den Glauben an das Leben, den Lebensmut und die Lebensfreude und symbolisieren letztlich religiöse Ausrichtung. Daß das Mädchen ein besonderes Kind ist, kommt im Märchen auch durch den Hinweis zum Ausdruck, daß diesem Kind alles zum glückhaften Gelingen ausschlägt und daß es, im Gegensatz zu seinen Geschwistern, nicht gestorben ist und nach dreißig Jahren auf wundersame Weise wieder zur Mutter zurückfindet.

Mir scheint nun, daß die Mutter im Märchen angesichts des tiefen Leidens, dem sie durch den Verlust ihrer Kinder und die Schrecknisse des Krieges ausgesetzt ist, die Hoffnung verliert, ihren Glauben aufgibt und vom Lebensmut verlassen wird. Dieser Verlust wird symbolisiert durch das Wegschicken des Kindes, das diese seelischen Kräfte versinnbildlicht. Wir müßten also an einen Menschen denken, der durch äußerstes Leid geht und an ihm schließlich seelisch zerbricht. Die Botschaft des Märchens ist nun die, daß diese Seelenkräfte zwar unbewußt werden, jedoch nicht verlorengehen, oder anders ausgedrückt, daß der Bezug zum Göttlichen, der sich durch Hoffnung, Vertrauen und Glauben ausdrückt, letztlich nicht einfach verschwindet. Tief im Unbewußten, Symbol dafür ist der Wald, lebt die Hoffnung, symbolisiert durch das Kind, weiter und kehrt nach langen Jahren wieder zurück, tritt, anders gesagt, wieder ins Bewußtsein und vereinigt sich mit dem Ich. Nun blüht das Leben wieder, was das Märchen durch die Rose ausdrückt.

Folgt darauf der Tod ganz real, oder ist dieser ebenfalls symbolisch aufzufassen? Bedeutet er Wandlung, und geht das Leben weiter? Ich denke, beide Deutungen bieten sich an. Wer von diesem Kind wieder gefunden wird, ist ganz geworden, und das Leben hat sich erfüllt. Der Tod ist dann Übergang ins ewige Leben. Andererseits kann der Tod Symbol für innere Wandlung sein und Lebenserneuerung bedeuten. – Konkret denke ich an Erfahrungen der Lebenserneuerung nach Jahren seelischer Blockade und an tiefe Wandlungen der Persönlichkeit angesichts des Todes.
(> 8, 28, 40)

49

Warum sich Menschen im Übermaß anschuldigen, hat oft seinen guten Grund darin, daß sie dadurch in unbewußter Weise das Du als gänzlich gut aufrechterhalten können.

Wenn ich die Schuld auf mich nehme, sagte jüngst eine Analysandin, als es darum ging, ein kleines Mißverständnis zu klären, bleiben Sie als meine Analytikerin gut.

Ob dahinter nicht die jahrhundertealte Schuldfrage des Christentums steckt, fragte ich mich im nachhinein. Macht sich der Mensch einen nur guten Gott und nimmt alle Schuld an der Brüchigkeit der Existenz auf sich, weil er ohne diese Vorstellung eines omnipotenten, guten Gottes sonst gar nicht leben könnte?

«Und vergib uns unsere Schuld», beten wir. Beten wir es, damit Er gut bleibt, damit wir hoffen können, damit Hoffnung garantiert bleibt? Und der zu fürchtende Gott, und die dunkle Seite Gottes? Sehen wir in Ihm auch diese Seite, dann ist eine Erfüllung der Hoffnung auf das Gute weder sicher noch garantiert. Angesichts des dunklen Antlitzes Gottes wird Hoffnung indessen zur Glaubenstat und zur schieren Notwendigkeit, daß Gott uns sein lichtes Antlitz im Erbarmen um uns zeige.

Wie aber, wenn wir aufeinander angewiesen wären, Gott und wir, wir ohne einander nichts vermöchten? Auch das darf man denken. Zuviel Schuld auf des Menschen Seite, was soll's? Ich bleibe so in kindlicher Abhängigkeit und stehe nicht ein. Der Mensch soll versuchen einzustehen, für seine Schuld, für Gottes Ferne, auch für Gottes Dunkelheit. Und einstehen heißt, sich zur Verfügung stellen, wenn die Dinge nicht «aufgehen», Mangel herrscht, bisweilen ohne zu viel zu fragen, wessen Verschulden es sei.

50

Man verliert den Faden, findet ihn nicht mehr, nimmt ihn wieder auf, sagt man. Sein Leben hängt an einem Faden, auch das ist eine gebräuchliche Redensart. Und schließlich spricht man vom roten Faden. – Frau B. schweigt zu Beginn der Stunde, sie tut das meistens, es ist ihr unangenehm, sie fühlt sich blockiert, der Anfang fällt schwer. Einmal mehr die Schwelle, sagt sie.

Ich tue meine Pflicht, und wir versuchen zu analysieren, was denn diese Schwierigkeit verursache. Unser (stockendes) Gespräch streift das Thema der hohen Ansprüche; sie müsse das Beste finden, um die Stunde zu beginnen, wirft sie ein. Wir machen eine Seite in ihr aus, die ihre Äußerungen stets auf das Beste hin kontrolliert, aber – unseligerweise, wie wir finden – ihr nicht sage, was denn das Beste sei. Wir denken an andere Situationen, in denen die Blockade auch vorkommt, fragen uns auch, was sie denn denke, seien meine Erwartungen an sie, und schließlich frage ich sie, was an mir sei, das ihr den Anfang schwierig mache. Unser stockendes Gespräch endet vorläufig da. Außer der hohen Meßlatte als mitverursachender Grund für die Blockierung haben wir nichts ausgemacht. Entspannt hat sich auch nichts.

Dann aber spricht sie, belebt, und es bricht aus ihr heraus: Ich weiß nicht, wo ich bin . . . ich finde den Faden nicht . . . ich weiß nicht, wofür ich hier bin, was der Sinn meines Lebens ist . . . Nun haben Sie aber den Faden gefunden, werfe ich ein und bin berührt von der Lebendigkeit. Schweigen, Stocken. Und nun haben Sie ihn aber auch gleich wieder verloren, weil ich das eben gesagt habe. Sie fühlt sich verstanden und meint weiter: Ja, so ist es, immer wieder und überall verliere ich den Faden. Schweigen, dann sagt sie zu mir: Sie schauen so angestrengt. Ja, ich versuche mir vorzustellen, wo und wann Sie den Faden verlieren. Sie erzählen mir darüber nichts Genaueres, so kann ich den Faden nicht aufnehmen, weiterspinnen und mir ein Bild machen von Ihrem Erleben in Situationen, in denen Sie den Faden verlieren.

Dieses Gespräch macht zunächst deutlich, daß mein Tun und Machen zu Beginn der Stunde, als ich zu analysieren versuchte, was denn die Hemmung verursache, ihrer Befindlichkeit nicht angemessen war (was nicht heißt, daß es falsch war, daß es nicht hätte stattfinden sollen). Sie hatte den Faden nicht, und wenn man den Faden nicht hat, können die Interventionen des Analytikers gar nicht aufgenommen werden. Anders ausgedrückt, war sie nicht bei sich, hatte sich verloren, und in solchen Momenten hat Analyse und Einsicht keinen Sinn. Von einem klassischen analytischen Verständnis her würde man an einer solchen Stelle an Widerstand denken und das recht leblose Eingehen von Frau B. auf meine deutenden Versuche hin als solchen auffassen: Sie wolle nicht sehen, daß ihr immer das Beste fordernder innerer Richter die Blockierung verursache. Das war aber kein Widerstand, der schwierige Beginn der Stunde ergab sich daraus, daß Frau B. nicht am Faden war und daß ich als Analytikerin nicht genügend auf sie eingestellt war und mit der vaterspezifisch analytisch-deutenden Haltung die Situation noch verschärfte.

Als Frau B. vom Faden zu sprechen begann, bildete sich in mir das Bild eines roten Fadens ab. Auch ihre Vorstellung sei die eines roten Fadens, sagte sie. Lebensfaden, fügte sie hinzu. Geht der Faden verloren, ist sie blockiert, verliert sie die Verbindung zu ihrer Lebendigkeit, und genau darum geht es bei Frau B.: Ihre Problematik hat mit dem Stocken, dem zeitweiligen Verlust ihrer Lebendigkeit zu tun, und da ist es nicht angemessen, deutend vorzugehen, da kann man erst verstehen, wenn der Faden wieder aufgenommen wird, wie hier, als Frau B. betroffen, aber lebendig vom fehlenden Faden und mangelnden Sinn ihres Lebens zu sprechen begann. Ebenso wurde deutlich, daß Sinn und Lebendigkeit zusammengehören, anders ausgedrückt: Sinn sich erst ergibt aus der Verbindung zur inneren Lebendigkeit. Der rote Faden, so verstanden, ist zunächst Ausdruck der lebendigen Verbindung zwischen Ich und Selbst und ist des weiteren Symbol für

die Spur, die ein Mensch im Bemühen um Sinn und dessen Ver-
wirklichung im Dasein hinterläßt. Wie ein roter Faden zieht sich
ein Anliegen eines Menschen durch sein Leben. Aus diesen Gedanken holt mich Frau B. heraus und – offensichtlich wieder am
Faden – erzählt mir den folgenden Traum:

*Ich schwimme in einem See, wage mich aber nicht ans Ufer, weil dort
ein hungriger Tiger ist. Mit mir im Wasser sind zwei Männer, deren
Kraft erschöpft ist. Ich ziehe zuerst den einen ans Ufer. Wie ich dann
den anderen retten will, ist er bereits abgesunken. Ich tauche ihm nach
und ziehe ihn ebenfalls ans Ufer.*

Und wo ist nun der Tiger? frage ich. Ich weiß nicht, das war nicht
mehr wichtig, ich habe einfach das Lebensnotwendige getan, er
wurde nebensächlich, antwortet mir Frau B. Indem Sie zu retten
versuchen, gehen Sie mit dem Leben, und da ist ja wohl auch der
Faden, meinte ich und sagte zum Schluß: Wenn es für Sie stimmt,
können wir den Faden in der nächsten Stunde wieder aufnehmen.
(Auf den Tiger sind wir in dieser Stunde nicht näher eingegangen.
In diesem wie in manchen anderen Fällen halte ich es für ungünstig, auf einem Traumthema «herumzureiten». Allerdings geht es
nicht vergessen und kann sich zu einem späteren Zeitpunkt erhel-
len. Eine vorschnelle Deutung wäre zum Beispiel der Hinweis auf
eine mögliche Angst/Aggressionsproblematik Frau B.s gewesen.
Eine solche Interpretation paßte stimmungsmäßig nicht in diese
Stunde. Indessen wird dieses Thema , falls es Frau B. nicht selber
tut, von mir zu einem Zeitpunkt angesprochen werden, wo es «gefühlsmäßig stimmt».)
Diese Stunde, die mit einem mißglückten Dialog angefangen
hatte, war zu einer geglückten Stunde geworden. Wir hatten das
Fadenverlieren und das Fadenfinden zusammen erlebt, der Dialog zwischen uns und in uns hatte für eine kurze, stimmige Weile
stattfinden können.
Auch vom Schicksalsfaden spricht man, auch davon, daß die Par-

zen und die Nornen den Schicksalsfaden spinnen, den Teppich unseres Lebens weben, und zwar nicht immer ebenmäßig und bunt . . . Der rote Faden – die Verbindung zum Leben und zur Lebendigkeit –, wo beginnt er? Ich denke, er beginnt an einem Ort, für den wir viele Namen haben: im Rätsel, in Gott, im Schicksal, bei den Schicksalsgöttinnen, im Einfach-So . . . Indessen ist die Mutter die Mittlerin, ist die hegende, haltende, mutterspezifische Einstellung (nicht geschlechtsspezifisch verstanden) das Medium, das einem Menschen hilft, den Faden zu sich und seiner Lebendigkeit überhaupt erleben zu können, die es schließlich möglich macht, ihn wieder aufzunehmen, wenn er verlorengegangen ist. In diesem Sinne ist es auch die mutterspezifische therapeutische Haltung, die dem Analysanden hilft, seine Lebendigkeit wiederzufinden. Erst dann ist die vaterspezifische Haltung, die Einsicht und Zusammenhang durch Deutung erlaubt, angezeigt.

Die Vignette aus der oben geschilderten Stunde zeigt deutlich, daß die Stunde mit einer vaterspezifischen (Asper, 1987, S. 218 ff.) Note begann, im Bemühen nämlich zu verstehen, was die Blockierung herbeiführte. Das führte zur Wahrnehmung, daß es so nicht weitergeht, was den Bezug zum Lebendigen in der Seele von Frau B. erst möglich machte. Das Merken, daß etwas im Dialog nicht stimmt, bezeichne ich als mutterspezifisch, dieses Merken führte Frau B. zum Faden beziehungsweise zum lebendigen Ausdruck dessen, was ihr fehlt: Faden und Sinn. Die geglückte Stunde, was ist sie? Vielleicht oft: mehr Glück als Verstand.

Man spricht auch vom Faden der Ariadne; als Theseus auszog, den Minotaurus im Labyrinth zu töten, gab ihm Ariadne einen Fadenknäuel, den er beim Begehen des Labyrinths abwickelte, dank diesem fand er nach der Heldentat wieder aus dem Labyrinth heraus.

Schwieriges hat meiner Ansicht nach nur dann Aussicht, bestanden zu werden, wenn wir am Faden bleiben, wenn wir mit uns verbunden sind, seelisch dort sind, wo wir uns lebendig fühlen. Wenn Frau B. am Faden ist, dann kann sie auch Einsicht nehmen in ihre Psychodynamik, erst dann kann man analysieren. Das heißt auch immer das: Erst wenn ich mich als Analytikerin auf mich und die Analysandin beziehen kann, ist Deutung fruchtbar (vgl. Asper, 1989).

Die förderliche Deutung beruht auf Bezogenheit, fehlt diese, so folgen heillose Verwicklungen, Animusgezänk, Verwirrung und Desorientierung, und zwar seitens des Analysanden und des Analytikers. Dann wird das Labyrinth zum Irrgang, und das Vertrauen, der Pfad sei ein Labyrinthweg, der zur Mitte führt, verschwindet, man geht dann buchstäblich in die Irre.

Ist Verwicklung konstelliert, so hat man den roten Faden verloren und sich, bildhaft gesprochen, im Spinnennetz verwickelt, ist ins Netz gegangen, befindet sich im Gebiet der negativen Mutter, die lebensverneinend ist und für welche die Spinne ein häufig gebrauchtes Symbol ist. Das französische Wort für Spinne ist «araignée», es geht auf Arachne zurück. Arachne war eine tüchtige Weberin. Sie forderte Athene, die Göttin der Künste, zum Wettkampf heraus und wob einen Teppich mit den Liebesabenteuern der Götter. Ihre Arbeit war so untadelig, daß Athene, die sich überboten fühlte, in Zorn entbrannte und Arachne in eine Spinne verwandelte. Ist der Faden verlorengegangen, so entsteht Wettkampf, Streit, gerät man in eine Energie der Herausforderung, sind Sieg und Niederlage auf den Plan gerufen, genau wie in der Episode zwischen Athene und Arachne. Dann will der eine dem andern beweisen, daß er besser ist, recht hat. Nicht nur ist man in der negativen Mutter, man gerät auch noch in negative patriarchale Energie hinein, dorthin, wo der Kampf ums Richtige beginnt, wo Sieg und Niederlage zentral werden. Aufgrund von Bezogenheit stellt sich das Richtig-Falsch nicht in der gewohnten Schärfe ein, es gibt dann lediglich zwei Seiten, zwei Dinge, zwei Positionen, zwei Menschen, die verschieden sind, unterschiedlich erleben, deren «Faden» im weitesten Sinne anders verläuft. Dazu gehört das Paradox: Nur wenn man weiß und fühlt, wie es ist, wenn man nicht am Faden ist, kann man das gute Gefühl erleben, am Faden zu sein. Das Gefühl der Unstimmigkeit zu Beginn der Stunde machte den geglückten Verlauf der Stunde erst möglich.

Es spinnen und weben
Des Sterblichen Leben
Der Göttinnen drei.
Klotho beginnet,
Lachesis spinnet,
Atropos schneidet
den Faden entzwei.

(Karl Ludwig Fernow, Lukas, S. 7)

Der Teppich, den die Parze webt,
Wird mit den Jahren bunt und bunter;
Verschlungne Muster, reich belebt,
Sinnsprüche laufen deutungsvoll mit unter;
Aber die Fäden vom goldnen Schein
Webt sie immer seltner hinein.

(Paul Heyse, Lukas, S. 15)

Vision:

Als ich jüngst vom Pfad verirrt war,
Wo kein Jäger und kein Hirt war,
Führt' ein Licht aus dunklem Tann
Mich an eines Hüttleins Schwelle,
Drin bei matter Ampel helle
Eine greise Parze spann.

Draußen schlug der Wind die Schwingen,
Und die Bergesströme singen,
Hört' ich ihren dunklen Sang . . .
Und ich sah den Faden schweben,
Und der Faden schien ein Leben –
Meines? dacht' ich zauberbang.

Wage, Mensch, die höchsten Flüge,
Deiner Parze starre Züge
Sehen längst das nahe Ziel!
Tummle dich, ein kühner Ringer:
Ihre hagern, harten Finger
Enden bald das edle Spiel . . .

Eine Träne seh' ich zittern,
Einen Kranz mit Silberflittern
Seh' ich hangen an der Wand:
In der Alpenhütte Kammer
Spinnt an einem alten Jammer
Einer Greisin welke Hand.

(C. F. Meyer, S. 71)

51

Eine beliebte Metapher der Tiefenpsychologie ist der Drachenkampf. Sankt Georg hoch zu Roß, der den Drachen mit Lanze
oder Schwert ersticht, ist wohl einer der bekanntesten Protagonisten dieses Ereignisses. Gemeinhin versteht man darunter, daß
das Unbewußte mit seinen umschlingenden Komplexen mit
Scharfblick und Einsicht analysiert wird. Ich habe diese Metapher für den erfolgreichen Umgang mit dem Unbewußten nie
sonderlich gemocht. Auch habe ich nie richtig begriffen, warum
man sich an der Drachentötung orientierte. Der Schwerthieb und
das Töten schwingen mit, wenn man mit diesem Bild im Kopf an
das Analysieren denkt, man ist unwillkürlich an absolute Ruhig-
stellung störender unbewußter Komplexe gemahnt und nährt die
Vorstellung, man habe dann Ruhe davon. Aber so einfach liegen
die Dinge nicht, das Unbewußte ist ein lebendig Ding, und die
Komplexe mischen sich ärgerlicherweise immer wieder ein, trotz
optimaler Analyse.
Jung benutzt neben dem Drachenkampf auch die Symbolik von
Jonas Nachtmeerfahrt im Walfischbauch, um die Auseinandersetzung mit dem Unbewußten verständlich zu machen. Diese Geschichte, psychologisch verstanden, will sagen, daß man vom Unbewußten verschlungen wird und als ein Gewandelter aus ihm
hervorgeht. Jung war es wichtig, auch mittelalterliche Überliefe-
rungen dieser Geschichte beizuziehen. Nach einer Version geschieht die Wandlung auch am Walfisch selbst, der stirbt und
nach drei Tagen wiedergeboren wird, erst dann speit er Jona aus
(Jung, Aion, S. 126). Nach einer anderen hängt im Gedärm des
Walfisches eine Perle, die Jona Licht spendet, um im Meer und
im Abgrund sehen zu können (Jung, Symbole der Wandlung,
S. 422).
Der tiefenpsychologische Gebrauch dieser Metapher hat etwas

ganz anderes als den Drachenkampf im Sinn: Hier wird nicht getötet, hier geht man sozusagen durch einen eigenen Tod hindurch, erleidet die Kräfte des Unbewußten und die unbewußte Thematik, symbolisiert im Walfisch, erfährt ebenfalls Tod und Wandlung. Licht in der Finsternis erhält Jona von der Perle. Perlen entstehen durch ein Sandkorn, welches das Muscheltier stört und schmerzt. Das Tier bewältigt Störung und Schmerz, indem es das Sandkorn mit Hüllen umgibt, es wird dadurch rund und glatt. Auf diesem Hintergrund verstanden, ist die Perle der Kostbarkeit, die aus dem Leiden entstehen kann, gleichzusetzen.

Es scheint mir, als sei Jona in seiner Leidenserfahrung durch das Licht der Perle mit der Leidenserfahrung der Menschheit verbunden. Im Leiden geht ihm manches auf und wird ihm die Weisheit zuteil, die ihm im Tagesbewußtsein nicht zugänglich ist.

Das Geschehen in der Nachtmeerfahrt ist in seiner Qualität ganz anderer Art als jenes des Drachenkampfes, in ihm wandeln sich beide: Jona und der Walfisch, das Bewußtsein und das Unbewußte. Es geht hier nicht um Sieg und Niederlage wie im Drama um Sankt Georg und den Drachen. Den Drachen zu töten, das kann man entscheiden. Man kann einen Komplex analysieren, Einsicht gewinnen, man ist aber nicht in der Lage zu wählen, ob man «verschluckt» wird oder nicht. Die Nachtmeerfahrt geschieht uns, man kann sich nicht für oder gegen sie stellen, sie ereignet sich, und man kann nur hoffen, von der Dunkelheit wieder heil entlassen zu werden. In diesem Sinne fordert sie andere Seelenkräfte als die Drachentötung heraus, nämlich die Bereitschaft, das Leiden anzunehmen, es durchzustehen, den Glauben und die Hoffnung. Sie macht den Menschen demütig und dankbar. Das Bild des Menschen, der einsam am nassen Strand aus dem Walfischmaul hervorgeht, ist ein gänzlich anderes als der stolze Sieger im Drachenkampf, dem die Menge zujubelt.

Dem Drachenkampf wird nach wieder anderen Vorstellungen

202

auch die Hoffnung zur Seite gestellt, so zum Beispiel in Paolo Uccellos Bild «Sankt Georg und der Drache» (15. Jh., Musée Jacquemart-André, Paris). Auf diesem und anderen Bildern ist eine Jungfrau in betender Haltung dargestellt, die darum bittet, daß dem Drachenkämpfer nichts geschieht, er den Drachen töten kann und dieser ihn nicht mit Haut und Haaren auffrißt.

Und schließlich gibt es noch eine dritte Variante des Drachenkampfs. Sie ist weniger bekannt, jedoch sehr schön und stimmig und zeigt, wie die Frau mit dem Drachen umgeht. Bei diesem Kampf wird der Drache nicht getötet, sondern angebunden. So zum Beispiel in der Sage um den Drachen in meinem Heimatort Küsnacht bei Zürich (Lienert, S. 25). Jedes Jahr verwüstete der Drache die Felder und brachte die Bauern um ihre Erträge. Ritter um Ritter meldete sich und machte sich stark, den Drachen zu töten. Doch blieb es beim heldenhaften Vorsatz, denn der Ritter wurde jedesmal vom Drachen überwältigt und gefressen.

Eines Tages meldete sich wieder ein Wagemutiger. Er dachte, es nun besonders schlau anzustellen, und versteckte sich in einer Nebennische der Drachenhöhle, die mit dieser durch einen Durchgang verbunden war. Der Drache kam, spie Feuer und Schwefel, und der Ritter drängte sich mutig durch den Durchgang, um den Drachen seitlich anzugreifen. Doch er kam nicht weiter, seine Leibesfülle ließ ihn im Durchgang steckenbleiben, und er geriet in höchste Gefahr.

In seinem Todesschrecken betete er zur Jungfrau Maria. Auf einer Wolke sitzend, schwebte sie ihm entgegen, sprang behende herab, öffnete ihre mit Diamanten besetzte Halskette, schlang sie um den Hals des Untiers und band es an einem Felsen fest. Der Ritter war gerettet, und die Bevölkerung hatte von nun an vor dem Drachen und seinen Verwüstungen Ruhe.

Daß in dieser Sage Maria die Hilfe bringt, ist möglicherweise eine Verwechslung mit Martha. Gemäß der Legende, wie sie in der «Legenda aurea» (Voragine, S. 513 ff.) berichtet wird, ist nämlich Martha die Drachenbändigerin. Martha, die tätige Schafferin, Martha, die von Jesus weniger geachtete, weil sie nicht wie Maria in Ruhe und Demut ihm zu Füßen saß, ist in manchen ikonographischen Darstellungen, insbesondere in Südfrankreich, als starke Frau dargestellt, die den Drachen an ihrem Gürtel nach sich zieht.

Gemäß der Legende kamen die Geschwister Maria, Lazarus und eben Martha auf einem steuerlosen Schiff in Marseille an. In einem Fluß in der Nähe von Tarascon lebte ein Drache, der Menschen fraß und viel Unheil stiftete. Man rief Martha zu Hilfe, diese besprengte den Drachen mit Weihwasser und hielt ihm das Kreuz entgegen, das beschwichtigte ihn, und er ließ sich zahm wie ein Hündchen an Marthas Gürtel anbinden.

Martha brach das patriarchale Mythologem auf, wonach der Mann dem Drachen ein Schwert in den Rachen stößt und ihn so tötet. Das ist nicht nur wenig bekannt, sondern höchst interessant und auch von weitreichender und tiefer Bedeutung. Das Weibliche zähmt und besiegt das verschlingende, chaotische Weibliche, wofür der Drache im Christentum oft steht. Dabei äußert sich dieser Sieg nicht im Töten und «Fertigmachen» nach männlichem Muster, sondern durch Zähmen und Besänftigen, was wohl eher eine weibliche Haltung dem Unheilvollen gegenüber symbolisiert.

Die Frau, die im Drachentötungs-Mythologem Opfer war, ist nun siegreich. In der Martha-Legende wird die Frau dem Manne ebenbürtig, eine Frau besiegt das Böse mit ihren Mitteln, sie setzt ihm nicht den Fuß aufs Haupt, stößt ihm kein Schwert in den Rachen und haut ihm nicht den Kopf ab. Sie bindet ihn an und zieht ihn hinter sich her, nimmt es auf sich, daß unangenehme Dinge nicht ein für allemal erledigt sind, sie geht mit ihnen um, tagtäglich, und hält nichts von Radikalkuren.

In Martha deutet sich ein anderer Umgang mit dem Bösen an, Wandlung und nicht Ausrottung des Bösen ist angesagt. Ein Novum also, die Martha-Drachen-Legende. Bereits im 14. Jahrhundert – ab da lassen sich Martha-Darstellungen nachweisen – und heute wieder beginnen wir diese Haltungen bewußtzumachen. Es ist höchste Zeit, zu lange haben die Drachentöter nach dem

Muster des heiligen Georg die christliche Wehrbereitschaft aus-gedrückt, zu lange auch haben uns die Siegfriede geprägt, wonach die Frau das Opfer ist.

Ich meine, daß bei der Auseinandersetzung mit dem Unbewuß-ten das Anbinden und Zähmen des Drachens niemals vergessen werden sollte. Man lernt am besten am lebendigen Objekt – eine alte Wahrheit! Den Drachen töten kann man dann immer noch, ihn sezieren, analysieren. Doch Drachen-Komplexe sind furcht-bar und lassen sich oft trotz bester Einsicht nicht ein für allemal erledigen. Auch dafür läßt sich eine Metapher finden: die Hydra von Lerna. Kaum hat nämlich Herakles der neunköpfigen Was-serschlange einen Kopf abgehauen, wächst wieder einer nach. So ist es auch im psychischen Leben. Kaum meinen wir, einen Kom-plex unter Kontrolle zu haben, fallen wir wieder herein, hat er uns und nicht wir ihn.

Doch was bedeutet das alles ganz praktisch gesehen? Die Reihen-folge des Umganges mit dem Komplex ist wohl die: Zunächst lebt man den Komplex einfach, das heißt, er lebt uns, durch uns, und wir sind naiv und nichtsahnend. Der Drache läuft frei herum, und ein Mensch kann sich immer neu verwickeln in Streitigkeiten zum Beispiel oder in Wut oder Depression verfallen.

Vielleicht merkt der Betroffene, daß er etwas darum tun müßte, und geht in Analyse. Weiterhin wird er vom Komplex überwäl-tigt. Doch nun wird er angehalten, den Komplex zu studieren, zu beobachten, dem Leiden Einsicht abzugewinnen, bereit zu sein, vom Leiden zu lernen.

Nun ist der Komplex im angebundenen Stadium, könnte man sa-gen, und wir sehen gemeinsam, was der Komplex bedeutet. Zum Beispiel: Der Betroffene ist gekränkt, beleidigt, reagiert mit Wut und/oder Depression. Das geschieht ihm, weil sein Ich unbewußt mit Stolz, idealen Vorstellungen und Perfektionsansprüchen identifiziert ist.

Aus seiner Sicht hat eine Majestätsbeleidigung stattgefunden, und er reagiert mit Wut und Beziehungsabbruch. Er muß also sein unbewußtes Grandiositätssystem kennenlernen. Reagiert er nicht mit Wut, sondern mit Depression, ist es angezeigt, den Selbsthaß kennenzulernen. Das Studium des Komplexes im angebundenen Stadium kann ihn aber auch noch anderes lehren, die biographischen Aspekte zum Beispiel, wann und unter welchen Umständen ist der Komplex erstmals aufgetaucht. Vielleicht gelingt es, den Komplex im angebundenen Stadium zu zähmen und angebunden zu halten?

Was wäre nun Sankt Georgs Tat? Ich kann ihr immer noch nicht viel abgewinnen, sondern darin eigentlich nur das sehen: die Verdrängung und das angestrengte Streben, daß der Komplex nicht mehr passieren darf. Und damit ist die Spaltung in Gut und Böse wieder eingeführt: Wenn du gekränkt bist, nimm dich nicht so wichtig, unterdrücke deine Wut, deinen Schmerz, vergiß es, und denk an etwas Schönes!

Ich glaube, die Vorliebe der Tiefenpsychologie für die Drachenkampfmetapher entstammt ihren patriarchalen Anfängen, dem optimistischen Glauben, Analyse und Einsicht seien die Heilmittel par excellence und erlaubten Herrschaft über das Unbewußte. Wir glauben das heute nicht mehr so vollumfänglich, neben die klare Deutung stellen sich ebenbürtig die Einfühlung und die Spiegelfunktion des Analytikers. Außerdem hat man dabei über den Zuwachs an Einsicht hinaus immer auch das Nachwachsen neuer Strukturen und kompensatorischer Möglichkeiten im Auge.

Der angebundene Drache scheint mir nach wie vor die beste Lösung zu sein. Und auch das noch: Mit einem angebundenen Drachen kann man sich bis zu einem gewissen Grade vielleicht befreunden. Man kann mit ihm reden, ihn tolerieren. Die eigenen schwierigen Seiten kann man verstehen, an ihnen leiden und auch an ihnen reifen. Man lernt, sich in seiner nicht perfekten Menschlichkeit zu bejahen, so wie man ist, allerdings nun bewußt. Der Drache läuft nicht mehr frei herum, er rüttelt an seiner Kette und speit bisweilen nach wie vor Feuer und Schwefel. So zahm wie ein Hündchen oder ein Schaf, wie gewisse Versionen der Martha-Legende besagen, ist er nicht immer.

Was macht man jedoch, wenn man genug davon hat, ständig einen Drachen hinter sich herzuziehen? Tötet man ihn? Bindet man ihn los und läßt ihn frei? Gibt man die Schnur einem anderen in die Hand, damit er nun den Drachen für eine Weile hüte? Wie auch immer es geschehe, eine klare Entscheidung ist nötig, und das bedeutet männliche Haltung, heißt ganz oder ein wenig Ritter Georg sein.

An den Fassaden von manchen stattlichen Bündner Häusern finden sich aufgemalte Drachen, zum Beispiel in Ardez (Unterengadin). Der Drache tritt hier vor allem als Schutzsymbol auf, wie der «Chalender ladin» für das Jahr 1989 zu berichten weiß. Er soll Lawinen, Überschwemmungen, Katastrophen aller Art abwenden, er schützt Quellen, Wiesen, Wälder und Auen, bringt Reichtum und Glück, Fruchtbarkeit, erhält die Gesundheit und bewahrt die Kinder vor Unglück. Nein, den Teufel haben sich die Bündner nicht an die Wand gemalt, obwohl der Drache, vor allem im religiösen Umfeld, auch in dieser Landesgegend satanische Kraft bedeuten kann und dem Heiligen Göri (Georg) als Attribut beigegeben ist, dem Überwinder des Satans.

52

«Rahmdeckeli», wie man hier sagt, sind mit allerlei Sujets be-
druckte Kaffeerahmdeckel aus Aluminium. Sie werden gesammelt von jung und alt, und die Hersteller wissen darum und lassen
sich deshalb vieles einfallen.

Eben heute sticht mir ein neues Bild in die Augen. Ich sitze im
Restaurant in Juf, dem höchstgelegenen ganzjährig bewohn-
ten Bergdorf Europas. Draußen schneit und windet es, die
Schneemassen sind hoch, und würde man sie nicht immerzu
wegwischen, so könnte man die Fenster kaum öffnen. Weiße
Landschaft, verhängter Himmel, und einsam weht eine Schweizer Fahne vom Balkon des Restaurants. Auf dem Rahmdeckeli
starrt mir eine Katze entgegen, das ginge noch an, nun hat sie aber
den Kopf einer adligen Dame, und königlich blickt sie mir aus
dem reichen Gewand und der weißen Halskrause dieser Dame
entgegen, es könnte Maria Stuarts Bildnis gewesen sein, das für
diesen Katzenulk herhalten mußte.

Was es auch so alles gibt! Wer tut wem Unrecht, die Stuart der
Katze oder die Katze der Stuart? Schwer zu entscheiden, nicht
wahr? Beide sind Königinnen von Gottes Gnaden.

Ich denke an meine Katze, die sich mir gegenüber königlicher als
königlich benimmt, und an Maria Stuart, durch deren Machtgier
und politische Intrigen viele besiegt wurden und starben. Wahr-
lich ein königliches Paar. Maria Stuart und die Katze – ein Vexier-
bild fast: Wo ist wer? Wer ist wo?

Welches Tier wärst du am liebsten, fragt man sich zum Zeit-
vertreib in munterer Gesellschaft oder allein auf Schusters Rap-
pen unterwegs. Ich wäre am liebsten ein Murmeltier in einem
Murmeltierasyl. (Murmeltierasyl in der Schweiz: Schutzgebiet
für Murmeltiere, da dürfen sie nicht gejagt werden.) Immer
dann, wenn ich genug habe, ist mir die Vorstellung, Murmeltier

unter anderen Murmeltieren zu sein, in guter Gesellschaft also, aber im eigenen Bau, und ein halbes Jahr zu schlafen, wohltuend, höchst erstrebenswert. Und zudem darf keiner auf mich schießen!

Bisweilen wäre ich auch gerne meine Katze, sie hat es am besten bei uns, jeder füttert sie, wenn sie schreit und mault, und das tut sie immer dann, wenn es nicht passend ist, wenn man schon im Bett ist, man müde nach Hause kommt und nichts anderes im Sinn hat, als die Beine hochzulegen und eine Tasse Kaffee zu trinken. Doch genau dann, wenn man sich gemütlich eingerichtet hat, kommt die verd... Katze, und ich springe auf, um dem doch so armen Tier zu fressen zu geben. Sheba, Whiskas aus den kleinen Aluminiumdöschen, versteht sich. Meine Shebakatze frißt leider seit Jahren nichts anderes mehr und schert sich einen Deut um die Umweltbelastung.

Meiner Katze gelingt es immer, zuerst bedient zu werden. Sie hat auch freien Ein- und Ausgang. Eine Klapptüre mit Magnetverschluß erlaubt ihr, zu jeder Tages- und Nachtzeit zu kommen und zu gehen, wie es ihr paßt. Türen kennt sie nicht, sie bleiben offen, damit das gute Tier nachts auf mein Bett springen und sich da häuslich an der Wärme einrichten kann. Sie setzt sich des Winters auch ab morgens acht Uhr auf das Sofa vor meiner Praxis, genau wissend, daß fast jeder, der an ihr vorbeigeht, ihr eine Streicheleinheit schenkt.

Sie läßt einen das Streicheln auch nicht vergessen, denn sie macht artig miau. Es gibt auch einige, die sie in die Stunde mitnehmen, und da darf sie auf deren Schoß sitzen. Dabei schaut sie mich triumphierend an, als wollte sie sagen: Siehst du, ich hab's halt wieder einmal geschafft. Von morgens acht Uhr bis abends sechs Uhr sitzt sie auf ihrem Posten und streicht die Begünstigungen und Streicheleinheiten ein. Das macht sie alles mit königlicher Eleganz, so liebenswert und geschmeidig, daß niemand ihr ernstlich böse sein kann.

Das müßte man lernen, da wäre es mir recht, wenn meine Katze auch einmal meinen Kopf einnehmen würde in dem Sinn, daß sie meine Gedanken anregt, damit ich mit königlicher Würde auch meine Streicheleinheiten einziehen könnte. Wer weiß, vielleicht schaffe ich es dann auch noch auf ein Rahmdeckeli!

53

Mit dem Rad bin ich hergefahren; über eine Stunde radelte ich dem Ufer des Vierwaldstättersees entlang, bei dichtem Verkehr, und nie wollte sie kommen, die im Reiseführer angezeigte «Chindlikapelle». Dann endlich sah ich eine kleine Hinweistafel.

Ich stelle mein Rad ab und gehe die Stufen durch ein Wäldchen hinab und da steht, hart ans Wasser gebaut, die Kapelle. Innen ist sie mit Blumen dekoriert, wohl eine beliebte Hochzeitskapelle, denke ich. Wie der Name schon sagt, ist sie Schutzkapelle für Kinder. Beim Ausgang, links und rechts von der Türe, hängen einige Votivtafeln mit Dankesworten für gerettete, gesund gewordene und geschenkte Kinder. Da findet sich auch ein Gebet an Maria, die Mutter der immerwährenden Hilfe, und ich lese Zeilen, die mich in ihrer Ungewohntheit berühren:

> Maria, hilf streiten mir,
> hilf leiden mir
> und bleib bei mir.

«Maria, hilf streiten mir» beeindruckt mich besonders, denn in unserer Vorstellung verbinden wir Maria nicht mit Streit und Kampf, das von ihr abgeleitete Frauenbild ist mit Demut, Hingabe und stillem Leiden verknüpft. Ein neueres Frauenbild indessen enthält kämpferische Züge, und eine Frau darf heute durchaus streitbare Wesenszüge haben. Allerdings lebt das alte, passive Frauenbild in der Seele mancher Frau noch weiter und erzeugt Konflikte mit den neuen Forderungen, die heute an die Frau gestellt werden.

Doch welcherart kann Maria, die Himmelskönigin, eine Hilfe beim Streiten sein? Weibliche Hilfe in einem Streitfall, was bedeutet das eigentlich? Geht es darum, hart, kämpferisch, schlagfertig zu sein und sich auf Schlagabtausch einzulassen? Heißt das auf die gewohnte Art streiten und kämpfen, heldenhaft, stark und mutig?

Wenn ich es so recht bedenke, ist die Hilfe Marias (für Mann und Frau) im Streitfall die: Maria kann helfen beim Erfassen der Situation, Maria hilft, den richtigen Moment für die Argumentation abzuwarten. Sie hilft, eine Angelegenheit auch gefühlsmäßig zu erfassen, und gibt affektive Unterstützung, weiß um das rechte Wort im richtigen Moment, sie erkennt, was «drinliegt», und begreift die Situation intuitiv. Maria kann aber auch helfen, stark zu sein, helfen, gefühlsmäßig den Standpunkt zu bewahren, sie ist innere Stärke.

Wenn ich mir vorstelle, Maria oder eine weibliche Figur schlechthin anzurufen, wenn es ums Kämpfen geht, dann stellt sich ein Gefühl des Vertrauens ein, daß die Dinge schon recht herauskommen, dann fließen mir Ermunterung und Zuspruch zu. Die Kräfte, die mir von Maria zuwachsen, sind Kräfte von unten, ich spüre, wie ich vom Bauch, vom Herzen her getragen bin. Ganz anders sind die Kräfte, die mir zukommen, wenn ich mich auf eine männliche Figur berufe, auf einen Tell, einen Winkelried zum Beispiel. Diese Kräfte visieren ein Ziel an, den Sieg, und alles muß daran gegeben werden, diesen zu erkämpfen. In bezug auf diese Kräfte sieht man sich in der Vorstellung als Sieger, dem es Genugtuung bringt, sich eingesetzt zu haben. Der Anruf an eine männliche Figur beim Kämpfen und Streiten belebt bei mir ganz andere Kräfte. Sie liegen mir als Frau nicht sonderlich, und ich bin bisweilen unfähig, sie angemessen anzuwenden. Es geht da immer um Biegen und Brechen, um Sieg und Niederlage, um männlichen Heroismus, und zwar sofort, jetzt, unabhängig vom Eingebettetsein der Angelegenheit in die Situation. Marienhilfe zielt nicht auf etwas Bestimmtes ab, sie bezieht die Situation mit ein, man geht prozeßhaft mit und bedenkt das Gefühl für den günstigen Moment und kann warten, bis er eintritt. Maria gibt auch Flexibilität, lehrt Geduld und Vertrauen in Lösungen, die beiden Seiten gemäß sind. Kein fauler Kompromiß kommt dabei heraus, wenn wirklich gekämpft wird, sondern Akzeptanz und Opfer von beiden Seiten.

«Hilf leiden mir», heißt es auch noch in diesem Bittgebet. Was bedeutet das? Gibt es Hilfe beim Leiden, und wie stellen wir uns diese vor? Eigentlich ist es so, daß wir Leiden als Leiden eben deshalb erfahren, weil wir keine Hilfe, Linderung, Hoffnung und Abhilfe sehen können. Und doch kennen wir Gebete, Psalmen und Texte, in denen um Hilfe im Leiden gebittet wird. Da kommen wir zu einem wichtigen Punkt, was die Hilfe im Leiden anbelangt: Leiden sollte zur Klage finden, geklagtes und beklagtes Leid ist weniger schlimm als unausgesprochenes Leid. Wir können die Klage vor Gott tragen, sie nahestehenden Menschen gegenüber äußern und sie malend und/oder schreibend dem Papier anvertrauen. In all diesen Möglichkeiten ist das Leid durch die Klage in einen Dialog eingebunden, selbst dann noch, wenn die Klage dem Papier anvertraut wird. Klage ist ausgedrücktes Leid und damit ein bewußtes Leiden. Wenn ich sage, daß durch die Klage das Leid in einen Dialog eingebunden ist, dann bedeutet das nicht, daß Gott, Menschen oder ich selber auf diesen Dialog eingehe, daß gleich eine Antwort gefunden, eine Hilfe gegeben wird, das nicht. Aber in der Klage geäußertes Leid ist bezeugtes Leid, einem Zeugen gegenüber ausgesprochen. Oft wird es vom Klagenden als sehr hilfreich empfunden, wenn der angesprochene Mensch einfach zuhört, bezeugt und nicht gleich mit einem Lösungsvorschlag auffährt. Was lindert, ist das Anhören, was stärkt, die leise Ermunterung, der Betroffene könne das Leid tragen; was hilft, ist das Vertrauen. Ausdruck des Leidens, Formulierung des Leidens in der Klage bedeuten ein Annehmen des Leidens: Ja, es ist so, ich leide.

Leiden setzt einen der Schuldfrage aus, die Gefahr dabei ist, der Schuld gänzlich zu verfallen und in einer selbstbestrafenden Weise zu glauben, man sei an allem ganz und gar selber schuld. Das führt in Trauerkrankheit, in Depression, wobei die fruchtbare Auseinandersetzung mit der Schuld nicht mehr angegangen werden kann. Verfällt man der Schuld, so kann Maria eine Hilfe sein. Die im Gebet ausgesprochene Bitte «Maria hilf leiden mir» ist in dem Sinne wichtig, als in krankhaften Schuld- und Trauergefühlen barmherzige und unterstützende Haltungen sich selber gegenüber verlorengehen, als ob das, was Maria in unserer Seele ausmacht, verlorengegangen sei. Aus diesem Grund ist die Bitte «hilf leiden mir und bleib bei mir» so bedeutsam. Glaubt man, das Leiden vollumfänglich selber verschuldet zu haben, ist man nicht mehr offen für Hilfe, Hoffnung und Trost, seien dies Zuwendungsangebote von anderen oder Ermutigungen, die man sich selber geben könnte.

Die genannten Weisen, mit dem Leiden umzugehen, erscheinen mir eingebunden in den Satz: «Maria, hilf leiden mir.» – Denke ich mir aber eine männliche Figur zur Leidenshilfe, dann muß ich an stoisches Durchhalten, an etwas Hartes, bisweilen auch Verbissenes denken. An eine Haltung, in der die Klage keinen Platz hat, man nicht richtig leidet, wenn man klagt, weibisch ist, gibt man dem Leiden Ausdruck. Das sollte man auch können, man muß manches aus- und durchhalten, auf die Zähne beißen; all das ist manchen von uns gelehrt worden. Indessen scheint es mir wichtig, auf die weibliche Hilfe beim Leiden hinzuweisen, allzuoft haben wir sie vergessen.

54

In der Bankenwelt, auf der Ebene, auf der es um das große Geld geht, Kredite ausgegeben, Sponsoren gesucht werden, ist es üblich, in großen Dimensionen zu denken. «You must think big», sagte kürzlich ein professioneller «fund raiser». In diesen Kreisen handelt man nach einer Maxime, man hat nicht nötig, sie auszusprechen, man sagt sie indes zu Leuten, die sich in solchen Dingen nicht auskennen, die keine Ahnung davon haben, was hier üblich ist. «You must think big» ist wohlmeinend, paternalisierend an Leute gerichtet, die von der Sache nichts verstehen; «you must think big» bedeutet aber auch eine sportliche Herausforderung, komm, verlaß dein kleinliches Denken, wo der Rubel rollt, da denkt man groß, da denkt man schnell, berechnend; «be a good sport» und mach mit, gehör zu uns, heißt das allemal auch.

In psychologischen Kreisen gilt ähnliches, hier muß man symbolisch denken, «you must think symbolically!». Jungianer unter sich brauchen sich das nicht speziell zu sagen, man weiß darum, doch Kandidaten in Ausbildungszentren werden nach dieser Fähigkeit beurteilt, und wenn es etwa heißt, jemand könne nicht symbolisch denken, bedeutet das gleichviel wie das «you must think big» in der Bankenwelt. Wer nicht symbolisch denken kann, hat von der ganzen Sache nichts verstanden!

Doch was heißt das eigentlich, symbolisch denken? Kürzlich, in einer Analysestunde, klagte eine Analysandin über ihr Unvermögen, symbolisch zu denken, sie wisse eigentlich nicht, was das sei. Im Märchenseminar sei sie jeweils blockiert, sie habe nichts zu sagen. In der gleichen Stunde erzählte sie mir auch einen ihr unverständlichen Traum, in welchem sie in einem Fast-Food-Restaurant etwas zu essen kaufte.

Das sei schlechte Kost, sagt sie, Mac Donald fällt ihr ein, sie gehe da nicht hin, nur wenn sie in großer Eile sei, hole sie sich dort ihr

Essen. Ich verstehe zunächst dieses Traumbild ebensowenig wie Frau E. Dann, im Schweigen, während ich dem Traum nachhänge, verbindet sich der Traum mit ihrer Klage, sie könne nicht symbolisch denken. Ob «fast food» mit «symbolisch denken» zusammenhänge, denke ich laut weiter. Lebhaft steigt sie auf diesen Vorschlag ein, ja, das sei es, in Seminarien über symbolisches Material gehe es immer sehr schnell zu, Schlag auf Schlag würden ihre Kollegen Einfälle zu einem Symbol haben.

Sie sei dann blockiert, ihr falle nichts ein. Der Traum würde aber auch zeigen, meint sie nun, daß sie unbewußt Vorbehalte gegen dieses Denken habe, sie werte es ab, wie sie «fast food» abwerte.

Eigentliches symbolisches Denken ereignet sich oft rasch, es fällt einem dies und das zu einem gegebenen Symbol ein. Es ist ein assoziatives Denken, es bedeutet umkreisen, Assoziation um Assoziation anfügen, ein zirkulärer Vorgang, der sich vom linearen Denken unterscheidet, wo, von A zu B zu C usw. fortschreitend, auf ein Ziel, eine Entscheidung hin gedacht und gefolgert wird. Symbolisch denken heißt etwas sichtbar machen, etwas in einen Bedeutungszusammenhang einbetten. Symbolisch denken kann man nur, wenn einen etwas ergriffen und berührt hat. Ein Symbol ist nur ein Symbol, wenn es auf mich wirkt, mich gefühlsmäßig erfaßt. Dieses gefühlsmäßige Erfaßtsein kann ich assoziativ erweitern, und langsam ergibt sich der Symbolgedanken, der Sinn, die Bedeutung.

Klammert aber jemand seine Gefühle aus, so neigt er dazu, das gegebene Ausgangssymbol zu verlassen, und denkt wild in alle Richtungen, geht mit dem Kopf vor, breitet sein Wissen aus, läuft Gefahr, das Symbol zu überhäufen, es wird überdeterminiert, und plötzlich heißt alles alles. Das geschieht dann, wenn jemand vom Ausgangssymbol nicht ergriffen ist. Dann kann er nur denken, weiterdenken, an etwas denken. Er hebt ab und spielt sein Symbolwissen Schlag auf Schlag aus, ohne jemals von etwas ergriffen zu sein. Aber: Symbolisch denken, heißt letztlich fühlen, sich beeindrucken lassen können, fähig sein, inneres Erleben ernst zu nehmen. Von einer brennenden Kerze angerührt sein, in ihr mehr als nur einen chemischen Vorgang sehen, in ihr Licht, Hoffnung erleben, davon angerührt sein. Eigentlich müßte man nicht symbolisch denken, sondern symbolisch fühlen sagen, analog zum «ich denke . . .», was im Grunde genommen sehr oft heißt «ich fühle . . .».

In diesem Sinne ist die Beurteilung, jemand könne nicht symbolisch denken, weitreichend, und es macht Sinn, sie zu einem wichtigen Kriterium der Eignung zum Analytikerberuf zu machen. Wer nämlich nicht fühlen, sich nicht beeindrucken, bewegen lassen kann, der sollte diesen Beruf nicht ausüben.

Das Problem der erwähnten Analysandin bestand darin, daß sie ihre Gefühle nicht ernst nahm und sie beim Umkreisen eines symbolischen Bildes nicht einbezog. Deshalb fiel ihr nicht nur nichts ein, sondern sie fand die Assoziationen ihrer Kommilitonen als «fast food» nicht gerade «appetitanregend» und fand keinen Geschmack daran. In dem Maße, in dem sie es mehr und mehr zuließ, sich zunächst gefühlsmäßig von einem Bild anrühren zu lassen, stellten sich auch Einfälle ein, und sie begann die Beschäftigung mit symbolischem Material zu genießen. Das ihr antrainierte trockene, akademische Denken gewann allmählich mehr Farbe und wurde, um im Traumbild des Restaurants zu sprechen, restauriert, zum Lebendigen hin verändert.

55

Eine litauische Legende erzählt (mündliche Mitteilung), daß sich die Peitsche, mit der Josef seinen Sohn züchtigen wollte, in eine Gladiole verwandelte (dazu muß man wissen, daß Gladiolen in diesem Land äußerst beliebt sind). Jesus, ein unartiges Kind also. Aus den apokryphen Schriften ist bekannt, daß Jesus auch ungehorsam war, leider wurden diese Texte nicht kanonisiert, und ebenfalls ist zu bedauern, daß das konfessionelle Christentum aus Jesus, dem Menschensohn, einen ganz unmenschlich guten Menschen machte. Wie wir für Gott den dunklen Gegenspieler, den Teufel, kennen, für Maria die sündige Eva haben, welche die andere Seite darstellt, steht neben dem erwachsenen Jesus der Antichrist. Eine Gegenfigur für das Jesuskind ist indessen nicht vorzufinden, es sei denn, wie erwähnt, in einigen wenigen apokryphen Texten.

In der modernen Kunst jedoch lassen sich vereinzelt das unartige Kind und seine strafenden Eltern finden. So gibt es zum Beispiel die bekannte Darstellung des Künstlers Max Ernst, auf der die zornentbrannte Maria ihren Sohn verdrischt; beiden fällt auf diesem Bild der Heiligenschein vom Kopfe (Die Jungfrau haut das Jesuskind vor drei Zeugen, 1926, Privatbesitz; vgl. Ernst, S. 101).

Ein heiliges Kind darf man nicht schlagen, die Peitsche wird zur Blume. Etwas in Josef muß um das Heilige gewußt haben. – Was heißt das, psychologisch geschen? Wann merken wir, daß wir im Begriff sind, etwas Heiliges zu schlagen, mit ihm destruktiv umzugehen? Jesus ist der Menschensohn. Heißt etwas Menschliches schlagen wollen etwas Heiliges schlagen? Ich denke, dieser Gedanke sei furchtbar. Wie oft schlagen wir doch Menschliches, allzu Menschliches. Wie viele unserer natürlichsten Regungen dürfen schlicht nicht sein! Wir unterdrücken Wut, Neid, Haß, kurz alles, was nicht ganz stubenrein ist. Das tut uns nicht gut, unbesehen danach zu handeln, ist natürlich auch nicht günstig; es indessen mit der Mitte halten, wahrnehmen, was ist, bedeutet Menschliches, allzu Menschliches ehren, ist Blume statt Peitsche.

Warum soll ich meinen Neid nicht wahrnehmen, befragen, ihn reflektieren, «auskochen»? Es ergeben sich nämlich beim Studium dieser und anderer Gefühle und Affekte oft erstaunliche Einsichten, ebenso geht es mit unseren Ängsten. Hält man all das aus, ohne ihm gänzlich zu verfallen, so wie man eine Krankheit aushalten muß, ergeben sich auch da meist klare Gedanken. Es ist, als ob uns durch diese emotionalen Schmerzen auch hilfreiche Einsichten, mit denen wir nicht gerechnet haben, zuwachsen würden.

56

In Basel am Rhein sitzt eine Frau (Kleinbasler Ufer, bei der mitt-
leren Rheinbrücke). Traurig blickt sie ins schmutzige Wasser des
Flusses, der im Herzen der Schweiz entspringt, Länder durch-
quert und sich schließlich abfallbeladen in Rotterdam ins Meer
ergießt. Helm, Schild und Lanze hat sie abgelegt, die einst auf-
recht Stehende sitzt, sie scheint traurig zu sein.
Die Frau ist Helvetia, Symbolfigur der Schweiz. Gerüstet, auf-
recht, dem Betrachter frontal zugewandt, schmückt sie einige
Schweizer Geldstücke.
Die Schweizer Bildhauerin Bettina Eichin hat den Auftrag, ein
Sinnbild der Schweiz für Basel zu schaffen, auf diese Weise gelöst
(Kreis, S. 168 f.). Sie gab damit dem Zeitgeist trefflichen Aus-
druck. Die Zeit des Heroismus ist vorbei, vorüber ist der stolze
Glaube, der am Ende des letzten Jahrhunderts Industrialismus
und Bildungsbürgertum nährte. Nur zu sehr sehen wir heute die
Kehrseite dieser unseligen Entwicklung des Glaubens an die
Machbarkeit. Darum blickt die Basler Helvetia heute sinnend in
den Rhein, sie glaubt nicht mehr an ihre stolzen Insignien der
Macht, abgelegt hat sie sie. Einfach so. Sie läßt Sorge und Verzweiflung zu, könnte sie reden, würde sie klagen. Ihre Klage be-
träfe die fortschreitende Zerstörung der Natur, bezöge sich auf
Mutter Erde, an der die Menschen Raubbau treiben, die sie
schändlich ausnützen und besudeln.
Helvetia, die aufrecht stehende Heldin auf den Schweizer Fran-
kenstücken, scheint den Sieg des Menschen über die Naturgewal-
ten auszudrücken. Die Sinnende am Ufer des Rheins dagegen ist
dabei, sich mit Mutter Erde zu verbünden und deren Not auszudrücken und zu beklagen. Nicht mehr die Verdrängung der
Angst und der Sieg über sie sind die Heldentaten schlechthin,
heute braucht es auch noch andere tapfere Aktionen, solche näm-

lich, die unsere Angst um die drohende Umweltzerstörung ernst nehmen, ausdrücken und zu entsprechenden Haltungen führen. Damit verbunden ist ein anderes Wertsystem: Während es unsere Väter und Vorväter als heldenhaft betrachteten, Angst, Not und Verzweiflung männlich und tapfer zu besiegen – was immer auch verdrängen heißt –, können wir das heute nicht mehr so ohne weiteres. Wir benötigen Werte, die Gefühle und Emotionen erlauben, sie ernst nehmen und sie in Entschlüsse und Handlungen einbeziehen. – Die sinnende Helvetia am Basler Rheinufer beeindruckt mich als Symbolfigur, die auf der Suche nach solchen Werten ist. Vielleicht ist es wegen dieser Suche, daß die Künstlerin ihrer Skulptur den Namen «Helvetia auf Reisen» gab.

57

Heute habe ich einmal mehr ein Selbstbildnis einer Analysandin bekommen. Sie zeichnet sich handlos, gesichtslos und ohne Füße. Das sieht man oft. Fehlendes Gesicht, fehlende Hände und Füße deuten nach meiner Erfahrung auf eine Störung im Selbstwertgefühl hin und lassen auf einen verwundeten Sinn für die eigene Identität schließen. Menschen malen solche Bilder, wenn sie sich schlapp und müde fühlen, körperlich wie seelisch, und ihr Selbstwert niedrig ist. Sie erleben sich depressiv und haben das gute Gefühl für sich selber verloren.

Stehen in solchen Zeiten Entscheidungen an und muß die Betroffene trotz allem funktionieren, hat sie große Not damit, fühlt sich handlungsunfähig, ohne Standpunkt und irgendwie gesichtslos, farblos. Sie hat Mühe, um es bildhaft zu sagen, Farbe zu bekennen. In dieser unangenehmen seelischen Befindlichkeit spürt sie die Handlosigkeit im Sinne der Unfähigkeit, zugriffig zu sein, etwas in, an die Hand zu nehmen, deutlich.

Das Märchen «Das Mädchen ohne Hände» (Grimm, KHM 31) zeigt dieses Problem besonders gut auf: Ein verarmter Müller kommt durch den Teufel wieder zu Reichtum. Als Gegenleistung muß er ihm seine Tochter versprechen. Diese schützt sich vor dem Zugriff des Teufels, indem sie sich reinwäscht und mit Kreide einen Kreis um sich zieht. Der Vater muß ihr nun auf Geheiß des Teufels das Waschwasser entziehen, doch sie weint auf ihre Hände, und dadurch bleiben sie rein. Nun befiehlt der Teufel dem Vater, der Tochter die Hände abzuhacken, auch das tut er. Doch über Nacht hat sie wieder geweint, und die Stümpfe sind rein geblieben. Nun hat der Teufel keine Macht mehr über sie.

An dieser Stelle endet das Märchen jedoch nicht, vielmehr beginnt hier die eigenständige Entwicklung der Tochter, die sich von zu Hause und damit von der Vaterproblematik wegbegibt.

Durch eine Reihe von verschiedenen Schritten (unter anderem lange Verlassenheit im Walde), auf denen sie mehr und mehr zu einer positiven Beziehung zu einem Mann geführt wird, entwikkelt sie sich zu sich selber und wachsen ihr schließlich als äußeres Zeichen innerer Erlösung von der negativen Vaterproblematik die Hände nach. Nun kann sie ihr Leben und das ihrer Nächsten aus innerer Autonomie heraus selber handhaben, in die Hände nehmen; sie ist selbständig geworden.

Das Problem der Handlosigkeit, mit anderen Worten sich unfähig und mutlos fühlen, hat zum Teil damit zu tun, daß man kindliche Motivation, etwas zu erforschen, durch Überängstlichkeit, zu große Strenge zum Beispiel, störte. Ein Kind kann dadurch allzu brav und allzu ängstlich werden und sich wenig mehr zutrauen. In einer solchen Atmosphäre bekommt es wenig Ermunterung, das heißt affektive Unterstützung, und hat kaum Gelegenheit, stolz und freudig auf die Resultate seiner Entdeckungen zu reagieren.

Man kann sich nun fragen, was das mit dem Vater zu tun hat, der im eben genannten Märchen die Ursache für die Handlosigkeit ist. Wenn wir seine Bedeutung weiter fassen und über den persönlichen Vater hinausgehen und unter Vater all jene Äußerungen und Handlungen begreifen, die mit Erziehung, Grundsätzen und Führung im positiven wie negativen Sinn zu tun haben, so führt das väterliche Tun dann zu Problemen, wenn Beziehungsmomente zu kurz kommen. Darunter verstehe ich zum Beispiel Ermunterung, Unterstützung, gemeinsames Erleben und die damit zusammenhängende gefühlsmäßige Verbundenheit untereinander. Beziehung im weitesten Sinne schreibt man mehr der Mutter und darüber hinausgehend dem mütterlichen Prinzip zu.

Im Märchen «Das Mädchen ohne Hände» ist der Vater stärker als die Mutter, vermag doch die Mutter die zerstörerische Aktion des Vaters weder aufzuwiegen noch zu bremsen. Ist nun in einer Familie das Vaterprinzip auf Kosten der affektiven Unterstützung und ermunternden Beziehung vorherrschend, wird sich das Kind möglicherweise darauf verlegen, das Leben zu erlernen, statt seinen Impulsen zu vertrauen und das Leben entdecken zu wollen. Geschieht später keine ausbalancierende Selbstausrichtung mehr, so bürgert sich dieses Prinzip, wonach das Leben einzig von anderen zu lernen ist, ein, und dem Betroffenen geht ein Gutteil seiner affektiven Lebendigkeit verloren. Er fühlt sich im oben beschriebenen Sinne unlebendig, kraftlos, nicht animiert, nicht zupackend – handlos.

Die Künstlerin Meret Oppenheim (1913–1985) hat dieser Handlosigkeit durch eine einprägsame Skulptur namens «Genoveva» Ausdruck gegeben (1971, Museum Moderner Kunst, Wien). Die Genoveva-Legende schildert ein Thema, das auch im Märchen «Das Mädchen ohne Hände» vorkommt. Genoveva, wegen eines angeblichen Ehebruchs zum Tode verurteilt, wird durch das Mitleid des Henkers gerettet, der sie heimlich im Wald aussetzt. Dort gebiert sie ihren Sohn «Schmerzereich». Nach einigen Jahren wird sie von ihrem Mann wieder gefunden. Er erkennt ihre Unschuld und führt seinen Sohn und seine Frau ins Schloß zurück.

Meret Oppenheim, die beim Ausbruch des Zweiten Weltkrieges aus Paris in die Schweiz zurückkehrte, erlitt in der Folge eine tiefgehende Krise, die bis 1954 dauern sollte. Das Thema der Ohnmacht, des Verstummens, der Melancholie beschäftigte sie in diesen Jahren. Es sind Jahre, die sie mit jenen Genovevas verglich, die lange Zeit einsam und verstoßen im Wald zubrachte, dem Schmerz ausgeliefert. In diesen Jahren versiegte die Schaffenskraft der Künstlerin fast gänzlich, um erst in den fünfziger Jahren wieder zu neuem Leben zu erwachen.

«Genoveva» erscheint zuerst 1942 in einer Skizze, nach der dann 1971 die erwähnte «Genoveva»-Skulptur erschaffen wird: An einem breiten, flachen Holzstück, das andeutungsweise einen Körper darstellt, sind seitlich und auf gleicher Höhe zwei Kerben angebracht, in welchen je ein gerader, vorne abgebrochener Stekken liegt: Sinnbild der Handlosigkeit, der Ohnmacht, des Verstummens.

Gleich noch einmal sollte dieses Thema in diesen Jahren von ihr aufgegriffen werden, nämlich in der Bleistiftzeichnung «Hand der Melancholie» (1943, René Steiner, Erlach), die andeutungsweise eine geöffnete Hand mit dunklen Handlinien zeigt. Finger und Daumen sind nicht ausgearbeitet und an den Kuppen nicht begrenzt. Die Zeichnung wirkt auf den Betrachter, als ob alle Energie aus der Hand ausflösse. Der Künstlerin ist es gelungen, das menschliche Thema der Ohnmacht auf moderne Weise künstlerisch auszudrücken und eine über die individuelle Erfahrung hinausgehende, beeindruckende Form zu finden, die in ihrer äußersten Kargheit den stummen Schmerz der Ohnmacht und Erschlaffung offenbar werden läßt (vgl. Oppenheim).

Herr M. ist im Grunde auch ein Handloser. Es fällt ihm schwer, seine Gefühle zu äußern, seinen Standpunkt innerlich gefühlsmäßig abzustützen und ihn mit Überzeugung darzulegen. Er traut seinen eigenen Wahrnehmungen kaum und kann sie schlecht vertreten. Das zeigt sich so: Vernünftig kann er sich einen Standpunkt erarbeiten, die Pros und Kontras abwägen, und doch kommt er damit nicht richtig an. Er merkt, daß ihm die andern nicht zuhören, und erfährt, daß man ihn überrundet. Das hat damit zu tun, daß er auf affektiver Ebene überzeugt ist, niemand nehme ihn ernst, und von der unbewußten Gewißheit ausgeht, gar kein Recht auf einen eigenen Standpunkt zu haben.

Er ist also, anders ausgedrückt, von innen her, von den Gefühlen her, nicht genügend unterstützt, sein mental zurechtgelegter Standpunkt ermangelt des positiven Gefühls des «Ich darf». Statt dessen heißt es innerlich «ich darf nicht». Er nimmt in vielen Fällen durchaus richtig wahr und merkt zum Beispiel, wenn sein Gegenüber verärgert ist. Statt diese Wahrnehmung einzubeziehen, sich danach zu richten (was immer heißen kann: ansprechen, Diplomatie anwenden, das Thema wechseln, um später wieder auf den offensichtlich heiklen Punkt zu sprechen zu kommen und anderes mehr), redet er sich seine durchaus richtige Wahrnehmung aus, rationalisiert (z. B. der andere meint es sicher nicht böse, ich nehme mich zu wichtig) und verdrängt sie. Dabei bleibt er auf einem unangenehmen Gefühl sitzen, das ihn bei der

Weiterführung des Gesprächs doch irgendwie stört, sei es, daß es ihn unsicher macht, sei es, daß er weniger wagemutig und selbstvertrauend auftritt, jedenfalls büßt er Kraft ein, und es wundert dann nicht, daß sein Gesprächspartner ihn zu wenig ernst nimmt.

Es kann aber auch geschehen, daß er seine Gefühle überhaupt nicht wahrnimmt, dies durchaus im Sinne der genossenen Erziehung, durch die sie ihm systematisch abtrainiert worden sind durch Nichtbeachtung, Lächerlichmachen, Rationalisieren und allgemeine Abwertung des Gefühlshaften zugunsten von Tapferkeit und Männlichkeit. Er habe eigentlich stets das deutsche Ideal aus dem Nibelungenlied vor Augen gehabt, ein «hehrer Recke» sein zu müssen, edel, tapfer und stark. Wollte er sich durchsetzen, so nahm er sich seine Argumente vor und schwor sich innerlich, tapfer zu sein. Doch das gelang schlecht, weil, wie schon gesagt, er von innen nicht gestützt, getragen wurde. Ihm fehlte der Selbstwert, und er mußte es oft erleben, daß er seinen Standpunkt preisgeben mußte. In wieder anderen Situationen hielt er an seinem Standpunkt mit Verbissenheit fest, auf der Flucht nach vorn sah er nur noch den Sieg. Auf diese Weise machte er sich unbeliebt, weil er stur und gehässig wurde und die Bezogenheit auf sein Gegenüber verlor. Auch dieses Vorgehen war ungünstig.

In dem eben beschriebenen Sinne war Herr M. «handlos». Er konnte, anders ausgedrückt, nicht aus sich heraus unter Einbezug seiner Subjektivität handeln, seinen Standpunkten fehlte der affektive Boden, und er hatte Schwierigkeiten, seine Überlegungen mit seinen Gefühlen zu verbinden. Tief in seinem Innern herrschte eine depressive, resignative Befindlichkeit. Handlosigkeit im Sinne von Mutlosigkeit und daraus hervorgehender affektiver Unlebendigkeit bestimmten weitgehend sein Dasein.

Als wir in einer Sitzung einmal mehr auf dieses Thema zu sprechen kamen, erzählte er mir, daß man ihn zu Hause immer als linkisch abqualifiziert und ihm den Vorwurf gemacht habe, zwei linke Hände zu haben. In einer der nächsten Sitzungen fragte er mich gegen das Ende hin, warum ich so unruhig sei. Tatsächlich war ich auf meinem Stuhl hin und her gerutscht und konnte bei mir im nachhinein eine gewisse Unbeteiligtheit am Thema feststellen.

Diesmal war er also nicht «handlos» auf einer Wahrnehmung sitzengeblieben, sondern hatte mich darauf angesprochen und seiner Wahrnehmung gemäß gehandelt. Es ergab sich, daß er im Gespräch an einer Stelle ziemlich unsicher geworden war, dies aber unterdrückt hatte und deshalb unbeteiligter gesprochen hatte. Ich reagierte durch Unbeteiligtheit, die ich unbewußt durch meine Körperreaktion zum Ausdruck gebracht hatte.

Schneller als sein Gegenüber hatte er wahrgenommen, daß etwas nicht stimmte, und hatte es angesprochen. Daraus ergab sich ein hellwaches, bezogenes Gespräch.

Es war dann auch an dieser Stelle, daß ich ihm eine merkwürdige Wahrnehmung meinerseits erzählte, die ich in der ersten Stunde in bezug auf ihn hatte (sie lag weit über ein Jahr zurück): Damals, als er mir zum ersten Mal gegenübersaß, mutete mich sein rechter Arm lahm an. Ich registrierte dies und testete gleichzeitig die Realität. Da war nichts, das an einen lahmen Arm gemahnte, er hing nicht schlaff herab, und trotzdem schien mir der Arm nicht wirklich dazusein. Solche mich bizarr anmutende Wahrnehmungen gehen nicht verloren, sie begleiten mich als möglicher Ausdruck einer zweiten Wirklichkeitsebene und erweisen sich zu einem viel späteren Zeitpunkt der Analyse oft als sinnvoll.

Diese frühe Wahrnehmung brachte ich also in dieser Stunde ein, ich fand, sie passe hierher, und sie konnte von ihm als ein gutes Gesehenwerden aufgenommen werden, weil sie zu einem Zeitpunkt in die Analyse einfloß, als ihm das Problem der mangelnden affektiven Sicherheit und der Handlosigkeit schon weitgehend bewußt war. So bewußt war, daß er nicht nur intellektuell verstanden hatte, sondern auch bereits danach handeln konnte, indem er seiner Wahrnehmung traute und mich fragte, warum ich so unruhig sei und mich öfter als sonst bewegen würde.

(> 18, 36, 45, 46, 58)

58

Es ist Osterzeit, ich habe Barbarazweige in eine Vase gestellt und an ihnen die leergeblasenen, von einer Freundin bemalten Ostereier aufgehängt und meine «Osterlisel», ein sitzendes Porzellanmädchen, das in jedem Arm ein als Väschen dienendes Ei hält, hervorgeholt. «Osterlisel» grenzt an Kitsch, doch sie ist auch sehr anmutig, weshalb sie um diese Zeit ihren Platz auf dem Kaffeetisch einnehmen darf. Auch Naturfarben habe ich gekauft, um Eier zu färben. Die Osterglocken im Garten, die Primeln, Krokusse und Stiefmütterchen, alle blühen sie gerade zur rechten Zeit, und auch der große, wilde Kirschbaum am Waldrand hat sich bereitgemacht, seine Knospen zu öffnen, bald wird er sein wie eine weiße Braut unter den sonst noch unbegrünten Bäumen.

Ich bin froh gestimmt, und nur ganz am Rande beschäftigt mich die tiefere Bedeutung von Karfreitag und Ostern. Ja, ich erinnere mich eben, daß ich gestern im Gespräch sagte, eigentlich hätte ich bis heute die Bedeutung der Kreuzigung nicht verstanden, ich würde nicht begreifen, daß Gott seinen Sohn sterben ließ.

Das stimmt aber nicht, gleichsam auf einer tieferen Ebene glaube ich, zumindest ein Quentchen dieses Geschehens verstanden zu haben. Doch in froher Stimmung bin ich jeweils nicht auf jener Ebene, wo das Dunkel wohnt.

Im Anschluß an eine Supervisionsstunde kam ich wieder in Kontakt mit dem, was ich an Jesu Kreuzigung begriffen zu haben glaube. Es ging um ein vorzeitiges Ende einer Analyse: Eine Frau mit schwerer Borderlinestörung brach ihre Analyse ab, was sich vordergründig als Enttäuschung an der Analytikerin, die ihre Wünsche nach Nähe und idealer Mütterlichkeit nicht erfüllen konnte (das kann kein Analytiker), verstehen ließ.

Wir besprachen die Angelegenheit, und es zeigte sich wie so oft bei einer solchen Problematik, daß die Klientin in der Tiefe an die

Archetypen der Hölle und des Paradieses fixiert geblieben war, was das Selbst- und Welterleben ganz kraß nach dem Raster Entweder-Oder, Schwarz-Weiß, Gut-Böse prägt. Das Ich findet keinen sicheren Boden, sondern erlebt sich von gewaltigen archetypischen Kräften vereinnahmt.

Bei dieser Klientin war neben einer positiven Übertragung auch die Konstellation der Hölle sehr deutlich: Die Analytikerin wurde attackiert, herabgemindert, verzerrt als untauglich, bös und verfolgend wahrgenommen. Damit verbunden waren Gefühle des Auseinanderfallens (Fragmentierung) und sogar der Depersonalisation. In einem solchen Fall erfolgen oft projektive Identifizierungen, was bedeutet, daß der negative Anteil der Persönlichkeit der Analysandin in die Analytikerin gelegt und dort bekämpft und verfolgt wird.

Das ist im Grunde eine Überlebensstrategie, da es der Betroffenen zuzeiten schlicht nicht möglich ist, die eigenen negativen Anteile zu tragen, weshalb sie nach außen verlegt und dort bekämpft werden. Eine projektive Identifizierung ist außerordentlich schwer zu ertragen, sie geht buchstäblich unter die Haut, und selbst wenn man in diesem Leiden die Not der Analysandin ermessen kann, bringt das nicht immer die nötige Distanz. Die Analytikerin hatte versucht, analytisch zu arbeiten und die Dinge auseinanderzunehmen, wollte in guter Absicht die Angelegenheit mit Worten klären. Das versucht man in solchen Fällen, man gerät dabei aber sehr schnell in ein Wortgefecht, weil beide von negativer Energie affiziert sind. Außerdem können Worte das Leiden nicht erreichen, sie stiften eher Verwirrung, als daß sie Einsicht erlauben.

Ich versuchte zu zeigen, daß hier manchmal das Aushalten und der Verzicht auf Interpretation günstiger sind, Worte würden wegen der Fragmentierung und großen Not der Analysandin nicht verstanden, sie könne sich emotional nicht darauf beziehen. Und weiter gab ich zu bedenken, daß es sich manchmal lohne, den Kampf um Klarheit, Einsicht und Verständnis ruhen zu lassen und auf die imaginale Ebene umzusteigen, sich als Analytikerin der Bildwelt zu öffnen und, falls ein Bild aufsteige, dieses in den Raum zu stellen. Bisweilen würden Menschen in dieser Not das Bild aufgreifen, und es könne eine Bildergeschichte entstehen, an der beide weiterspinnen, ein Dialog, der bis anhin vielleicht überhaupt nie möglich gewesen sei, könne sich einstellen. Das sei bei Borderlinepersonen günstig, weil sie sehr nahe dem kollektiven Unbewußten seien und Zugang hätten zu Bildern. Außerdem sei ihr Selbst – als die Psyche einigender Faktor – wenig konstelliert, und das Ich assoziere sich abwechselnd mit verschiedenen Zentren oder Systemen, die aber nicht mit dem Selbst verbunden seien. Es könne, fuhr ich fort, auf imaginaler Ebene ein Dialog entstehen, der bislang nicht möglich war. Das imaginale Feld erlaube eine Art Dialog, der, weil nur indirekt emotional, dem Borderlineklienten die nötige Distanz ermögliche.

Noch in der Stunde, jedoch besonders nachher, hatte ich den deutlichen Eindruck, der Analytikerin nicht das vermittelt zu haben, was sie vielleicht gebraucht hätte. Ich empfand mich als belehrend und etwas getrieben, ihr darzustellen, was sie auch noch hätte tun und machen können. Diese Überaktivität meinerseits hatte ich ausagiert, statt sie als Gegenübertragung festzustellen und mich zu fragen: Warum fühle ich mich gedrängt, so viel zu sagen?

Nun wurde mir im nachhinein klar, daß ich dieses drängende Element hätte reflektieren müssen. Ich hätte schlicht sagen können, weniger tun wäre wohl angezeigt gewesen. Ich denke, daß die Analysandin in ihrer Not und Fragmentierung sich in Argumentation stürzte, in den negativen Animus geriet, ihren sie bedrohenden Anteil aufgrund projektiver Identifizierung in der Analytikerin bekämpfte und aufgrund der Not über ihre innere Bodenlosigkeit in Getriebenheit geriet und die Analytikerin ebenso ins Machen stürzte und sie bewog, mit Einsicht und Analyse die Situation zu entwirren und Empathie anzubieten.

In der Supervision wurde das von mir nicht erkannt, und ich geriet in dieselbe Gegenübertragung wie die Analytikerin und wollte ebenfalls etwas bieten und machen.

Dort, wo derart negative Kräfte am Werk sind, müssen wir als Analytiker manchmal anheimstellen, geschehen lassen, uns einer anderen Ebene öffnen, das Dritte einbeziehen, was sich zum Beispiel durch das Aufsteigen eines Bildes ereignen kann, das eventuell weiterführt und den Kontakt mit einer guten Kraft im Analytiker sowie in der Analysandin ermöglicht und den Dialog zwischen den beiden vielleicht wieder punktuell weiterzuführen vermag. Diesen archetypischen Kräften gegenüber sind wir im Grund mit Machen, Worten und Einsicht machtlos, hier geht es darum, daß die Analytikerin versucht, sich nicht verwickeln zu lassen, daß sie bleibt – und nun komme ich auf das angetönte Thema der Kreuzigung zurück:

Jesus wurde verraten und gekreuzigt, bat darum, daß dieser Kelch an ihm vorübergehen möge, und sprach zum Schluß die Worte: «Vater, in deine Hände befehle ich meinen Geist!» (Luk. 23,46) und verschied und auferstand an Ostern.

Versuche ich mich mit all meiner menschlichen Beschränkung in dieses Geschehen hineinzufühlen, so ist dies die äußerste Verlassenheit, die Gottverlassenheit, das Erleben, daß Gott seinen Sohn sterben läßt. Und trotzdem glaubt Jesus an den gütigen Gott, glaubt, daß Gott gegen Gott siegt. Diese Strecke der totalen Auslieferung an die Dunkelheit des Karfreitagsgeschehens überlebt der glaubende Jesus, der Sohn, der an den guten Vater glaubt.

Die Zeit zwischen Karfreitag und Ostern ist dunkel und bedeutet Ausgeliefertsein. Übertragen auf die psychische Situation, in welcher ein Mensch von den archetypischen Kräften der Dunkelheit gefangen ist, frage ich mich, ob uns Analytikern nicht ein Stückchen Glauben not tut, der ängstliche Glaube nämlich an die guten Kräfte, daß sie sich nach einer Strecke des tiefsten Ausgesetztseins in Dunkelheit, Abgrund und Not vielleicht wieder zeigen? Als Analytiker müssen wir manchmal stellvertretend für die Analysanden versuchen, daran zu glauben, und alles Machenwollen aufgeben, uns öffnen; vielleicht steigt ein Bild auf, ein Gedanke, werden wir zu einer Geste, zum Bleiben und Stillhalten geführt, vielleicht wird ein wenig Hilfe von dem Engel

(Luk. 23,43) erlebt, der Jesus in Gethsemane in seiner Not stärkte. Hier können wir nicht mehr machen, hier können wir nur versuchen zu bleiben und anheimzustellen.

Daraus nun einfach ein therapeutisches Rezept ableiten zu wollen und oberflächlich zu sagen, der Therapeut müsse einfach glauben, vereinfacht die Sache zu stark, macht sie auch lächerlich, denn zu sehr ist es vielen von uns geschehen, daß die religiösen Begriffe entleert wurden, man glauben mit machen verwechselte, meinte, Glauben machen zu können. Nein, diese und andere Situationen, in denen wir als Therapeuten der Negativität ausgesetzt sind, sind tiefes Leid, so tiefes, daß es geschehen kann, daß sich das innere Wissen ereignet, an die guten Kräfte glauben *zu müssen* – aus schierer Verzweiflung. Das aber als Rezept und übertragbar ansehen zu wollen geht an der Sache vorbei; es kann sich nicht darum handeln, in schwierigen therapeutischen Situationen ein bißchen guten Willen zu haben und ein bißchen zu glauben. Es ist hier nicht das Ich, das die Sache macht, es ist die Bereitschaft des Therapeuten, gegen das Ausgesetztsein nicht Abwehren zu errichten, sich zu lassen und zu bleiben. Und auch das noch: Ich kann von mir als Therapeutin nicht sagen: Das kann ich. Man kann es nämlich nicht. Die Existenz ist zu brüchig, mal gelingt es, mal gelingt es nicht, und manchmal gelingt es stückchenweise. Die guten Kräfte sind trotz unserem Verlangen nach ihnen und unserem Bemühen nicht berechenbar, das Gute, man kann durchaus auch sagen Gott, ist nicht berechenbar.

Dieses Fenster in meinem unbeschwerten Alltag wurde mir durch die Supervisionsstunde geöffnet, und ein Teil der tiefernsten und letztlich unbegreiflichen Kreuzigungsszene wurde mir wieder deutlich. Ich habe darum gewußt, doch wer befaßt sich schon in frohen Stunden mit der todernsten Tragweite des Karfreitags?

Nüchterner betrachtet, hätte ich in der Supervisionsstunde meine Gegenübertragung, die sich in einem gewissen Gedrängtsein, etwas zu bieten und zu machen, äußerte, bezüglich der Analytikerin und ihrer Klientin wahrnehmen und mich fragen sollen:

Warum fühlst du dich gedrängt, etwas zu bieten? – und hätte mir bewußt werden müssen, daß auch sie sich in gleicher Art gedrängt fühlte, und gemeinsam hätten wir darüber reflektieren sollen, was anderes vielleicht not getan hätte. Dann wäre sie gegangen, und vielleicht hätte sie eine für sie stimmige alternative Haltung und Symbolik zum Bieten- und Machenwollen gefunden.

Dieses Beispiel zeigt deutlich, in welchem Maße die Gegenübertragungsreaktion, die sich in diesem Fall im Bietenwollen äußerte, sich auch auf mich, die supervidierende Analytikerin, übertrug und auch ich etwas Machbares in den Raum stellen wollte. Das Ganze hat nichts mit Schuld zu tun, sondern mit der Wucht dunkler Kräfte, die in der Analysandin dermaßen aktiv waren, daß sie diese (unbewußt) zur Entlastung auf die Analytikerin übertragen mußte. Therapeutische Situationen dieser Art fordern unseren Respekt gegenüber unseren Analysanden und ihrem Leiden und bezüglich der dunklen Kräfte, die sich nicht mit irgendeiner «Technik» bezwingen lassen. Das Dunkel hält beides bereit, Scheitern und Wandlung; die Richtung zu bestimmen liegt nicht immer in unserer Hand.

(> 18, 36, 45, 46, 57)

59

Kürzlich hörte ich einen Vortrag über personale und transpersonale Kräfte, die sich im Körper äußern können. Damit meinte der Vortragende, daß sich im Körper nicht nur Persönliches ausdrücke, sondern auch Überpersönliches. Das Magengeschwür ist nicht nur ein Symptom persönlicher Verstrickung und von Streß, sondern vor allem Ausdruck der archetypischen Kräfte, die ein neurotisches Verhalten bedingen. Zum Beispiel ein archetypisch negatives Vaterbild, durch welches sich ein Betroffener als ein Nichts empfindet, wie es im seine Kinder fressenden griechischen Gott Saturn symbolisiert ist.

Es hat mich erstaunt, daß der Vortragende sprach, als wehre er sich gegen Kollegen, die allein den persönlichen, personalistischen Aspekt im Auge haben, stets nur die persönliche Geschichte herbeiziehen und darüber nicht hinaussehen können. Es schien mir, als übergehe er die Tatsache, daß das Transpersonale, Archetypische im Persönlichen aufleuchtet. Der Archetyp zeigt sich selten rein, und tut er das bisweilen, zum Beispiel im Traum, so ist das nicht nur ein bedeutender Traum, sondern auch ein Ereignis, das manchmal noch sehr weit vom Bewußtsein entfernt ist.

Gestern habe ich dieses Aufleuchten des transpersonalen, archetypischen Aspekts in der Biographie und im Lebensvollzug eines einzelnen gesehen. Es handelt sich um einen älteren Mann, der schon über ein Jahr bei mir in Analyse ist. Seine Biographie zeigt das Thema der Ablehnung in mannigfaltiger Facettierung auf. Als Kind erlebte er sich einsam, ungeborgen, und diese Gefühle blieben bis in sein Erwachsenenalter bestehen.

Schon mehrmals hatte er mir erzählt, daß er sich, wenn er sich abgelehnt fühlen würde, in den Keller zurückziehe. Dann dauere es eine ganze Weile, bis er wieder zur Familie ein unbelastetes Verhältnis finden könne. Ich dachte mir dabei, daß er sich dann wirklich im Keller fühle, erniedrigt, im dunklen und trostlosen Bereich seiner Seele. Das Ernstnehmen seiner Geschichte ergab jedoch ein anderes Bild: Als Kind schon habe er sich in den Keller zurückgezogen. Da sei nämlich die Waschküche gewesen mit den noch altertümlichen Waschgeräten, unter anderem einem riesigen kupfernen Waschkessel, den man durch ein Feuer erhitzte und in dem die Wäsche gekocht wurde. Dieser Waschkessel – gemütlich, rund und urtümlich in seiner Form – sei ihm wie eine große Glucke vorgekommen. Er habe jeweils die Geräte in der Waschküche reinigen müssen und erinnere sich noch gut daran, wie gerne er das jeweils getan habe. Hingebungsvoll habe er die verschiedenen Hahnen und Hähnchen poliert. Die Waschküche sei ein Raum gewesen, wo er sich wohl gefühlt habe. Auch heute sei das noch so, daß er sich im Keller geborgen und beheimatet fühle. Sein Rückzug in den Keller hatte also eine Funktion, war nicht, wie ich gedacht hatte, Ausdruck der Schuld, Scham und des Abgelehntseins, Keller war etwas Gutes und bedeutete ein Zipfelchen Glück.

Dieses Beispiel zeigt einen transpersonalen Aspekt in der konkreten Realität. Waschküche und Kupferkessel haben dem Kind Geborgenheit und Beschütztsein vermittelt, und der Keller weckt in ihm noch heute diese Gefühle. Der hier wirksame transpersonale Aspekt mit den genannten Gefühlen kann dem Mutterarchetypus zugeordnet werden. Im Keller geschah und geschieht ihm Mutter im Sinne von Geborgenheit und Beschütztsein.

Das überpersönliche Element läßt sich nicht vom persönlichen trennen, das archetypische Element erscheint meistens gebrochen in persönlichen Aspekten. Zeigt es sich indessen deutlicher, beispielsweise in einem Traumbild, dessen archetypischer Gehalt unübersehbar ist, so ist das meist ein Zeichen des Besonderen, nicht Alltäglichen – im positiven wie im negativen Sinne.

Das Kleine ist Abbild des Großen, der Kraft, die hinter den Dingen wirkt: Da kann man nicht säuberlich in personal und archetypisch trennen. Wo käme man denn hin? Nun wohl bloß ins unselige Abgehobensein, in einen Bereich des Geistes allein. Nein,

«Gott ist auch zwischen den Kochtöpfen», wie die spanische Mystikerin Theresa von Avila (1515–1582) einst sagte. Die persönliche Geschichte verlangt danach, «gelesen» zu werden im Hinblick auf die gefühlte Erfahrung und das Verstehen von Zusammenhängen, aber auch hinsichtlich überpersönlicher Lebensthemen.

In der nächsten Stunde spricht Herr G. davon, daß er im Keller wieder zu arbeiten begonnen und eine Arbeit hervorgenommen habe, die vor zehn Jahren zwar angefangen, aber nicht beendet wurde. Es sei ein meterlanges Handelsschiff, «Cathy Shark» genannt, das im 18. Jahrhundert für den Handelsverkehr zwischen England und Indien eingesetzt worden war und als einziges der damaligen Flotte noch unversehrt vorhanden und heute in London im Trockendock ausgestellt sei.

Er müsse jedes Holzteilchen selber sorgfältig und maßstabgetreu herstellen, manchmal sogar mit Dampf biegen und es dann in einem unglaublichen Geduldsaufwand einsetzen. Die «Cathy Shark» sei kein Kriegsschiff, das sei ihm bei der Wahl wichtig gewesen, und er habe lange suchen müssen, um ein solches Modell zu finden. Manchmal arbeite er bis spät in die Nacht, über Mitternacht hinaus, an seinem Vorhaben, es erfülle ihn und helfe ihm, die dunklen Stunden durchzustehen.

Ich finde es außerordentlich passend, daß ihn sein Unbewußtes wieder zum Schiffsplan hingelenkt hat. Schließlich brauche er, sage ich nun, im übertragenen Sinne wirklich ein Schiff, um die dunklen Wasser der Depression durchfahren zu können. Ein Schiff sei ein inneres Gefäß, sei mütterlich haltend, nicht umsonst werde im Englischen ein Schiff eine «she» genannt. Auch müsse man an die Galionsfigur denken, diese sei immer eine Frau, sie breche die Wellen. Das innere Schiff – das haltende, tragende Gefäß – ist indes nicht allein ein hoffnungsvolles Bild, es entspricht auf emotionaler Ebene dem Gefühl des Getragenseins.

Nun hat Herr G. in seiner Geschichte, besonders seiner frühen, großen Mangel an Geborgenheit und haltenden Erfahrungen erlebt. Worauf kann er denn zurückgreifen in den Zeiten seiner Depression, die sich gerade durch Verlorenheit und totales Fehlen innerer Geborgenheit auszeichnen? Es ist die Aufgabe des Therapeuten, hier besonders gut hinzuhören, zu lauschen, um die noch so kleinen Spuren eines Geborgenheitsgefühles auszumachen. Daß er sich nicht allein aus Verlassenheit und Depression in den Keller flüchtete, wie nach seiner Darstellung zu vermuten anstand, hatte die letzte Stunde erbracht. Keller bedeutete in der Kindheit auch etwas Gutes: Waschküche, großer Kupferkessel, einer Glucke gleich.

Offenbar reicherte sich dieses Gefühl, auf das wir in der vorangegangenen Stunde gestoßen waren, in der Zwischenzeit an und führte ihn dazu, das Schiff wieder hervorzunehmen. Dieses Vorhaben ernst zu nehmen gehört auch zur Aufgabe des Therapeuten. Auch das Kleine erfordert unsere Aufmerksamkeit, es will in seiner Bedeutung erkannt und bezeugt sein.

Heißt das deutend sagen, daß das Schiff ein weiblich-mütterliches Symbol sei? Nein, so nicht, viel eher handelt es sich darum, bedeutend darauf hinzuweisen und, wie oben bereits erwähnt, etwa zu sagen, er brauche ja nun wirklich ein Schiff in dieser Lage. Außerdem handelt es sich darum, zu verstehen zu geben, daß man dieser Tätigkeit Bedeutung zumißt, sie ernst nimmt und für wertvoll hält.

Das nun ist nicht Deutung in einem von der Person des Analytikers abgehobenen Sinne, sondern ist ein Bedeutung-Zumessen. Dieses Bedeutung-Zumessen kann niemals eine vom Therapeuten losgelöste Aussage sein, sondern basiert auf dem Dialog, geht aus dem Widerhall hervor, den Herr G. durch sein Erzählen vom Schiff ausgelöst hat. Herr G. braucht aufgrund seines Mangels an Vertrauen dieses Bedeutung-Zumessen, zudem Einfühlung, Widerhall und affektive Unterstützung.

Indessen soll Deutung dort nicht ausgelassen werden, wo sie der Verknüpfung seines erwachsenen Ichs mit dem inneren traumatisierten Kind von einst dient. Deshalb habe ich dann in der Folge auch mit deutender Absicht die folgende Überlegung in den Raum gestellt: Sie scheinen mit dem Bau des Schiffes auch einen

Bubentraum nachzuholen, sagten Sie mir doch, daß eine solche Beschäftigung in ihrer Kindheit einfach nicht dringelegen habe.

Und in der Tat, diese deutende Verknüpfung führte Herrn G. dazu, von den äußerst kargen Spielmöglichkeiten in seiner Kindheit zu erzählen. Und nun knüpfe ich da wieder an, diesmal seine aktive Ich-Tätigkeit würdigend, und sage, daß er wie ein guter Elternteil für sein inneres Kind sorge. Diese Art Widerhall kann ihn unterstützen, könnte ihm erlauben, eine Aktivität, die ihm guttut, auszudehnen.

Der Widerhall meinerseits und die Ausdehnung des guten Mütterlichen-Tragenden in Herrn G.s seelische Befindlichkeit, wie es sich in diesen zwei Stunden beobachten ließ, wäre wohl nicht zustande gekommen, wenn wir uns nicht in einer Phase positiver Übertragung und Gegenübertragung befunden hätten. Daß dies geschehen konnte, ist letztlich mit Erklärungen nicht zu fassen, das geschieht, wenn wir anheimstellen. Dieser positive Energiefluß und das, was aus ihm erwächst, erlaubt ein Nachholen des subtilen, bezogenen Dialogs, der zwischen dem Kind und seiner Mutter nicht in genügend guter Weise stattfinden konnte. Ein solcher Dialog ist eine wesentliche Voraussetzung für die Entstehung innerer Getragenheit, des Vertrauens in sich und die Welt und der Nährboden zugleich für Identität.

Immer mehr unterscheidet sich Herr G.s bewußtes Ich vom inneren Kind. Dieses Kind habe ungeheuer große Erwartungen, und wenn die Dinge nicht so eintreffen würden, wie erwartet, dann sei es traurig, «sauer», wütend und mauere sich wieder ein. Erwartungen seien indes etwas anderes als Hoffnungen. Hoffen könne man immer, aber erwarten könne man eigentlich nichts. In der Zwischenzeit ist ihm auch ein Name für das Kind eingefallen, es heißt Sebastian und erweist sich nicht mehr eigentlich als Kind, sondern eher als etwa gleichaltrige Figur, die Seite in ihm, die, gesteuert von kindlichen Erwartungen, in ihm lebt, Perfektion erwarte, Angst habe, seelisch verkrüppelt, depressiv sei, sich ohnmächtig fühle und immer wieder daran gehe, sich einzumauern. Er versteht nun aber auch, warum er sich für lange Zeit eingekerkert hat. Das war eine Überlebensstrategie, um nicht immer wieder von neuem verletzt zu werden. Diese Strategie paßt nun nicht mehr, seine Seele möchte auch neue Erfahrungen machen, die Mauern sind zu eng geworden.

60

Unlängst habe ich mir eine kleine Ikone gekauft, die das Auge Gottes darstellen soll, wie man mir im Geschäft versicherte. Ob ich das glauben soll? – denn soweit ich mich erinnere, gehört das Bild mit den zwei überlagerten Rhomben zur Ikone des brennenden Dornbusches (vgl. Hoerni). Das wird sich nach meiner Rückkehr aus dem Baltikum bewahrheiten; der Verkäufer hat phantasiert – und dies gar nicht so schlecht.

Es gibt keine Ikone, die das Auge Gottes meint, doch werde ich hier in Litauen auf viele Dreiecke aufmerksam, die ein einzelnes Auge umgeben, es sind Symbole für die Weisheit der Dreifaltigkeit. Es ist denkbar, daß der Verkäufer seine Erklärung davon ableitete.

Doch vorerst regt mich die Bezeichnung «Ikone des Auges Gottes» für meine Ikone sehr an: Es handelt sich dabei um eine Darstellung, auf der zwei an den Ecken in die Länge gezogene Rhomben übereinander gelagert sind und dadurch einen Stern mit acht Spitzen bilden. Im Zentrum erscheint in einem Kreis Maria mit dem Jesuskind auf ihrem Schoß.

Diese Ikonenformel beeindruckt mich, ihre Aussage ist, daß durch Gottes Auge das Weibliche blickt und daß der Mensch, der Gottes Auge sucht, in ihm Maria und das Kind erblickt.

Von entwicklungspsychologischer Seite wird darauf hingewiesen, daß das Auge der Mutter von großer Bedeutung sei, denn so wie sich das Kind vom Auge der Mutter wahrgenommen erlebt, bildet sich in ihm ein entsprechendes Gefühl für sich selber.

Der Gedanke ist, daß, je nachdem wie die Mutter das Kind anblickt, zum Beispiel freundlich liebend oder hart und abweisend, die Grundstimmung und das Bild, das das Kind von sich hat, begründet werden. Blickt die Mutter in genügender Weise freundlich liebend, so trägt sie dazu bei, daß sich das Kind freundlichliebend annehmen und ein positives Bild von sich entwickeln kann. Ist das Gegenteil der Fall, dann wird möglicherweise die Basis für Selbstablehnung, das Gefühl, nicht in Ordnung zu sein und kein Lebensrecht zu haben, gelegt. Das bedeutet, daß späteres Selbst- und Welterleben von der anfänglichen, ungünstigen Erfahrung mitgeprägt sein werden.

Auch die Gottesvorstellung bezieht eine ihrer menschlichen Voraussetzungen aus der Früherfahrung an der Mutter und anderen fürsorglichen Bezugspersonen. Werden diese als hart und abweisend erlebt, so wird Gott (oder was Gott genannt wird) als strafend und lobend erfahren, jedoch nicht als ein bedingungslos Liebender.

Die falsche Bezeichnung meiner Ikone als Auge Gottes macht großen Sinn und gibt der Hoffnung Ausdruck, Gott möge auch in seiner mütterlichen Zuwendung gesehen werden können, als einer, der sich barmherzig um die Menschen kümmert. Die Formel «Der Herr lasse sein Angesicht über dir leuchten und sei dir gnädig!» (4. Mos. 6,25) könnte dann als Auge Gottes vorgestellt werden, in dem Maria mit dem Jesuskind geschaut werden kann und das dem Menschen ein liebendes und fürsorgliches Gesehenwerden schenkt.

61

Lieber Steve,
auf Deinen Anruf unlängst mit der Bitte, die Frage, wie sich mein
Umgang mit Träumen seit meiner Ausbildung zur Analytikerin
verändert habe, für eine Zeitschrift zu beantworten, möchte ich in
Briefform eingehen. – Die Frage hat mich in den letzten Wochen
begleitet, unaufdringlich, doch regelmäßig, und ich habe sie mitgenommen auf eine lange Reise zum nördlichsten Zipfel Dänemarks hin, wo ich in Skagen, dem geschichtsträchtigen Ort einer
zur Jahrhundertwende überaus bekannten Künstlerkolonie, ein
paar Tage Ferien verbringe. Hier sind Natur und Kunst so nahe
beieinander, wie ich es sonst noch nirgends angetroffen habe, und
das führt mich gleich zu unserem Thema!
Wenn ich es so recht bedenke, habe ich im Studium die «Kunst
der Trauminterpretation» gelernt, mir wurde beigebracht, einen
Traum «lege artis» symbolisch zu deuten. Etwas plakativ ausgedrückt, dachte ich bei Sonne in einem Traum an Helios, verstand
ich einen Fisch als Inhalt des Unbewußten und einen Apfel als
Apfel der Erkenntnis. Mein Traumverständnis hatte bisweilen
die gefährliche Neigung, sich im luftleeren Raum zu bewegen
und der Natur im weitesten Sinne wenig Rechnung zu tragen.
Ich machte etwas mit dem Traum, mehr als ich den Analysanden
machen ließ, ihm Raum gab, seiner Natur nachzuspüren. Von
heute her gesehen, immerhin zwanzig Jahre später, war das keine
Kunst, war das Ausdruck meiner Unsicherheit. Aufgrund meiner
intensiven Auseinandersetzung mit den narzistischen Störungen
sehe ich heute die Träume viel mehr im Zusammenhang mit der
Gesamtsituation des Analysanden, seiner inneren und äußeren
Landschaft, symbolisch gesprochen.
Es ist mir wichtig geworden, dem Analysanden bei der Traumarbeit Raum zu geben. Es ist ja schließlich sein Traum, er hat ihn

geträumt, und wenn er auch noch nicht genau weiß, was der Traum ihm sagen will, so «muß» seine Seele darum wissen, ja es sogar letztlich besser wissen als ich, seine Analytikerin. Wie ich diesen Raum gewähre, meine ich Dich fragen zu hören? Nun so:

Ich versuche, meinen Analysanden dazu anzuhalten, nichts von mir anzunehmen, das ihm nicht Sinn macht, ihn nicht berührt. Anders ausgedrückt, weise ich darauf hin, daß ich auf seine Reaktionen auf meine Hinweise zum Traum angewiesen bin, damit etwas für ihn Förderliches daraus hervorgehen kann. Das ist nun nicht leicht, denn die vielfältigen Aspekte der Autoritätsübertragung (Vater, Mutter, Lehrer, Guru usw.) machen es dem Analysanden schwer, seine Reaktionen auf meine Hinweise zum Traum überhaupt zu hören und wahrzunehmen. Ferner sind es ebendiese Autoritäten als innere Figuren im Analysanden, die es ihm schwierig machen, seine eigene Ansicht zum Traum zu hören und auszusprechen zu wagen.

Raum geben bedeutet weiter, mit dem Analysanden nochmals in den Traum hineinzugehen und das Gefühl (die Gefühle), das im Traum erlebt worden ist, nachzuvollziehen. Taucht zum Beispiel das Gefühl des Ausgelachtwerdens auf, wird danach gefragt, ob dieses Gefühl dem Analysanden bekannt ist, ob es eine Geschichte hat, wie es war, als er dieses Gefühl vielleicht kürzlich erlebte, ob er sich selber auslacht, andere auslacht, er sich von mir ausgelacht fühlt. Raum geben bedeutet also zunächst emotionszentriert, erlebniszentriert arbeiten und erst in zweiter Linie symbol- und inhaltsorientiert mit dem Traum umgehen. Emotionszentriert arbeiten heißt vom Traumerleben ausgehen, bedeutet den Analysanden in seinem Traumerleben spiegeln. Die Basis für den emotionszentrierten Umgang mit dem Traum ist Empathie. Emotionszentrierte Arbeit am Traum erlaubt Beziehung, ist empathisches Gesehenwerden, ist Dialog. Erst wenn sich der Analysand seinem Traumerleben öffnen kann, mich teilhaben läßt an diesem Erleben, kann eine Deutung überhaupt gewagt werden. Erst aufgrund gefühlsmäßiger Bezogenheit ist Traumanalyse möglich (vgl. Asper 1989).

Folgender Frage messe ich größte Bedeutung zu: Wer träumt? – ein Komplex (z. B. Angstkomplex) oder das Selbst im Sinne eines inneren Führers zur Selbstentfaltung? Eine hochwichtige Frage! Denn gerade Menschen, die, narzistisch verwundet, sich nicht mit ihren Gefühlen verbunden erleben, sind sehr stark von Grandiosität und Depressivität geprägt und verarbeiten den Traum in diesem Sinne. Anders ausgedrückt, verwechseln sie oft das Selbst mit einem strengen, inneren Richter und projizieren sozusagen einen alten König ins Unbewußte hinein, kurz, sie erliegen einer negativen Inflation. Integrieren sie indessen den Traum grandios, blasen sie sich auf, und das Selbst wird als Stimme Gottes aufgefaßt, mit der sie sich identifizieren. Daß ein solcher Vorgang ungünstig ist, versteht sich von selbst und bedarf keiner weiteren Ausführungen. Die Frage also: Wer träumt? lockert diesen automatischen Vorgang und gibt dem Ich mehr Freiraum zur Selbstbefragung, Introspektion und zum Anschluß der Gefühle.

Schließlich habe ich gelernt, es hinzunehmen, daß wir bei einem Traum oft nicht zu einer klaren Deutung kommen, kein Ergebnis erreichen. Der Traum ist ein zartes, flüchtiges Gewebe, es ist oft besser, wenn wir Freiraum behalten können. Dabei geschieht es immer wieder, daß sich später eine weitere Einsicht zu einem einst gehabten Traum anschließt. Es ergibt sich daraus, daß ich dafür plädiere, dem Traum die Ehre anzutun, ihn mit dem Analysanden meditiere, diesen auffordere, den Traum auch außerhalb der Sitzungen mit sich herumzutragen und an ihm weiterzuspinnen. Der Traum soll durch unser Bemühen mit der gegenwärtigen und vergangenen Lage des Analysanden verwoben und mit seinen Zukunftsvorstellungen verbunden werden. Wenn ich es recht bedenke, handelt es sich um ein Weiterspinnen an einem Naturvorgang. Das erfordert einen ähnlichen Umgang wie mit der Natur: Wartenkönnen, Dabeisein, gutes Klima und Bezogenheit, nicht zuviel, aber auch nicht zuwenig «Dünger», regelmäßige «Bewässerung», nicht zuviel, aber auch nicht zuwenig Licht.

Wo nun aber liegt das Kriterium für einen Umgang mit dem Traum, der für den Analysanden stimmig, förderlich und bekömmlich ist? Es liegt zunächst bei mir. Als Analytikerin bin ich verpflichtet, mit mir selber einen guten Umgang zu pflegen, bei mir zu sein und meine therapeutische Präsenz nicht durch Einflüsse von innen und außen stören zu lassen. Nicht für irgendeine bemessene Zeit von fünfzig Minuten zahlen die Analysanden, auch nicht für mein Zuhören und meine Interventionen allein, nein, letztlich zahlen sie dafür, daß ich mit mir einigermaßen im Einklang bin. Letztlich bin ich als Analytikerin das Instrument. Nur wenn ich mit mir im Einklang bin, erlebe ich relativ unverfälscht durch eigene Komplexe, was der Analysand mit mir «macht», in mir stört, in mir anspricht, da reflektiere ich, nehme ich wahr und versuche das auf die eine oder andere Art in die therapeutische Arbeit einzubringen. Meine Interventionen zum Traum eines Analysanden entspringen oft dem Nachvollzug von dem, was ein Traum in mir auslöst, kurz, meiner Gegenübertragung auf den Traum hin. Letztlich ist Traumarbeit Arbeit an und mit meiner Gegenübertragung. Dadurch ist sie immer Stückwerk, Arbeit in kleinen Schritten.

Der sich selbst entfremdete narzißtisch verwundete Mensch benötigt es sehr, den Dialog zu seinem inneren Kind wiederzufinden. Dabei ist es wichtig, das Kind nicht allein als Ausdruck der Lebendigkeit und Symbol des göttlichen Kindes zu verstehen. Das Kind ist auch die Realität des einstigen Kindes. Daher ist die Analyse der Kindheit eine wichtige Voraussetzung für die finale Analyse. Dabei geht es nicht darum, wie immer wieder behauptet wird, die Gründe der Schwierigkeiten zu finden. Es geht darum, die verschollenen Gefühle wieder anzugliedern, die emotionale Biographie kennenzulernen.

All die genannten therapeutischen Überlegungen und Zugänge sind mir deshalb wichtig, weil beim narzißtisch verwundeten Menschen der Dialog zwischen Mutter und Kind defizient war, daraus entwickelte sich Selbstentfremdung, was immer auch heißt, daß der Dialog zwischen dem Ich und der Innenwelt und der Außenwelt gestört ist. Aus diesem Grund ist mein Verständnis der Traumarbeit dialogisch im weitesten Sinne und basiert auf Beziehung und Empathie.

Ja, Steve, wenn ich nun zusammenfasse, so bin ich seit den Tagen meiner Ausbildung weniger gläubig geworden. Ich glaube weniger daran, daß ein Traum die unfehlbare Aussage des Selbst ist (indessen ist jeder Traum eine Selbstaussage), ich versuche, meinen Analysanden Raum und Zeit zu geben, selber mit ihren Träumen umzugehen, sie haben sie schließlich geträumt, und ich verstehe mich als Wegbegleiterin auf ihrem eigenen, persönlichen Weg.

Ich sehe den Traum als einen Faktor der Selbstaussage unter anderen an. Ich habe meinem Gefühl vertrauen gelernt, und ich bin heute besser imstande, es zu reflektieren und zu hinterfragen. Auch habe ich gelernt, mit meiner Gegenübertragung auf Träume hin umzugehen, und ich gebe mir Mühe, die Übertragung des Analysanden auf mich als Trauminterpretation bewußt zu machen.

Ich habe auf die eindeutige und ausschließliche Traumdeutung verzichten gelernt und kann die Dinge in der Schwebe lassen. Andererseits kann ich aber auch die Not meiner Analysanden mit dem Unfertigen, Rätselhaften, dem nicht Eindeutigen verstehen und begreifen. Allerdings bin ich mir dabei bewußt, daß an diesem Punkt meine persönliche Gleichung zum Tragen kommt: Für mich ist das Dasein eher ein Rätsel, und das bleibt nicht ohne Einfluß auf meine Art und Weise, mit Träumen umzugehen. Ich kann deshalb auch sehen, wenn ein Analysand mit dieser meiner Gleichung nichts anfangen kann, wenn er etwas Handfesteres braucht. Warum sollte sein Bedürfnis nach Klarheit und Eindeutigkeit schlechter sein als meine Neigung, das Leben eher als ein Rätsel aufzufassen? Schließlich führen viele Wege nach Rom. Hab Dank für Deine Fragen, und sei ganz herzlich gegrüßt! (vgl. Asper, 1992 b, S. 86 ff.).

62

An einem kleinen Wallfahrtsort im Südwesten der Vereinigten
Staaten entdeckte ich unter den üblichen Souvenirs und Devotio-
nalien ein kleines, schwarzes Kreuz aus Holz, das über und über
mit Nachbildungen von Fragmenten des menschlichen Körpers
bedeckt ist. Beine, Arme, Augen zum Beispiel, aus Blech, sind
angenagelt, aber auch ein Auto, ein Haus, menschliche Figuren
und Tiere finden sich darauf.
Das Kreuz sei ein Exvoto-Kreuz, ließ ich mir erklären. Eine Vielzahl menschlicher Unglücks- und Krankheitsmöglichkeiten sind
auf ihm angebracht; Christus soll sie heilen, das gebrochene Bein,
die blinden Augen, die verletzten Arme, soll die Sache mit dem
zerstörten Haus, dem Autounfall mit seinen Folgen wieder richten.
Was mich betrifft, bedeutet für mich das Geheiltwerden durch
Jesu Leiden am Kreuz die Möglichkeit, Leiden zu ertragen, auch
wenn keine physische Heilung erfolgt, den Ort in der Seele finden
– auch wenn das nicht von Dauer ist –, in und durch welchen wir
nicht bitter werden durch das Leiden, wo wir Leiden so ertragen
können, daß uns bisweilen Sinn aufleuchtet, was für mich heißt:
Einsichten gewinnen können durch das Leiden, etwas neu sehen
lernen, Erfahrungen machen, die man ohne das Leiden nicht machen könnte, annehmen können, daß das Leiden furchtbar ist
und daß wir es nicht freudig tragen, dies ohne Schuld- und
Schamgefühle, ohne uns wertlos zu fühlen. Akzeptieren können,
daß Leiden schwach, hinfällig macht, daß das eben so ist. Mit anderen Worten, den unseligen Heroismus überwinden, der uns
auffordert, tapfer zu sein, keine Miene ob des Schmerzes zu ver-
ziehen. Andererseits aber auch wieder das lernen: Geduld und
Barmherzigkeit mit sich und andern. Jesus glaubte am Kreuz an
den liebenden Vater, auch wenn dieser es zuließ, daß er ans Kreuz

geschlagen wurde. Das heißt, daß wir Leiden ertragen können, wenn wir an das Gute glauben, wenn wir die Gnade bekommen, daran glauben zu können. Das bedeutet immer auch mit sich selber gut umgehen, sich in der Hinfälligkeit bejahen, so gut es geht.

Das Kreuz mit den vielen kleinen Teilen, die an ihm angebracht sind, sagt mir aber auch das: Die irrige Meinung, wir seien eins, eins mit uns selber und Ich sei Ich, macht, geben wir uns mit uns selber ab, der Erfahrung Platz, daß wir viele sind, daß wir aus verschiedensten Anteilen bestehen, daß wir im Laufe des Lebens immer mal wieder Neues, auch unliebsam Neues, an uns entdecken. Doch auch im Alltag sind wir viele – viele Gefühle, auch widersprüchliche durchziehen uns, viele Gedanken ebenso, verschiedene Befindlichkeiten auch. Wenn es uns schlechtgeht und wir befinden uns in einer Krise, dann ist die innere Vielheit schlimm, schmerzlich, unerträglich, dann macht uns dieser Zustand angst, dann sind wir in unserer Ich-Enthaltungskraft geschwächt, dann nennen wir diesen Zustand mit einem Fachwort Fragmentierung. In solchen Zeiten ist das Viele in uns, das, womit wir sonst ganz gut leben können, bedrohlich, weil die Anteile nun mehr als zuvor vom Unbewußten verstärkt sind, anders ausgedrückt, weil dann die unbewußten Faktoren archetypischer Art bedrohlich nahe kommen und uns zu überrollen, zu überschwemmen drohen. Um diesem Zustand zu entgehen, sind wir es gewohnt, auf den Kopf, den Verstand zurückzugreifen; das ist an sich nicht schlecht, doch unser Denken beruht unbewußt auf einem gewissen Wertsystem, und wenn dieses ein durch heroische und christliche, konfessionelle Werte geprägtes ist, dann gehen wir – unbewußt – mit der Situation strafend um.

Das verlassene Kind, das keine Bindung an eine fürsorgliche Figur eingehen kann, lernt zu leben ohne sich auf seine Impulse und Gefühle zu verlassen, ja, es hört auf zu fühlen und beginnt mit dem Animus zu überleben, und zwar mit einem, der richtend und autoaggressiv ist. Das Individuum ist somit auf eine

Leistungsbahn geworfen und überlebt durch Leistung, immer in Richtung der hohen, kritischen Ansprüche dieses Animus.

Erfordert die Situation jedoch das Fühlen, geschehen Kränkungen, dann richtet sich dieser Animus nach innen und bewirkt, daß das ohnehin schon brüchige Selbstwertgefühl noch weiter sinkt, und es entstehen dann die Zustände der oben beschriebenen Fragmentierung. Aus dieser führt aber die strafende Haltung nicht heraus. Die ständig wiederholte Frage: Was mache ich denn falsch, daß ich mich so fühle? hilft nicht. Es sei denn, die Antwort wäre: Ich bin in diesem Zustand, und nur Zuneigung und die Barmherzigkeit mir selber gegenüber helfen mir daraus heraus. Es fehlt nämlich an der Liebe zu sich selber, das ist das Falsche, wenn man überhaupt dieses Wort gebrauchen will.

Das Exvoto-Kreuz mit seinen vielen Fragmenten menschlicher Verwundbarkeiten macht mir deshalb auch in dieser Hinsicht Sinn: Es braucht die Verbindung zum Glauben an das Gute, an den, der dieses Kreuz als erster trug und seinen letzthinnigen Glauben an den guten Gott, an die gute Seite Gottes, symbolisiert durch das Kreuz, um uns zu helfen, aus Zuständen ohnmächtiger Fragmentierungsbefindlichkeiten wieder herauszuwachsen. Es braucht den guten Geist in und um uns, um damit umgehen zu können, den Heiligen Geist. Heiliger Geist heißt in diesem Sinn für mich immer im Geist der Liebe mit sich und andern umgehen.

(> 25, 34, 39, 41, 68)

63

«Nissen» heißen in Dänemark die Hausgeister, die ihre hohe Zeit zur Weihnachtszeit feiern. Sie entsprechen in Charakter und im Aussehen unseren Heinzelmännchen, meist sind sie männlich, doch habe ich auch weibliche «Nissen» gesehen. Es ist Tradition in diesem Land, im Haus Heinzelmännchen mit roten Mützen aufzustellen. Eine dänische Freundin erzählte mir auch, daß sie zur Weihnachtszeit den «Nissen» jeweils Haferbrei hingestellt hätten. Zu den «Nissen» ist man freundlich, sie geben, so sagt man, dies zurück.

Auf dem berühmten Bild, das Michael Ancher von seiner Frau Anna und dem Töchterchen Helga malte, findet sich auch ein kleiner «Nisse». Anna Ancher – die zentrale Gestalt des Skagener Künstlerkreises – gibt Helga Zeichenunterricht. Als Modell haben sie einen «Nissen» gewählt (vgl. Wivel).

Als Kind, so erinnere ich mich, spielte ich stundenlang mit einem Zwerg, er war mein Heinzelmännchen, mein guter Geist, zu dem ich sprach und dem ich vieles in einem stummen Dialog erzählte. Sein Häuschen hatte er zwischen den Fensterscheiben. Damals hatte man im Winter noch Doppelfenster, und im Zwischenraum lag zum weiteren Wärmeschutz ein Sandkissen. In gewissen Fenstern hatte man in diesem Zwischenraum auch Zyklamen stehen und gegen den Frühling hin Hyazinthen, die zunächst mit einem farbigen Hütchen bedeckt waren, das erst entfernt wurde, wenn die Blumenknolle schon ausgeschlagen und Blätter gebildet hatte.

Mein Zwerglein war mir lieber als die Puppen, mit ihm konnte ich sprechen und spielen. Bei den Puppen, vor allem der neuen, der man Wasser zu trinken geben konnte und die das Wasser – wie ein richtiges Baby! – auch wieder unter sich ließ, kam ich mir immer etwas linkisch vor. Ich spielte mit ihnen, weil meine Freundin auch eine Puppe hatte und meine große Schwester ebenfalls eine besaß. Puppenspiel war mein erstes Rollenspiel, ich spielte mit Puppen, weil es so der Brauch war, und ich erinnere mich noch gut, daß ich genau registrierte, daß es für mich ein abgegucktes Spiel war. Mein Puppenspiel hatte den Anstrich von gelernter Rolle, die, selbst wenn sie mir nicht ganz gemäß war, mir doch ein gewisses Gefühl von Stolz vermittelte, den Stolz, das auch zu können.

Aber eben, ganz «mein» Spiel war das nicht, mein wirkliches Spiel, ich müßte eigentlich sagen, mein wirklicher Ernst, gehörte dem Heinzelmännchen. Man kann sich deshalb gut vorstellen, wie groß meine Freude an der dänischen Tradition war, als ich sie letztes Jahr entdeckte.

Ich glaube nicht, daß zwischen Puppe, Zwerg, Heinzelmännchen, Teddybär oder noch anderen Spielfiguren des Kindes auf emotionaler Ebene ein Unterschied besteht. Ist die Figur die Spielfigur für das Kind, so fühlt es sich mit ihr innerlich überaus lebendig und gibt sich ganz hin. Hingebungsvoll ist die richtige Bezeichnung für ein solches Spiel, besser vielleicht, für einen solchen Spielernst. Der Unterschied wird indes deutlich, wenn das Kind nebeneinander verschiedene Spielfiguren hat. Die hingebungsvolle, ernste Beziehung hat es meist nur zu einer, die andern sind weniger wichtig. Ich habe oben von meiner Puppe berichtet, sie ist ein Beispiel für eine weniger wichtige Figur.

Die Spielernstfigur erlaubt dem Kind, über sich hinauszugehen, Welt zu erproben, Welt zu gestalten, mit dieser Figur ist das Kind schöpferisch; sie erlaubt schöpferisches Tun und gibt dem Kind das animierende Gefühl, lebendig zu sein. Damit ist ein tiefes Glücksgefühl verbunden, und wenn wir später im Leben diese Verbindung zum Spielernst wieder finden, sind wir schöpferisch, im Element, erleben wir dasselbe Glück und dieselbe Befriedigung wie die, welche uns der Teddybär, das Heinzelmännchen oder die Puppe gegeben haben.

Was im Erwachsenenalter dazukommt, ist bisweilen der Wunsch und die sich daraus ergebende Absicht, etwas davon behalten zu wollen, etwas zu schaffen, was Bestand hat, etwas Beglückendes, es ist das Werk. Mit Werk meine ich nun aber nicht das Kunstwerk, die tolle Erfindung, das Einmalige. Das alles kann es sein, doch dieses Glück ist nicht nur für den Hochbegabten reserviert, auch anderes Tun im Spielernst kann ein solches Glück vermitteln.

Wir sind nicht alle Künstler, Erfinder, wir sind auch und bisweilen nur durchschnittlich begabt, trotzdem können wir diese Verfassung des hingebungsvollen Kindes wiederfinden in so manchem, wie zum Beispiel im Bestellen des Gartens, in der Handarbeit, im Hobby. Nicht vergebens spricht man vom beglückenden Tun, eine Formulierung, die ich allerdings so nicht mag, es steckt darin etwas, was beglückendes Tun eben gerade vereiteln kann, nämlich die Absicht.

Der Spielernst geschieht indes meist absichtslos, einfach so, aus der entsprechenden Stimmung heraus, und entfaltet sich dann, und nachher sagt man: Das war gut, beglückend, geglückt. Daran weiterzumachen, etwas Bleibendes schaffen zu wollen erfordert jedoch noch andere Fähigkeiten: Mühe, Geduld, Fleiß, Schwitzen, Qual und Ängste, Sorgfalt, Beharrlichkeit und Ausdauer und immer wieder ein bißchen Glück zum Gelingen. Doch der Kern ist der schöpferische Teil in uns, ist der «Nisse» in uns, unser Spielernst.

Zurück zum eingangs erwähnten Bild, auf dem die Mutter Anna Ancher ihrem Töchterchen Helga das Zeichnen beibringt und ein «Nisse» Modell steht: Es sind affektive Unterstützung und Ermunterungen, welche im Kind den Boden legen für das Schöpferische, für den Spielernst. Später im Leben ist es die mutterspezifische Haltung uns selber gegenüber, die es möglich macht, daß wir uns ein Projekt zu eigen machen, es ausführen und im Spielernst affektiv mit ihm verbunden sind.

(> 9)

64

Eine junge Frau, die für ein paar Wochen von Australien für Studienzwecke nach Zürich gekommen ist, bringt mir in die erste Sitzung den nachstehenden Traum mit:

Ich bin in einem Flugzeug zusammen mit meiner Zwillingsschwester. Wir müssen beide mit dem Fallschirm abspringen. Ich fürchte, daß meine Schwester die Schnur nicht ziehen kann und sich der Fallschirm nicht öffnet. Doch es gelingt ihr. Nun muß ich springen, ich habe Angst, doch der Fallschirm funktioniert ebenfalls, aber unter mir öffnet sich die Erde, und ein Abgrund tut sich auf, und ein sehr hohes Gebäude stürzt zusammen. In Angst und Schrecken wache ich auf.

Die junge Frau war ob dieses Traumes sehr in Angst und Panik geraten und fragte sich, ob es denn überhaupt eine gute Idee gewesen sei, nach Zürich zu kommen. Sie befürchtete Schlimmes und vertrat die Auffassung, der Traum wolle ihr sagen, daß auf ihrem Unternehmen kein Segen liege und ein Unglück geschehen werde.

Ich bin mir dessen nicht sicher, vermute aber große Angst, Katastrophenangst – Panik –, und kann mir vorstellen, daß die in einer solchen Lebenslage normalen Befürchtungen auf in der Vergangenheit tatsächlich ausgestandene, traumatische Ängste stoßen. In diese Richtung gehen meine Gedanken, während ich der Erzählung der Frau folge.

Da ist die Rede von die Generationen durchziehenden Alkoholmißbrauch, von alkoholkranken Eltern, von 16 Wohnortwechseln in Kindheit und Jugend, vom Suizid des Vaters. Da waren also Katastrophen geschehen. Ich erinnere mich an Winnicotts Aussage, daß Angst vor künftigen Katastrophen auf bereits geschehene hinweise, daß, um es trocken zu sagen, die Katastrophe bereits passiert ist. Diese reduktive Deutung scheint mir zunächst einmal am Platz.

Es wäre allerdings naiv zu glauben, das Aktuelle ließe sich mit dem Hinweis auf das Vergangene erledigen. Mitnichten. Wer weiß denn schon, ob die vergangenen, chronischen und punktuellen Katastrophen einen Menschen nicht derart belastet haben, daß er sich in der Gegenwart so verhält, daß eine Katastrophe geradezu vorprogrammiert ist?

Es ist erwiesen, daß es des Menschen natürliche, instinktive Neigung ist, bei Katastrophen (Erdbeben, Überschwemmung, Feuersbrunst usw.) zusammenzulaufen, sich in Gruppen zu finden. Ebenso zeigt es sich immer wieder, daß der Mensch in großer Gefahr spontan richtig und ohne Angst reagiert.

Wo indessen eine Reihe von Katastrophen durchgestanden worden ist, kann das instinktiv richtige Verhalten gestört, beschädigt sein, und Gefahr kann dann zu disfunktionalem Verhalten führen, könnte in diesem Fall Isolation, Fragmentierung, psychischen Zusammenbruch und/oder gefährliches Handeln und Unfälle bewirken – körperliche Krankheit auch. Eine fürchterliche Wendung zum Schlimmen könnte eintreten. Dieses «könnte» muß ich als Therapeutin im Auge behalten.

Wie es sich in der Folge zeigte, hatte die neue Situation in der Schweiz die junge Frau in größte Ängste gebracht und alte Kindheitstraumen massiv konstelliert. Der Traum gab Anlaß, diese Kindheit mindestens teilweise zum ersten Mal jemandem mitzuteilen.

Dabei ging es nicht um die faktische Geschichte, sondern darum, hinter dieser ersten Geschichte die zweite stumme Geschichte zu hören und die emotionale Biographie kennenzulernen. Diese Geschichte hatte noch nie jemand gehört und bezeugt.

Das Unternehmen «Zürich», in welches sich die junge Frau mit großen Erwartungen und Hoffnungen buchstäblich gestürzt hatte, verlief gut, wurde zu keiner Katastrophe. Sie gewöhnte sich erstaunlich rasch ein und konnte Kurse besuchen und das lernen, was sie sich vorgenommen hatte. Der Abgrund tat sich nicht auf, das Haus ihrer Persönlichkeit stürzte nicht ein. Indessen wurde der schwarze Schlund der Kindheit Thema unserer kurzen Zusammenarbeit.

(> 15, 20, 36, 66)

65

Heute morgen blieb das Wort «Einfriedung» in meinen Gedanken hängen. Es stammte aus einer Radiosendung, der ich, von einem Zimmer ins andere hin- und hergehend, dies und das erledigend, unaufmerksam zuhörte. – Das Wort war den ganzen Tag bei mir und sagte mir immer mal wieder: Mach was mit mir, ich bin schön, doch man kennt mich kaum mehr. Tatsächlich wird das Wort weder im Etymologie- noch im Synonym-Duden erwähnt, der Rechtschreibe-Duden nennt «einfrieden» mit der Bedeutung von hegen und pflegen.

Wir brauchen heute das Wort Abgrenzung. Man grenzt sich ab, schützt sich, wobei die Betonung auf Grenze ist. Bilder alter, eiserner Gartenzäune mit Spitzen kommen in den Sinn oder Mauern mit Glassplittern oben. Abgrenzen läßt an Kampf denken, man grenzt sich nicht bloß ein, man grenzt den andern aus.

Die Akzente liegen bei einfrieden anders als bei ausgrenzen. Sowohl, als auch, «take it or leave it», Kompromiß, leben und leben lassen klingen bei «einfrieden» an, wohingegen «abgrenzen» schroffe Vorstellungen hervorruft: entzweien, entwaffnen. Nichts Versöhnliches stellt sich ein, eher Feindschaft und Zwist. Denke ich indessen, wenn ich mich abgrenze, an einfrieden, dann geht es mir besser damit.

Einfriedung läßt an einen Garten denken, in dessen Frieden man ruhen kann, wo Blumen wachsen und Gemüse angebaut wird. Ist man dabei, sich abzugrenzen, müßte man eigentlich immer vor Augen haben, daß man sich abgrenzt der Einfriedung, des guten Gefühls wegen und nicht so sehr, um den anderen draußen zu lassen, ihn zu entwaffnen und auszugrenzen.

Man kann einwenden, daß dann zwei Häuser sich gegenüberstehen, beide mit Garten und Zaun, und daß dann ja wohl nichts mehr geschehe – das sei langweilig. Nun, man mag sich grüßen auf der Straße, abgrenzen, Worte wechseln und sich dann und wann besuchen. Das alles liegt drin, allerdings kann damit nicht vermieden werden, daß zu nachtschlafener Zeit mir doch jemand Steine in den Garten wirft und seine eingesammelten Schnecken heimlich in meinem Garten deponiert!

66

Die Nase im Wind und zwei Flügelchen am Rücken und einige
Lasten zu Hause, die hoffentlich stumm bleiben würden, so habe
ich meine Reise angetreten. Voller Freude und Vorfreude, leicht
und unternehmungslustig. Dem war aber bald ein vorübergehendes Ende gesetzt, als im Flughafen von New York die Warte-
schlange endlos war. Ungefähr fünfhundert Leute schoben sich
vor mir her, Schritt um Schritt bloß konnte ich mit dem Fuß mein
Gepäck dem Beamtenhäuschen entgegenstoßen. Dann kam das
Warten auf den Weitertransport, und schließlich fand ich mich
wieder, zusammen mit einem Ehepaar aus Florida, in einem großen, noblen Auto mit polierten Holzarmaturen. (Es handelte sich
um einen Limousine-Service, bei dem verschiedene Passagiere,
die in dieselbe Gegend fahren müssen, in einem großen Taxi zusammengenommen werden.)
Nun, dachte ich, kann ja nichts mehr schiefgehen. Doch es sollte
anders kommen, Stoßstange an Stoßstange bewegten wir uns im
Schneckentempo fort. Das Radio dröhnte hinter mir und gab die
Sturmnachrichten durch, immer wieder, aufgeregt, hysterisch.
Dazwischen redete der aus Rußland stammende Chauffeur in ge-
brochenem Englisch vor sich hin, schimpfte und brummte. Dann
kam das Auto mitten im dichtesten Verkehr auf einer vierspuri-
gen Brücke plötzlich zum Stillstand. Lichter aus, Heizung, Telephon aus, alles aus. Wütendes Hupen von hinten, rechts und
links. Ein aggressiver, dunkler Mann riß die Türe auf, be-
schimpfte uns. Aufgeregt redete der Chauffeur zu seiner Station,
keine Antwort, auch der Funk war abgeschaltet, Ende, aus, alles
aus.
Da waren wir also dazu verurteilt, bei strömendem Regen im allmählich kälter werdenden Wagen endlos zu warten. Wir starrten
vor uns hin, ein Gespräch kam nicht in Gang, meine Flügel waren

geknickt, die Nase war nicht mehr im Wind, und die zurückgelassenen Lasten wurden laut, begannen zu sprechen, beschwerten mich. Es braucht allemal nicht viel, und flugs hat sich dem Reisenden alles vermeintlich Zurückgelassene wieder angeschlossen.

Dann, nach langem Warten, war es eine Frau, die mit ihrem Wagen half, die erstorbene Batterie wieder zu neuem Leben zu erwecken, und weiter ging die Fahrt. Es schüttete noch immer, und hoch spritzte das Wasser unter den Reifen empor. Die Sicht war schlecht, und nur von Zeit zu Zeit waren die hell erleuchteten, grünen Ortstafeln erkennbar.

Auf einer stand «White Plains». Da also war das Schweizer Aupair-Mädchen gewesen, dem nach dem Brand des Hauses ihrer Gastfamilie der Tod des Säuglings angelastet worden war und das monatelang in New York auf seinen Prozeß und seine immerhin mögliche Verurteilung warten mußte, bis es endlich, dank einer guten Anwältin, mangels Beweisen durch das Geschworenengericht entlastet wurde.

Was muß das alles mit einem 19jährigen Mädchen gemacht haben: der Brand, der Schock, das Trauma, die Verhaftung, das Gefängnisleben und dann die Monate danach, auf freiem Fuß zwar, aber mit einem Überwachungsgerät an der einen Fessel? Oft habe ich darüber nachgedacht, als ich zu Hause die täglichen Berichte in der Zeitung und dann später das – schlecht geschriebene – Buch darüber las (Davis). Was macht eine solche Katastrophe mit einem Menschen, wie verändern sich Psyche und Persönlichkeit in und durch eine solche Tragödie und das bange Wissen, möglicherweise des Mordes angeklagt und zu langer Haft verurteilt zu werden? Was bleibt, wenn man mangels Beweisen freigesprochen wird? Welche Schuldgefühle leben in der Seele weiter? Wie wird es um den Lebensmut, die Initiative, das Vertrauen stehen?

Katastrophen bewirken seelische Verletzungen, die man Traumen nennt. Traumatisierte Menschen, das ist bekannt, glauben oft nicht mehr an ihre Vorhaben (vgl. Terr). Für sie ist der Lebensfaden gerissen, der sich in die Zukunft spinnt. Wohl unternehmen sie, was zu unternehmen ist, doch langsam, unmerklich, unbewußt schleicht sich eine gefühlsmäßige Erschlaffung ein. Vorhaben verlieren ihren Glanz, werden schal und bland, und die Zukunft verwirkt sich. Die Lasten der Vergangenheit holen ein, und es ist, als wollten sie ihr Recht geltend machen, beweisen, daß Katastrophe Katastrophe bleibt. Traumen wachen immer wieder auf und haben die Eigenschaft, schwierige, aber nicht traumatische Situationen mit Katastrophenenergie zu besetzen. Dadurch wird der Mensch gelähmt, er erlebt innerlich die damalige Katastrophe mit all ihren Gefühlstönen, was die Gegenwart färbt. Diese wird verzerrt wahrgenommen, die Realität verändert sich entsprechend und wird als nicht zu bewältigen angesehen.

Gefangen im Katastrophenkomplex, hilft das Wissen indes nicht viel weiter. Dann ist man befangen, verschreckt und unglaublich getrieben, ist überzeugt, etwas tun zu müssen. Helfen kann dann nur die Erinnerung an ein früheres Mal und das sich gegebene Versprechen, nicht nach außen handelnd in Erscheinung zu treten. Man kann sich überlegen, was man tun könnte, entsprechende Briefe schreiben, soll sie aber nicht abschicken. Dann, wenn die Sache mal wieder ausgestanden ist, die Welt ihr freundliches Gesicht wieder aufgesetzt hat, wird man die Sache wieder anders sehen. Nur etwas Einsicht und der Glaube daran, daß es in ein paar Tagen wieder vorbei sei, helfen, das existentielle Loch, das von einer Katastrophe mit ihren psychischen Folgeerscheinungen stammt, einigermaßen angemessen zu überleben.

Die von Traumen Betroffenen werden auf frühere Entwicklungsstufen zurückgeworfen, und es treten Bockierungen auf. Bildlich muß man sich das wie ein Loch in einem Gewebe vorstellen. Das Gewebe bleibt, abgesehen vom Loch, in Ordnung, hingegen fehlen die Fäden, welche die Lochränder verbinden.

Wann immer nun Geschehnisse auftreten, die Bezug haben zur einstigen Katastrophe, werden die damaligen Gefühle noch einmal in ihrer ganzen Chaotik und Desorientierung erlebt. Ein Beispiel mag dies veranschaulichen:

Herr E. verlor seine Mutter plötzlich und sehr früh im Leben durch einen Autounfall. Er war gerade fünf Jahre alt. Später waren Trennungen, Verlassenheitserlebnisse, Verlusterfahrungen und Grenzübergänge im ganz konkreten Sinne stark angstbesetzt und stürzten ihn, der sonst sehr gut sozialisiert war, in panikartige Zustände absoluter Hilflosigkeit.

Als fünfjähriges Kind hatte er zwar bereits die Entwicklungsstufe erreicht, auf der die Abwesenheit der Mutter seelisch ertragen werden konnte, weil er sie als innere Vorstellung in sich trug. Kleinere Kinder indessen erleben ihre Abwesenheit als Verlust. Aus den Augen, aus dem Sinn heißt auf früher Entwicklungsstufe totale Verlassenheit, weil die Erinnerung an die Mutter innerlich nicht aufrechterhalten werden kann. In seinen panikartigen Katastrophenängsten fiel Herr E. jeweils auf diese frühere Entwicklungsstufe zurück, und die Entwicklung in diesem Bereich seiner Psyche blieb bis weit in sein Erwachsenenalter hinein blockiert. Erst in der Therapie lernte er allmählich die Zusammenhänge verstehen und wuchs ihm die durch das Trauma zerstörte seelische Kohäsion nach. Auf das obenerwähnte Bild bezogen, konnte das Loch im Gewebe durch neue Fäden verwoben werden.

Der wolkenbruchartige Regen hatte aufgehört, White Plains lag schon lange hinter uns, und meine Gedanken über Trauma und Katastrophe hatten anderen Platz gemacht. Kurze Zeit darauf betätigte ich den Türklopfer an der Haustüre meiner Freunde. Ich war angekommen.

(> 15, 20, 36, 64)

67

Damals, ich war noch ein Kind, wurden einem die Füße beim Schuhkauf geröntgt. Im Schuhhaus Dosenbach an der Dorfstraße in K. stand ein geheimnisvoller Apparat: ein mannshoher, schmaler Holzkasten, unten vorne ein kleines Podest, um daraufzustehen, oben zwei große Gucklöcher mit schwarzer Gummipolsterung; durch diese sahen die Mütter nach unten. Auf dem Podest stand das Kind mit den neuen Schuhen, die Mutter beäugte von oben die Füße, der Röntgenstrahl ging durchs Leder und bestimmte so, ob die Schuhe auch groß genug wären.

Einmal, meine Freundin war dabei, hob man mich zu den Gucklöchern hinauf, und ich sah nun die Fußknochen meiner Freundin in grünlichem Schimmer. Weder sah ich die Schuhe noch das Fleisch, nur Knochen, wie in einer grünlichen Sauce schwimmend, waren erkennbar. Ein fast unkenntlicher Rand umgab die Knochen, das war der Umriß der neuen Schuhe. Das war recht unheimlich.

Später, wir waren nun bereits in der Primarschule, gingen wir oft in den Schuhladen, stellten uns abwechselnd aufs Podest und waren nun groß genug, selber in den Kasten zu schauen und die eigenen Fußknochen zu sehen. Das war noch gespenstischer als früher, als man wegen mangelnder Größe lediglich die Fußknochen der Freundin sehen konnte. So also sieht es in meinem Fuß aus: schön nebeneinander die schlanken fünf Knochen, leicht gespreizt, und vorn ein paar Knöchelchen als Fortsetzung, die Zehen! Kurz darauf hat man uns fortgescheucht, wir kauften ja nichts. Bald danach ist auch der eigenartige Kasten verschwunden, und heute gibt es diese merkwürdigen Dinger nicht mehr.

Wenn man bloß den Standpunkt der Leute durchleuchten könnte, so wie man Füße durchleuchtete! Man würde manches finden, und grün wäre einem nicht jeder Standpunkt. Leute stehen für manches ein, wovon man nichts weiß, wovon aber auch sie bisweilen keine Ahnung haben. Überzeugungen, Standpunkte, alte Stimmen leben in ihnen, in uns, und man steht lebenslänglich für sie ein, ohne zu wissen, daß man auch einen eigenen Standpunkt haben darf. Dieser indes kostet einen Preis, den Preis der Durchleuchtung und Erforschung unseres Innenlebens, kostet Mühe und Pein und wird bisweilen allein durch sorgfältige Analyse der eigenen Person freigesetzt. Ist er frei, so ist er zunächst schwach und muß an Kräften zunehmen, was nur durch Erfahrung, vielfach schmerzliche Erfahrung geschehen kann.

Ein Standpunkt darf nicht knochendürr wie die Knochen des durchleuchteten Fußes sein. Knochendürr und knochenhart vorgebracht, stößt er selten auf offene Ohren. Dieser Art Standpunkt verschließen sich die meisten Leute. Standpunkte wollen hübsch daherkommen, in buntem Strumpf und feinen Pumps, bisweilen aber auch solide und kräftig in guten, wetterfesten Schuhen. – So leicht, wie man den Fuß hebt, müßte man einen Standpunkt wieder aufheben können für eine Weile, sich auf ein meinungsbildendes Gespräch einlassen können und dann, hat der Standpunkt standgehalten, ihn eben wieder einbringen oder ihn in durch das Gespräch gewandelter Form erneut darlegen.

68

«Mein Schatz, das träumte mir nur», sagt die Märchenheldin zu ihrem räuberischen Bräutigam (Der Räuberbräutigam, Grimm, KHM 40) am Ende, nachdem sie ihm in Form eines Traumes erzählt hat, was sie in seinem Haus an Destruktivität sah: daß er und seine Gesellen Frauen betrunken machten, mit der Axt zerstückelten und in Bottiche taten, daß einer Frau ein Finger mit einem kostbaren Ring abgehackt wurde, der dann durch die Luft flog und in ihrem Schoß landete. Und nachdem sie den Traum erzählt hat, zeigt sie ihm den Ring zum Beweis, daß es nicht bloß ein Traum war, sondern Wirklichkeit, fürchterliche Wirklichkeit.

Der Räuber erblaßt und wird überführt, das Mädchen hat diese männliche Destruktivität überwunden. Die Räuberbräutigam- oder Blaubartmärchen, wie sie nach Perrault auch genannt werden, haben das destruktiv Männliche zum Thema. Aus der Sicht der Frau kann man von einem höchst negativen Animus sprechen, der sich auf ihre Weiblichkeit zerstörerisch auswirkt. Hinsichtlich des Mannes ist es sein zerstörerischer Schatten, der seine Weiblichkeit nicht leben läßt.

Für den Mann wie für die Frau ist diese destruktive Männlichkeit ein Niederschlag des Patriarchats, welches dem Weiblichen keine Chance gab und noch gibt, mit ihm nicht verbunden ist. Dieses einseitig Männliche kann destruktiv sein.

Und nun zurück zum obenerwähnten Schluß des Märchens, wo die Märchenheldin den Räuber überführt und überwindet, indem sie ihm erzählt, als sei es ein Traum gewesen, was sie über ihn weiß. Diese Stelle hatte ich nie wirklich verstanden, nun aber ist sie mir anläßlich eines Seminars über dieses Märchen aufgegangen und hat mir zum ersten Mal Sinn gemacht und eine mir bereits bekannte Erfahrung mit dem negativen Animus bildhaft bestätigt. Nämlich:

Der negative Animus wirkt auf mich, komme er nun von innen her oder von außen, vernichtend, er tritt stark auf, läßt wenig oder keine Chance für den eigenen Standpunkt, er macht schuldig, gibt Unterlegenheitsgefühle und verwirrt in der Weise, daß ich meine eigenen Argumente verliere. Ich werde dann, handelt es sich um eine äußere Situation, leicht gehässig, defensiv, was die Situation nur verschlechtert; nach innen, das heißt, spricht er als eine Seite von mir zu mir selber, passiert ähnliches. Es ist mir indessen immer wieder zu einer guten Erfahrung im Umgang mit dem negativen Animus, sei es mein eigener oder komme er mir von außen entgegen, geworden, persönlich zu antworten im Sinne von: Mir scheint..., ich habe den Eindruck..., ich glaube...

Und genau das tut die Märchenheldin auch, sie sagt, es habe ihr geträumt, das heißt, sie argumentiert nicht mit objektiver, sachlicher Wirklichkeit, sondern mit einer Aussage, die wahr sein, aber auch nicht wahr sein kann, wie es eben ein Traum ist.

Auf diese Weise konfrontiert man nicht, kann aber mit der Gewalt der negativen Animuskraft umgehen. Die andere Person, die animushaft argumentiert, oder der eigene Animus im Innern nimmt das zunächst gar nicht so ernst, es ist, als gewinne man dadurch, daß man sich auf diese Weise, persönlich und durch ein «mir scheint» zum Beispiel, ausdrückt, an Terrain. So kann man die eigene Argumentation durchführen, man bleibt bei sich, bei dem Persönlichsten und Subjektivsten, und das anerkennt nach meiner Erfahrung der negative Animus, der ja immer gewaltsam und mit generellen Wahrheiten daherkommt.

Am Schluß der Diskussion ist es dann die Evidenz, die obsiegt, man hat seinen Standpunkt darstellen können und wird akzeptiert. Das ist nun nicht mehr Traum, ein «kann sein» oder ein «kann nicht sein», sondern Tatsache, Realität, Beweis, die der negative Animus akzeptiert, wodurch er in seiner Kraft nachläßt.

(> 25, 34, 39, 41, 62)

69

Der Opal ist ein geheimnisvoller Edelstein, je nach Lichteinfall leuchtet er anders auf, nicht in einer Farbe, sondern vielfältig schimmernd. Ebenso geheimnisvoll ist das Leben einer Frau, die den Namen Opal Whiteley trug. Um die Jahrhundertwende geboren, verstarb sie in den achtziger Jahren in London (Whiteley).

Opal verlor ihre Eltern, als sie fünf Jahre alt war, die Mutter bei einem Schiffsunglück, den Vater in Saigon. Sie wurde dann in die Familie eines Holzarbeiters in Oregon (USA) gegeben und wuchs dort in Armut auf.

Opal begann mit fünf (!) Jahren Tagebuch zu schreiben und erzählt darin von ihrem Leben mit den Tieren, der Natur, von ihren toten Eltern und ihrer vielen Arbeit. Opals Botschaft ist: Das Leben ist wundervoll, und es gibt einen liebenden Gott. Opal schließt Freundschaft mit den Tieren, sie gibt ihnen allen einen wunderlichen Namen, das Pferd nennt sie Shakespeare, den Hund Horatius, das Kalb heißt Elisabeth Barret-Browning, das Lamm Euripides, das Huhn Minerva, die Kröte Virgil, und viele andere Namen ruft sie herbei, um die Tiere zu bezeichnen. Die Landschaft bezeichnet sie mit französischen Namen, ebenso die Flüsse, und bisweilen gebraucht sie französische Wörter und Redewendungen in englischer Form in den Texten. So spricht sie zum Beispiel davon, daß sie «feels» habe, und denkt dabei wohl an «avoir des sentiments».

Die Geschichten Opals sind voller Poesie. Sie schreibt sie in großen, ungelenken Buchstaben, die ohne Zwischenraum aneinandergereiht sind, auf grobes Sackpapier, oft in Momenten, die sie wegen Strafe unter dem Bett verbringen muß. Die einzelnen Seiten sind jeweils von einem Bleistiftstrich umrahmt, Symbol wohl dafür, daß Opal in ihrem Schreiben einen sicheren Ort gefunden

hat, der ihr hilft, das tragische Geschick zu ertragen und die lieb-
lose Umwelt durch ihre Phantasie und ihr liebendes Selbst- und
Weltverständnis zu überhöhen.

Welche Bewandtnis hat es mit den fremdländischen Namen und
Bezeichnungen, mit den französischen Wörtern?

Hier beginnt das Geheimnis von Opal, das heute einigermaßen,
aber nicht vollständig gelüftet ist. Ihre Stiefschwester zerriß ihr
das Tagebuch, das weit über hundert Seiten umfaßte. Später, sie
war ungefähr zwanzig Jahre alt, versuchte Opal bei einem Verleger ein Manuskript über Naturdinge mit Bildern zu verkaufen. Er
fand daran keinen Gefallen, fragte sie aber nach einem Tagebuch.
Da brach Opal in Schluchzen aus und berichtete ihm von dem Tagebuch der Kindheit. Man ermunterte sie, es zu suchen. In der
Tat bestand es noch, war aber in tausend und abertausend Schnit-
zelchen zerrissen, aufbewahrt in einer Metallbüchse, in der Erde
vergraben. Während neun Monaten nun setzte Opal das Tagebuch zusammen, und es wurde 1920 gedruckt.

Später lüftete sich Opals Vergangenheit, sie war das illegitime
Kind des französischen Aristokraten Henri d'Orléans, eines bekannten Biologen, der die Welt für seine biologischen Studien be-
reiste und verschiedene Bücher veröffentlicht hatte. Opal entdeckte ihre Großmutter in Paris, und diese finanzierte ihr eine
Reise nach Indien, um den Spuren ihres Vaters nachzugehen. Als
sie zurückkam, war die Großmutter gestorben, und Opals Leben
verlor sich wieder, und erst spät, in den siebziger Jahren, wurde
sie von einer Kanadierin in London alt und krank wiedergefun-
den.

Es ist wahrscheinlich, daß Opal von ihren Eltern die Liebe zur
Natur mitbekommen hat, wie überhaupt sie von diesen Eltern, sie
nennt sie «Angel Father» und «Angel Mother» im Tagebuch,
nicht nur viel Liebe, sondern auch Bildung mitbekommen haben
muß, die sich in der Namengebung der Tiere und Landschaft und
den französischen Wörtern niederschlug.

Wenn diese Geschichte wahr ist und das Tagebuch des fünf-,
sechsjährigen Kindes authentisch ist – und die Fakten überzeu-

gen mich (Photos, Zeugenberichte) –, dann haben wir es hier mit einem außergewöhnlichen Zeugnis kindlicher Überlebensmöglichkeiten trotz frühen Elterntodes zu tun. Außergewöhnlich deshalb, weil dieses Kind, ganz allein auf sich gestellt, die Liebe, die es von den Eltern bekommen hat, auf die Natur übertrug, Tiere und Landschaft zur Heimat gestaltete und außerdem das ungewöhnliche Talent besaß, schon früh die Sprache als Ausdrucksmittel zu benutzen, und dies auch mit aller Konsequenz und Hartnäckigkeit tat.

Das Kind hatte auch religiösen Sinn und baute sich aus Steinen, Blättern und Ästen eine Kathedrale im Wald. Da ging es oft mit seinen Tieren hin, betete und sang alte Kirchenlieder. Alle Tiere wurden dort getauft, in Taufkleidern, die Opal ihnen vorher genäht hatte.

Opals Tagebuch ist ein einzigartiges Dokument kindlicher Möglichkeiten des Überlebens und Umgangs mit tiefstem Leid, ohne Therapie, Analyse, spirituelle Führung, ohne substantielle Hilfe durch andere Menschen. Es zeigt in eindrücklicher Weise Wege der Heilung auf, welche in der menschlichen Seele angelegt sind und auf die ein Analytiker in der Arbeit mit Patienten immer wieder vertrauen muß. Es sind dies: Erinnerungen an früher erlebtes Gutes, bei Opal «Angel Mother» und «Angel Father», die Fähigkeit, eigenes Erleben und Erfahren ernst zu nehmen, es nicht abzutun, sondern es als so wichtig zu erachten, daß auch Ausdruck gesucht wird, bei Opal das fast tägliche Niederschreiben ihrer Erlebnisse im Tagebuch. Dazu kommt die Bezugnahme auf ein überpersönliches Gutes, auf die transzendente Mutter in der Natur und im religiösen Empfinden, das sich bei Opal durch den Bau der Kathedrale aus Steinen und Ästen im Wald ausdrückte. Und schließlich war Opals Hinwendung zu Menschen, die leiden, auch für sie selber heilsam.

Auffallend an Opals Geschichte ist, daß kein Mensch langfristig zu einer neuen Bindungsfigur wurde und der Leser hier Zeuge wird, in welchem Maße die Möglichkeiten zum heilsamen Umgang mit dem Leiden allein aus der Seele dieses Kindes herausgewachsen sind. Dazu muß man allerdings hinzufügen, daß die ersten fünf Jahre in Opals Leben von liebenden, fürsorglichen und fördernden Eltern getragen waren. Hätte Opal diese Zuwendung und Bildung nicht erfahren, so wäre ihr wohl der gute Umgang mit sich selber nicht so ohne weiteres möglich gewesen.

In der psychotherapeutischen Praxis sehe ich es aber und abermals, daß Menschen zu eben den erwähnten Mitteln greifen, um mit sich und dem Leiden umzugehen. Allerdings gelingt das nicht immer so spontan und arglos wie in Opals Fall. Zu lange hat der Erwachsene sein Leiden einkapseln, verdrängen müssen und sich oft den Erwartungen anderer Menschen angepaßt, um sich Liebe durch Leistung beispielsweise erwerben zu können. Dadurch wurde die Verbindung zum inneren Kind meist unterbrochen, und es dauert oft Jahre, bis sie wieder aufgenommen wird. Durch die lange Anpassungsleistung geschieht es, daß die Subjektivität verlorengeht und es vielen Menschen außerordentlich schwerfällt, das, was sie erleben und erleiden, ihr ureigenstes Selbst- und Welterleben, ernst zu nehmen. Und gerade die Verbindung zum seelischen Innenraum bildet den zentralen Faktor heilsamen Umgangs mit sich selber.

Opals gestaltender Umgang mit dem schweren Verlust ihrer Eltern kann mit dem Sandspiel verglichen werden, das heute in der psychotherapeutischen Praxis angewendet wird. Dabei stellt man Kindern – aber auch Erwachsenen – einen Sandkasten und eine große Anzahl von Spielfiguren zur Verfügung, was ihnen erlaubt, ihre innere Welt im Spiel auszudrücken und Gestalt werden zu lassen (vgl. Kalff).

In einer gewissen Weise wiederholte Opal auch Aspekte des Schöpfungsmythus, indem sie ihrer Welt Namen gab, sie benannte und auf diese Weise das innere Gefühl des Beheimatetseins auf dieWelt um sich herum ausdehnte und diese dadurch zur Heimat machte.

70

Es macht mich so glücklich, im Wald daheim zu spazieren, sagte Frau P. heute. Warum ist das so? – «Daheim» war der Ort der Kindheit.

Am Wald daheim machen wir die Erfahrung Wald. Die Seele des Kindes breitet sich am Ort der frühen Heimat aus. Heimaterfahrung ist Welterfahrung. Unmerklich und langsam, dann, wenn Zeit in Erinnerung übergeht, nimmt der «Wald daheim» einen besonderen Glanz an.

Daheim kannte das Kind jeden Mauerstein, wußte es beim Gehen um die besondere Gehsteigrille, die beim Spiel «Himmel und Hölle» den Anfang der Hölle markierte, um das Moos am Dorfbrunnen, die Wegwarten auf dem schmalen Pfad zwischen Kirche und Schulhaus. Diese frühen Erfahrungen unterscheiden sich von späteren: Sie können nicht verglichen werden; hier ist Heimat Welt. Später gibt es andere Wälder, neue Pfade. Auch sie können zum «Ort daheim» werden. Geschieht dies, so gesellt sich ein weiterer Glanz zum Glanz von damals.

Die wiederholte Erfahrung vom «Ort daheim» macht unser Heimatgefühl aus. Es beruht auf der Fähigkeit der Seele, sich auf die Umgebung auszubreiten. Eichendorff kleidet dieses Gefühl in Sprache:

> Schläft ein Lied in allen Dingen,
> Die da träumen fort und fort,
> Und die Welt hebt an zu singen,
> Triffst du nur das Zauberwort.

(Eichendorff, S. 103)

Wer das erlebt und sagen kann, weiß auch später um den «Ort daheim», kennt Dank, unausgesprochen, ungenannt, gefühlt, als sei da Einer, der dies alles so wunderbar hat gemacht. Der «Ort daheim» läßt uns die letzte Heimat ahnen:

> Und meine Seele spannte
> Weit ihre Flügel aus,
> Flog durch die stillen Lande,
> Als flöge sie nach Haus.

(ebd. S. 272)

(> 6, 20,26)

Anhang

Begriffserklärungen

Amplifikation: Anreicherung. Symbole werden besser verständlich, wenn sie durch andere Symbolbedeutungen angereichert werden.

Anima/Animus: Seelische Funktionskomplexe, deren Bewußtwerdung sich im Lauf der > Individuation aufdrängt. Die Anima repräsentiert das Frauenbild im Mann, der Animus das Männerbild in der Frau. Nach neueren Auffassungen wird das Vorhandensein des Paares Animus und Anima sowohl in der Frau als auch im Mann angenommen.

Archetyp(-en), archetypisch (gr. Urprägung, Urbild): Formen der Auffassung und des Handelns, die im seelischen Innenraum als Symbol erlebt werden und sich in Motivationssystemen zeigen. Persönlichkeitsübergreifend erscheinen die archetypischen Bilder in den Religionen, Mythologien, der Literatur und der Kunst. Kollektiv prägend erweisen sie sich im Selbstverständnis und im Wertsystem der Gesellschaft.

Archetyp der Mutter: Er umfaßt alle mütterlich-weiblichen Qualitäten und Äußerungen und tritt dem Kind zunächst in der persönlichen Mutter entgegen, später in den weiblich-fürsorgenden Bezugspersonen und in der Natur als überpersönliche Mutter, im mütterlichen Prinzip schlechthin.

Archetyp des Vaters: Er bedingt alle väterlichen Qualitäten und Äußerungen und tritt dem Kind zunächst im persönlichen Vater, später in den Autoritätspersonen und patriarchal geprägten Institutionen entgegen, im väterlichen Prinzip.

Borderline-Persönlichkeitsstörung: Es handelt sich dabei um Störungen, die sich zwischen den > Neurosen und den schizophrenen Psychosen ansiedeln. Hauptmerkmal ist die Instabilität u. a. im zwischenmenschlichen Verhalten, in der Stimmung und im Selbstbild. Damit einher geht eine tiefgreifende Identitätsstörung mit lockerer Ich-Bildung. Chronisch sind oft die Gefühle von Leere und Langeweile.

Finale Analyse: Das analytisch-therapeutische Vorgehen im Sinne zukünftigen Gerichtetseins. > Reduktive Analyse.

Gegenübertragung: Unter Gegenübertragung im engeren Sinne versteht man die Reaktionen des Analytikers auf den Analysanden. Diese können synton sein und mit dem Analysanden zu tun haben, können aber auch völlig illusionär sein und nur mit der Persönlichkeit des Analytikers in Zusammenhang stehen. > Übertragung.

Große Mutter: > Archetyp der Mutter.

Großer Vater: > Archetyp des Vaters.

Imaginales Feld: In einer Analyse/Therapie sind die beiden beteiligten Partner über ihr Sprechen hinaus aufeinander bezogen. Die Bezogenheit betrifft jedoch nicht allein die bewußte Ebene, sondern auch die unbewußte. Auf beiden Ebenen finden Interaktionen statt, die reflektiert und analysiert werden. Mit dem Ausdruck «imaginales Feld» bezeichne ich die Interaktion, die sich imaginal, in Form von Bildern, denen Symbolwert zukommt, äußert. Neben der Imagination, die der einzelne für sich allein betreibt, können sich die beiden Partner auf das «imaginale Feld» begeben und Bilder aufsteigen lassen und diese auch gestalten (zeichnen, malen, plastisch formen). In der Folge entwickeln sich imaginale Abfolgen, die bis zu einer Geschichte ausgestaltet werden können. Das einzelne Bild und die Geschichte können reflektiert und auf ihren Sinn hin befragt werden. Das gemeinsame Erleben ist von hohem Wert, der bisweilen der Bedeutung einer Deutung übergeordnet ist.

Individuation: Selbstwerdungsprozeß, der den einzelnen zur Realisation größtmöglicher Fülle der in ihm angelegten Möglichkeiten führt.

Komplex (lt. complectere = verflechten): Gefühlsbetonte Vorstellungsgruppe im Unbewußten. Die Bewußtmachung von Komplexen wirkt befreiend und heilend. Die Komplexe entstehen in der Regel in der Kindheit und sind im > persönlichen Unbewußten eingebunden. Ihr Kern ist jedoch > archetypischer Natur. Bricht das archetypische Element in das Bewußtsein ein, so ist dies das Ich überschwemmend und Besessenheiten auslösend.

Libido: Im engern Sinn sexuelle, im weiteren Sinne psychische Energie. Man unterscheidet zwei Libidoformen: Objektlibido ist jene Libido, die nach außen strebt, narzißtische Libido ist Selbstliebe, sie richtet sich auf das Subjekt.

Narzißtische Persönlichkeitsstörung: Diese Störung äußert sich grundsätzlich im Bereich der Selbstliebe und der Identität. Sie wird von den verschiedenen Autoren und psychologischen Schulen unterschiedlich beschrieben, ebenso variiert die theoretische Konzeptualisierung. Da in diesem Buch häufig auf diese Störung Bezug genommen wird, rechtfertigt sich die nachstehende ausführlichere Beschreibung des Wesens dieser Störung. (Für nähere Information sei verwiesen auf Asper, K.: *Verlassenheit und Selbstentfremdung* [1987].) Menschliche Entwicklung und Entfaltung sind in einem hohen Maße Störungen unterworfen, wenn das Mutter-Kind-Verhältnis mißlingt. Eine der möglichen Folgen ist die heute breit diskutierte narzißtische Störung. Narzißmus bedeutet Selbstliebe, und die genannte Störung ist eine Beeinträchtigung derselben, bedingt durch emotionale Verlassenheit des Kindes. Zur Störung trägt auch die Verwöhnung bei, geht doch auch sie am Wesen des Kindes vorbei. Der Mangel an Einfühlung – Empathie – kann sich orten in der Persönlichkeitsstruktur der Mutter, die oft selber ein narzißtisch beeinträchtigtes Kind war, ferner kann sie eingebunden sein im Geschick: früher Elterntod, Verlusterfahrungen, Krankheit der Mutter und/oder des Kindes, Milieuschädigung und Kriegsgeschehnisse. Ein ungünstiger Lebensanfang führt indes nicht einfach zu einer narzißtischen Selbstwertproblematik. Es kommt aber dazu, wenn dem Kind nicht erlaubt wird, Verluste zu betrauern, seine Gefühle über die schwierigen Verhältnisse zu äußern und ihm nicht, im Falle von tiefgreifenden Verlusterfahrungen, neue Bezugsmöglichkeiten angeboten werden. Verläßt man ein Kind angesichts solcher Umstände emotional, so wird es gezwungen, Überlebensstrategien auszubilden, die ihm leben helfen. So introjiziert es zu früh Soll-Forderungen patriarchaler Art, was eine negative > Animusproblematik bedingt. Ferner hilft sich das Kind dadurch, daß es sich bemüht, angenommen zu werden, indem es den Anforderungen der Umwelt Genüge zu tun, es allen recht zu machen versucht. Dazu bildet es eine relativ feste Schutzfassade aus, welche die analytische Psychologie als > Persona bezeichnet. Diese Personahaltungen gehen einher mit einem Ich, das sich verbarrikadiert gegen die einst schmerzlichen Erfahrungen und gegen eine Neuauflage ähnlicher Erfahrungen. Die schmerzlichen Emotionen werden abgewehrt und äußern sich in einer bei narzißtisch verwundeten Menschen meist anzutreffenden Kindheitsamnesie. Der Faden zum einstigen Kind im Erwachsenen ist gerissen, die Spur zur Geschichte verloren. Somit fällt ein Großteil der Affektivität unters Eis, was sich in einem deutlichen Gefühlsmangel bemerkbar macht. Die erwähnten Schwierigkeiten bedeuten indes nicht, daß die Sehnsucht, geliebt zu werden, nicht mehr da wäre. Sie bleibt trotz allem erhalten und äußert sich in verschiedenen Formen. Einmal dadurch, daß insgeheim nach Echo und Anerkennung gesucht wird. Die Gier nach Echo und die übermäßige Investition in die Persona, die das «Image» hochhält, zeigen sich deutlich. In einer solchen Haltung schwingen Größenphantasien mit. Daneben läßt sich bei der narzißtisch beeinträchtigten Persönlichkeit eine stete Suche nach idealen Menschen und Verhältnissen beobachten. Sie ist verbunden mit einer ausgeprägten Idealisierungstendenz und einem Kontrollverhalten, wonach das Gegenüber die Erwartungen des narzißtisch verwundeten Menschen vollständig erfüllen muß. Mythologisch ausgedrückt, sucht der Narzißt das Paradies. Die Strebungen nach Anerkennung und Idealisierungen sind indes fragil. Kann sich das Ich durch die Überlebensstrategien Bewunderung «kaufen», geht es gut. Gelingt dies aber nicht, so genügt die kleinste Kränkung, der geringste Anlaß, der subjektiv als Verlassenheit aufgefaßt wird, um Wut, Angst, Ohnmacht, Groll und Haß hervorzurufen und den narzißtisch Verletzten bisweilen in Depression zu stürzen. Das Selbstwert- und das Identitätsgefühl des Narzißten sind deshalb nicht stabil, arglos und selbstverständlich, sondern schwanken. Sie schwanken zwischen Höhe und Tiefe, zwischen Grandiosität und Depression. Der Narzißt muß dauernd um sein inneres Gleichgewicht kämpfen. Zu früh entwurzelt, zu früh verlassen, weiß der Narzißt wenig um sein > Selbst im Sinne des eigenen Wesens. Er ist vom eigenen Seinsgrund entfernt und fühlt sich in der Tiefe ungeliebt und ohne Lebensrecht und ist deshalb angewiesen auf Überlebensstrategien, die ihn indes immer mehr in die Selbstentfremdung führen. Verlassenheit in diesem Sinne bedeutet Abgeschnittensein von den Wurzeln, von der eigenen Natur mit ihrem Grundmuster. Wie der sich im Wasser spiegelnde Narziß des Mythus ist der dieserart verwundete Mensch ständig auf der Suche nach sich selber. Grandiosität und Depression, himmelhoch jauchzend – zu Tode betrübt, alles oder nichts sind Umschreibungen für das schwankende Selbstwertgefühl, für den als unsicher erlebten inneren Boden. Zwischen den beiden Extremen läge nun die ganze Palette differenzierter Gefühle, die der narzißtisch verwundete Mensch nicht wahrzunehmen wagt. Ja, es ist geradezu kennzeichnend für ihn, daß er seine Gefühle wie nicht wirklich zu sich selber gehörig empfindet, dies aufgrund mangelnden Widerhalls seitens der Mutter oder anderer früher Bezugspersonen. Auch Depression und Grandiosität müssen als Schutzmechanismen verstanden werden, nicht nur vor schmerzlichen Emotionen, sondern sie wehren sich gegenseitig ab. Die Grandiosität ist die Abwehr von der Depression und letztere wehrt die Grandiosität ab. Zusammen mit Animus und Persona bieten sie Schutz vor der narzißtischen Verwundung durch frühe Verlassenheit.

Es läßt sich aus dem bisher Gesagten leicht ableiten, daß der Narzißt, im Einklang mit der schlechten Beziehung zu sich selber, Schwierigkeiten in der Beziehung zu anderen Menschen hat. Zu sehr stehen die menschlichen Beziehungen im Zeichen des «Nimm mich an und stoße mich nicht zurück!» und des «Wehe, wenn du es wagst, mich zurückzustoßen!». Der Bezug zu Gott schließlich äußert sich im Bilde eines rächenden und zürnenden Gottes. Das hat mit echter Religiosität meist nichts zu tun und muß verstanden werden als eine Hochstilisierung des Elternkomplexes in eine negative Gottesvorstellung, in einen Gotteskomplex. Da das heranwachsende Kind Mangel litt an mutterspezifischen, wachstumsfördernden Medien, konnte sich das Selbst im Sinne des eigenen Wesens nicht genügend aktualisieren, und es bleibt ein beschattetes Selbst. Das Ich ist fragil, das heißt einerseits scheinbar stark, ja rigid, und andererseits zu Fragmentierung neigend und offen für Überschwemmungen aus dem Unbewußten. Der realitätsbezogene Blick auf sich und andere wird durch die narzißtische Problematik verzerrt. Der solcherart verwundete Mensch ist auf der stetigen Suche nach Mutter und Mütterlichkeit, was gleichbedeutend ist mit dem subjektiv empfundenen Recht, leben zu dürfen und Identität auszubilden. Anders ausgedrückt, sucht er – nach dem Modell der frühen Mutter-Kind-Beziehung – Spiegelung und Würdigung seiner selbst und projiziert aufgrund der archetypischen Intention nach Bemutterung die Vorstellung «Mutter» auf andere Menschen, was zu Enttäuschungen führt. Von archetypischer Warte aus gesehen, kann gesagt werden, daß beim Narzißten der negative Pol des Mutterarchetyps konstelliert ist. Anders gesagt liegen eine Fixation an die Negativität und eine Fixation an das Nur-Positive vor, das nicht genügend erlebt wurde und deshalb mit Intensität gesucht wird. Mythologisch können wir sagen, es handle sich um eine Fixation an die Hölle und an das Paradies. Die Höllenerfahrung bedingt die Sehnsucht nach dem Paradies.

Narzißmus: Im weitesten Sinne Selbstliebe, wertneutral verstanden.

Neurose: Die Neurose ist, allgemein gesprochen, eine mißglückte Konfliktverarbeitung, deren Wurzeln in die Kindheit zurückgehen. Man spricht von Zwangs-, Angst- und hysterischen Neurosen. Nach C. G. Jung ist der Konflikt nicht so sehr in die Kindheit eingebunden, sondern in der aktuellen Lage repräsentiert. Neurose ist im Jungschen Verständnis immer auch eine Chance zur heilsamen Veränderung.

Persona: Mittels der Persona wird die Anpassung nach außen, an die Gesellschaft, erbracht, geschieht Sozialisation. Die Identifikation mit der Persona ist gefährlich, weil sie die Ganzheit der Persönlichkeit verhindert und zur Ausbildung einer starken Maske oder Fassade führt.

Projektion: Unbewußter Prozeß, mit dem innere Vorgänge und Persönlichkeitsanteile veräußerlicht und in einem anderen Menschen oder einer Sache lokalisiert werden.

Reduktive Analyse: Es handelt sich dabei um ein zurückführendes therapeutisch-analytisches Verfahren, wobei unbewußte Wunsch- und Strebungsvorgänge und die Kindheit im Vordergrund stehen. > Finale Analyse.

Schatten: Er umfaßt die unbewußten Persönlichkeitsanteile, die in der Regel minderwertig, dunkel und unentwickelt sind. Sie sind meist verdrängt und machen sich daher negativ bemerkbar. Der Schatten umfaßt das > persönliche Unbewußte, reicht darüber hinaus jedoch in das > kollektive Unbewußte hinein.

Selbst: Zentraler > Archetyp, der die Gesamtpsyche umfaßt. Näherhin die psychobiologische Ganzheit, welche die Entwicklung der Lebenszyklen steuert und zugleich Ziel der > Individuation ist. Schließlich ist das Selbst Bild Gottes in der Seele und psychisches Organ zur Wahrnehmung des Göttlichen und Ewigen.

Selbstwert: > Narzißtische Persönlichkeitsstörung.

Selbstobjekt: Damit ist jene Bezugsperson gemeint (meistens die Mutter), welche intim auf das Baby bezogen ist und dessen Selbst spiegelt. Aufgrund optimaler Bezogenheit des Selbstobjektes auf das Baby formt sich allmählich das Gefühl für sich selber aus und entsteht im Laufe der Entwicklung Identität und Identitätsgefühl. Das Kind und der spätere Erwachsene benötigen es, wahrgenommen (d. h. gesehen, gehört, geliebt, willkommengeheißen, verstanden, bestätigt, kurz: gespiegelt) zu werden. Dieses Bedürfnis bleibt ein Leben lang bestehen, verlagert sich aber auf andere Personen, kann sich auf Teil-Selbstobjekte aufteilen und schließlich auch auf den Beruf, Tiere, Landschaften, Dinge übertragen werden. In der religiösen Erfahrung kann Gott als eine reife Form des Selbstobjektes aufgefaßt werden.

Supervision: Der angehende Psychotherapeut/Analytiker läßt seine Arbeit mit Klienten von einem erfahrenen Kollegen supervidieren, das heißt, er bespricht sie mit ihm. Dabei lernt er von der Erfahrung des Kollegen, wird er über seinen Arbeitsstil bewußter und differenziert ihn. Es geht dabei nicht um Anweisungen des Erfahrenen an den noch Unerfahrenen, sondern um ein gemeinsames Bemühen, die Person des Klienten, seine Geschichte, Schwierigkeiten, Psychodynamik, Träume und anderes unbewußtes Material zu verstehen. Außerdem werden > Übertragung und > Gegenübertragung besprochen und therapeutische Zugänge reflektiert.

Symbol: Bestmögliche Darstellung und Formulierung einer noch unbekannten Sache. Ob etwas ein Symbol ist oder nicht, hängt von der Einstellung des Betrachters ab. Das Symbol ist im Ahnen und gefühlsmäßigen Erfassen eingebunden und deutet auf einen noch nicht näher zu umreißenden Sinn hin.

synton: > Gegenübertragung.

Über-Ich: Psychoanalytischer Begriff, der die dem Ich übergeordnete psychische Instanz bezeichnet, welche die moralischen Werte vertritt. Es wird mit dem Gewissen gleichgesetzt. In der analytischen Psychologie gebraucht man oft die Begriffe negativer > Animus und > Vaterkomplex, um den Funktionskomplex des Über-Ichs abzudecken. Über-Ich bedeutet auch innerer Richter, eine umgangssprachliche Formulierung, die in diesem Buch ebenfalls verwendet wird.

Übertragung: Die Übertragung im engeren Sinne ist eine besondere Form der > Projektion. Die Erfahrungen, die ein Mensch an seinen Eltern und Bezugspersonen machte, werden unbewußt am Analytiker wieder erlebt und erfahren eine Neuauflage. Diese Wiederholungen der Vergangenheit gelten nicht eigentlich dem Analytiker, sondern den früheren Bezugspersonen. Dank der in der Übertragung aufkommenden Gefühle kann die Kindheitsgeschichte erfaßt und so verarbeitet werden. Übertragung im erweiterten Sinne gründet in den > Archetypen. So stehen z. B. hinter den Eltern und dem Erleben von und an ihnen die > Archetypen des Vaters und der Mutter. > Gegenübertragung. Im Sinne Jungs kann sich Übertragung auch auf noch nie zuvor erfahrene Themen beziehen.

Unbewußtes, kollektives: Das kollektive Unbewußte repräsentiert Urerfahrungen und Urbilder der Menschheit unabhängig von der persönlichen Erfahrung. Die Inhalte des kollektiven Unbewußten sind die > Archetypen.

Unbewußtes, persönliches: Das individuell Vergessene und unterschwellig Erlebte der eigenen Vergangenheit.

Literatur

Die Jahreszahl hinter den Autorennamen betrifft die (deutsche) Erstausgabe. Im Text werden diese Zahlen vermerkt. Wird aus einer anderen Ausgabe zitiert, so zeigt die Jahreszahl am Ende der bibliographischen Angabe diese an.

Andersch, A. (1967): Efraim, Diogenes Verlag, Zürich 1976.

Apokryphen zum Alten und Neuen Testament, hrsg. von A. Schindler, Manesse Verlag, Zürich 1988.

Asper, K. (1987): Verlassenheit und Selbstentfremdung, Walter Verlag, Olten u. Freiburg i. Br. 1992(4), dtv-Taschenbuch, München 1991(2).

Asper, K. (1988): Von der Kindheit zum Kind in uns, Walter Verlag, Olten u. Freiburg i. Br. 1990(2), dtv-Taschenbuch, München 1994.

Asper, K. (1989): Beziehung und Deutung bei narzißtischer Selbstentfremdungsproblematik aus der Sicht der analytischen Psychologie, in: T. Reinelt und W. Datler (Hrsg.): Beziehung und Deutung im psychotherapeutischen Prozeß, Springer Verlag, Berlin, Heidelberg, New York, London, Paris, Tokio.

Asper, K. (1992a): Schritte im Labyrinth, Walter Verlag, Olten u. Freiburg i. Br.

Asper, K. (1992b): Byond Freud and Jung: Seven Analysts Discuss the Impact of New Ideas About Dreamwork, in: Quadrant XXV:2.

Balint, M. (1968): Therapeutische Aspekte der Regression, Rowohlt Verlag, Reinbek bei Hamburg 1973.

Balter, M. und Katz, R. (1987): Nobody's Child, Addison-Wesley Publ. Company, Inc. Reading, Massachusetts 1991.

Bar-On, D. (1993): Die Last des Schweigens, Gespräche mit Kindern von Nazi-Tätern, Campus Verlag, Frankfurt/New York.

Bechstein, L. (1844): Märchenbuch, Original-Ausgabe, Verlag von A. Anton u. Co. in Leipzig, 70. Auflage (o. J.).

Bibel: Nach der Übersetzung Martin Luthers, Württembergische Bibelanstalt, Stuttgart 1962. Nach der Übersetzung Huldrich Zwinglis, Zwingli Verlag, Zürich 1942.

Bingen, Hildegard von (1165): Wisse die Wege – Scivias –, Otto Müller Verlag, Salzburg 1981(7).

Chalender ladin, Sameden 1989.

Danieli, Y. (1984): Psychotherapists' Participation in the Conspiracy of Silence About the Holocaust, in: Psychoanalytic Psychology, 1984.I (1) 23–42.

Davis, D. (1993): Der Fall Olivia Riner, Gustav Lübbe Verlag, Bergisch Gladbach.

De Vries, J. (1937): Altgermanische Religionsgeschichte, 2 Bde., Walter de Gruyter & Co., Berlin u. Leipzig.

Drigalski, D. von (1979): Blumen auf Granit, Eine Irr- und Lehrfahrt durch die deutsche Psychoanalyse, Ullstein Verlag, Frankfurt a. M., Berlin, Wien 1980.

Duarte, C. (1990): Odella a Hidden Survivor, A photographic essay by Carlota Duarte, University of New Mexico Press, New Mexico.

DSM-III: Diagnostisches und Statistisches Manual Psychischer Störungen, Beltz Verlag, Weinheim u. Basel 1984.

Eckhart, Meister: Alles lassen – einswerden, Mystische Texte, hrsg., übersetzt und kommentiert von Günter Stachel, Kösel Verlag, München 1982.

Eichendorff, J. von: Werke in einem Band, Carl Hanser Verlag, München 1955.

Ernst, J. (1991): Nicht gerade ein Stilleben, Erinnerungen an meinen Vater Max Ernst, Kiepenheuer & Witsch, Köln.

Ferenczy, S. (1932): Ohne Sympathie keine Heilung. Das klinische Tagebuch von 1932. Fischer Verlag, Frankfurt a. M. 1988.

Flaubert, G. (1881) Bouvard et Pécuchet, (avec Dictionnaire des idées reçues), Oeuvres complètes, Paris 1923.

Fraser Griffords, G. (1938): Mexican Folk Retablos, revised edition, University of Mexico Press, Albuquerque 1992(2).

Freud, A./Burlingham, D. (1971): Heimatlose Kinder, Fischer Verlag, Frankfurt a. M.

Griechische Mythologie: Der Kleine Pauly, Lexikon der Antike in fünf Bänden, Deutscher Taschenbuch Verlag, München 1979.

Grimm, Brüder (1857): Kinder- und Hausmärchen (KHM), hrsg. v. H. Rölleke, 3 Bde., Reclam Verlag, Stuttgart 1980.

Grimm, Brüder (1810/12): Die älteste Märchensammlung der Brüder Grimm, hrsg. von H. Rölleke, Fondation Martin Bodmer, Cologny-Genève 1975.

Grimm, W. (1989): Liebe Mili, Annette Betz Verlag im Verlag Carl Über-reuter, Wien–München. (Vgl. «Liebe Mili», Weltwoche Nr. 40, 6. Okt. 1983).

Guex, G. (1950): Das Verlassenheitssyndrom, Huber Verlag, Bern–Stuttgart–Wien 1983.

Hasler, E. (1985): Ibicaba. Das Paradies in den Köpfen, Verlag Nagel u. Kimche, Zürich.

Herman, J. L. (1992): Trauma and Recovery, Basic Books, Harper Collins, New York.

Heiligen-Lexikon: Reclams Lexikon der Heiligen und der biblischen Gestalten von Hiltgart L. Keller, Philipp Reclam Verlag, Stuttgart 1968.

Hölderlin, F.: Hölderlins Werke in einem Band, Verlag Das Bergland-Buch, Salzburg 1954.

Hoerni-Jung, H. (1991): Maria. Bild des Weiblichen. Ikonen der Gottes-gebärerin, Kösel Verlag, München.

Homo Helveticus – Frauen sehen Schweizer Männer, eine Kunstausstellung (Katalog), Oktober 1991, Schulanlage Zentrum Küsnacht/ZH, Zürichsee Druckerei, Stäfa 1991.

Horney, K. (1950): Neurose und menschliches Wachstum, Das Ringen um Selbstverwirklichung, Fischer Verlag, Frankfurt a. M. 1991.

Horney, K. (1987): Analytische Technik, Die letzten Vorlesungen, Fischer Verlag, Frankfurt a. M. 1990.

Jacoby, M. (1980): Sehnsucht nach dem Paradies, Bonz Verlag, Fellbach 1980.

Jones, E. (1962): Das Leben und Werk von Sigmund Freud, Bd. II, Hans Huber Verlag, Bern.

Jung, C. G. (1962): Erinnerungen, Träume, Gedanken, hrsg. v. A. Jaffé, Rascher Verlag, Zürich u. Stuttgart 1967.

Jung, C. G. (1951): Aion, GW 9/2, Walter Verlag, Olten u. Freiburg i. Br. 1976/80.

Jung, C. G. (1952): Symbole der Wandlung, GW 5, Walter Verlag, Olten u. Freiburg i. Br. 1972/81.

Kalff, D. M. (1966): Sandspiel, Rascher Verlag, Zürich und Stuttgart.

Kaschnitz, M. L.: Die Gedichte, GW 5, Insel Verlag, Frankfurt a. M. 1985.

Kern, H. (1982): Labyrinthe, Erscheinungsformen und Deutungen, 5000 Jahre Gegenwart eines Urbilds, Prestel Verlag, München 1983.

Kettnaker, M. (1987): Hausinschriften, Darstellung und Interpretation einer Alltagskultur im Engadin, im Münstertal und im oberen Albulatal, Verlag Bündner Monatsblatt, Chur.

Kontrimas, C. (1991): Lietuvos geležiniai kryžiai, Mintis, Vilnius.

Kreis, G. (1991): Helvetia im Wandel der Zeiten, Verlag Neue Zürcher Zeitung, Zürich.

Lichtenberg, J. D., Lachmann, F. M., Fosshage, J. L. (1992): Self and Motivational Systems, Toward a Theory of Psychoanalytic Technique, The Analytic Press, Hillsdale, London.

Lienhart, M. (1919): Zürcher Sagen, Rascher Verlag, Zürich 1944.

Loos, C. I. (1939): Der Tod und das Püppchen, edition kürz, Küsnacht–Zürich 1983.

Loyola, I. von: Die Exerzitien, Johannes Verlag, Einsiedeln 1979(6).

Lukas, J. (Hrsg.)(1981): Die blaue Blume, Eine Blütenlese textiler Poesie von der Antike bis zur Gegenwart, fischer, Münsingen.

Lutz, S. (1991): Gebete zu Psalmen, Ein Dialog aus der Stille, Kappeler Schriften Nr. 5/6, Th. Gut & Co. Verlag, Stäfa.

Marwitz, R.: in: Draußen ziehen weiße Flocken, hrsg. von D. Kleinworth, Knaur Verlag, München 1988.

Masson, J. M. (1986): Was hat man dir, du armes Kind, getan? Sigmund Freuds Unterdrückung der Verführungstheorie, Rowohlt, Reinbek.

Meyer, C. F.: Gedichte (Huttens letzte Tage, Engelberg), Th. Knaur Nachf. Verlag, Berlin (o. J.).

Modersohn-Becker, P.: Paula Modersohn-Becker in Briefen und Tagebüchern, Fischer Verlag, Frankfurt a. M. 1979.

Neumann, E. (1949): Ursprungsgeschichte des Bewußtseins, Rascher Verlag, Zürich.

Neumann, E. (1963): Das Kind, Rhein-Verlag, Zürich.

Neumann, E. (1971): Amor und Psyche, Deutung eines Märchens, Walter Verlag, Olten u. Freiburg i. Br. 1981(3).

Niederland, W. G. (1980): Folgen der Verfolgung, Suhrkamp Verlag Frankfurt a. M.

Nordische Volksmärchen, 1. Teil, Dänemark/Schweden, übersetzt von Klara Stroebe, Eugen Diederichs Verlag, Jena 1922.

Ohrbach, B. M.: Memories of Childhood, Clarkson N. Potter, Inc. Publ., New York 1988.

Oltmann, R. (1983): Lizzi Rummel, Baroness of the Canadian Rockies, Ribbon Creek, Exshaw, Canada.

Oppenheim, M. (1989): Spuren durchstandener Freiheit, hrsg. von Bice Curiger, mit einem vollständigen Werkverzeichnis von Dominique Bürgi, ABC Verlag, Zürich.

Perrault, Ch.: in: Das Kabinett der Feen, Französische Märchen des 17. und 18. Jahrhunderts, Winkler Verlag, München 1984.

Red Earth (1975): Tales of the Mic-Macs, Government Publications, Halifax.

Rilke, R. M. (1923): Duineser Elegien, Insel Verlag, Frankfurt a. M.

Rutschky, K. (1977): Schwarze Pädagogik, Quellen zur Naturgeschichte der bürgerlichen Erziehung, Ullstein Verlag, Frankfurt a. M.

Scherf, W. (1982): Lexikon der Zaubermärchen, Kröner Verlag, Stuttgart.

Schirmer-Im Hoff, R. (Hrsg.) (1956): Jeanne d'Arc, Dokumente ihrer Verurteilung und Rechtfertigung, Verlag J. P. Bachem, Köln.

Scholl, H. und S. (1984): Briefe und Aufzeichnungen, hrsg. v. Inge Jens, Fischer Verlag, Frankfurt a. M. 1988.

Scholl, I. (1993): Die Weiße Rose, Fischer Verlag, Frankfurt a. M.

Schwartz-Salant, N. (1991): Die Borderline-Persönlichkeit, Walter Verlag, Olten u. Freiburg i. Br.

Sölle, D. (1965): Stellvertretung, Ein Kapitel Theologie nach dem «Tode Gottes», Kreuz Verlag, Stuttgart 1982.

Spoerri, D.: Les auteurs et les musées de l'itinéraire, Union Druck + Verlag AG, Solothurn (o. J.).

Stern, D. L. (1991): Tagebuch eines Babys, Was ein Kind sieht, spürt, fühlt und denkt, Piper Verlag, München.

Terr, L. (1990): To Scared to Cry, How Trauma Affects Children and Us All, Basic Books, Harper Collins, New York.

Trüb, H. (1951): Heilung aus der Begegnung, Eine Auseinandersetzung mit der Psychologie C. G. Jungs, Klett Verlag, Stuttgart.

Voragine, J., de (1282): Die Legenda Aurea, aus dem Lateinischen übersetzt von Richard Benz, Verlag Jakob Hegner, Köln und Olten 1969.

Vorgrimler, H. (1993): Geschichte der Hölle, Verlag Neue Zürcher Zeitung, Zürich.

Weber, H. (1985): Avers, Aus der Geschichte eines Bündner Hochtals, Terra Grischuna Buchverlag, Chur.

Werfel, F. (1941): Das Lied von Bernadette, Fischer Verlag, Frankfurt a. M. u. Hamburg 1958.

Wild, U. (1994): Mein Haus brennt – Ein Alptraum zeigt die Wirklichkeit, Verlag Atelier 17, Carouge, GE.

Winnicott, D. W.: Reifungsprozesse und fördernde Umwelt, Kindler Verlag, München 1974.

Wirtz, U. (1986): Seelenmord, Inzest und Therapie, Kösel Verlag, München.

Wivel, O. (1987): Anna Ancher 1859–1935, Herluf Stockholms Forlag, Danmark.

Whiteley, O. (1920): Opal, The Journal of an Understanding Heart, adapted by Jane Boulton, Tioga Publishing Company, Palo Alto, 1984.

Wolf, E., Ornstein, A., Ornstein, P., Lichtenberg, J., Kutter, P. (1989): Selbstpsychologie, Weiterentwicklungen nach Heinz Kohut, Verlag Internationale Psychoanalyse, München–Wien.

Wolkstein, D. (Hrsg.)(1978): The Magic Orange Tree and Other Haitian Folktales, Alfred A. Knopf, New York.

Zweig, St. (1944): Die Welt von gestern, Fischer Verlag, Frankfurt a. M. 1994.

Themen- und Personenregister

Das Register umfaßt die wichtigsten Themen und verzeichnet die Personen, auf deren Leben und/oder Werk eingegangen wurde. Es handelt sich nicht um ein Sach- und Personenregister im üblichen Sinne, in dem sämtliche im Text vorkommenden Begriffe und Personen verzeichnet sind.

Die Zahlen beziehen sich auf die *Nummern* der einzelnen Texte.

Quellennachweis

Hans Scholl/Inge Scholl, Briefe und Aufzeichnungen. © S. Fischer Verlag GmbH, Frankfurt a. M. 1984.

Silvia Lutz, Gebete zu Psalmen. Ein Dialog aus der Stille. © 1991 by Selbstverlag des Kappeler Freundeskreises, CH-8926 Kappel am Albis. Kommissionsverlag: Th. Gut & Co. Verlag, CH-8712 Stäfa.

Roland Marwitz, in Draußen ziehen weiße Flocken. Die schönsten Weihnachtsgedichte, zusammengestellt und herausgegeben von D. Kleinworth. © 1988 Droemersche Verlagsanstalt, Th. Knaur Nachf., München.

Inge Scholl, Die Weiße Rose. © Fischer Verlag GmbH, Frankfurt a. M. 1982.

Kathrin Asper
Schritte im Labyrinth
Tagebuch einer Psychotherapeutin
288 Seiten, Broschur

«Schritte im Labyrinth – das bezeichnet ein Mehrfaches: Zum einen die psychische Entwicklung des Individuums mit all ihren Unübersichtlichkeiten und Irrwegen, zum anderen aber auch die Arbeit der Therapeutin ...
Kathrin Asper gibt in diesen tagebuchartigen Aufzeichnungen Einblicke in ihre tägliche Arbeit. Momente aus einzelnen Therapiestunden werden beschrieben, in denen etwas passiert, was die Therapeutin anregt, auch ihre eigene Rolle in diesem zwischenmenschlichen Geschehen zu reflektieren oder den deutenden Faden auszuspinnen, den Leser zur Miteinfühlung anzuregen oder ihn gar auf die Spur eigener Probleme zu bringen. Frühe Störungen, die eine mangelhafte Ich-Toleranz und eine ständige Tendenz zur Selbstentwertung geradezu vorprogrammieren können, sind Kathrin Aspers besonderes Arbeits- und Forschungsfeld. Wie ist dem Grundübel therapeutisch beizukommen, an dem offenbar heute mehr Menschen leiden denn je, oft hinter einer Fassade der Angepaßtheit und Tüchtigkeit, die die Einsamkeit noch vergrößert? ...
Die Therapeutin bekennt sich zur Rolle der Begleitung auf einem Weg der kleinen Schritte, der viel Offenheit und Spontaneität verlangt und den ganzen Menschen fordert ...
Was die Lektüre wohltuend macht, ist gewiß diese fürsorglich-empathische Wärme, die offenbar auch das sich durchhaltende Klima in Kathrin Aspers Umgang mit ihrer Klientel ausmacht und das sich dem Leser unmittelbar mitteilt.»

Dr. Erika Ahlbrecht-Meditz
Saarländischer Rundfunk

WALTER-VERLAG

Kathrin Asper
Von der Kindheit zum Kind in uns

Lebenshilfe aus dem Unbewußten
182 Seiten mit 6 Abbildungen
Broschur

Die Autorin führt anhand vieler Traumbeispiele anschaulich in
die Bedeutungskreise des Kind-Symbols ein.

Verlassenheit und Selbstentfremdung

Neue Zugänge zum therapeutischen Verständnis
333 Seiten, Broschur

Frühkindliche Verlassenheitserfahrungen und Selbstentfremdung führen zu den weitverbreiteten narzißtischen Störungen.
K. Asper untersucht diese Selbstwertstörung auf der Grundlage
der Jungschen Psychologie.

Kathrin Asper/Renée Nell/Helmut Hark
Kindträume, Mutterträume, Vaterträume

231 Seiten, Broschur

Wie stark Traumfiguren mit prägenden und noch immer brennenden Eindrücken der Vergangenheit verknüpft sein können
und welche Lebensmöglichkeiten sich in ihnen verbergen, zeigen
die Autoren in diesem Buch.

WALTER-VERLAG